Fromm · Repertory Grid Methodik

Martin Fromm

Repertory Grid Methodik

Ein Lehrbuch

Deutscher Studien Verlag · Weinheim 1995

Über den Autor:
Martin Fromm, Dr. phil., Dipl.-Päd., Dipl.-Psych., Jg. 51, Privatdozent an der Universität GH Paderborn, vertritt derzeit eine Professur für Erziehungswissenschaft an der Westfälischen Wilhelms-Universität Münster.

Die Deutsche Bibliothek – CIP-Einheitsaufnahme

Fromm, Martin:
Repertory Grid Methodik : ein Lehrbuch / Martin Fromm. – Weinheim : Deutscher Studien Verlag, 1995
  ISBN 3-89271-600-5

Alle Rechte, insbesondere das Recht der Vervielfältigung und Verbreitung sowie der Übersetzung, vorbehalten. Kein Teil des Werkes darf in irgendeiner Form (durch Photokopie, Mikrofilm oder ein anderes Verfahren) ohne schriftliche Genehmigung des Verlages reproduziert oder unter Verwendung elektronischer Systeme verarbeitet, vervielfältigt und verbreitet werden.

Druck nach Typoskript (DTP)

© 1995 Deutscher Studien Verlag · Weinheim
Druck: Druck Partner Rübelmann, 69502 Hemsbach
Seriengestaltung des Umschlags: Atelier Warminski, 63654 Büdingen
Printed in Germany

ISBN 3 89271 600 5

INHALT

1. Einleitung 7
2. Erkenntnis- und persönlichkeitstheoretische Grundlagen 11
   2.1. Konstruktiver Alternativismus 11
   2.2. Der Mensch als Forscher 13
   2.3. Die Welt der persönlichen Konstrukte 14
3. Erhebung persönlicher Konstrukte 22
   3.1 Grundlagen 23
      3.1.1. Selbstversuch: Anleitung zum Selbstgespräch 23
      3.1.2. Das Urverfahren: Der Role Construct Repertory Test 31
      3.1.3. Der Aufbau aktueller Grid-Erhebungen 40
      3.1.4. Die Konstrukterhebung als soziale Situation 48
   3.2. Die Erhebung von Konstrukten im Detail 61
      3.2.1. Grid-Themen 61
      3.2.2. Vom Problem zu den Elementen: Substituting 63
      3.2.3. Elemente erheben/vorgeben 74
      3.2.4. Elementarten 77
      3.2.5. Homogenität/Heterogenität der Elemente 79
      3.2.6. Präsentation der Elemente 80
      3.2.7. Formulierung der Unterscheidungsaufgabe 85
      3.2.8. Konstrukte vorgeben/erheben 86
      3.2.9. Die Entstehung eines Konstrukts 87
      3.2.10. Skalierung 94
      3.2.11. Beendigung der Erhebung 99
      3.2.12. Nachbesprechung 100
   3.3. Spezielle Verfahren 102
      3.3.1. Beziehungen zwischen Konstrukten 103
         3.3.1.1. Leitern 104
         3.3.1.2. Pyramiden 113
         3.3.1.3. Implikationen 119
      3.3.2. Veränderung von Konstruktsystemen 125
         3.3.2.1. Widerstand gegenüber Veränderung: Resistance to Change Grid .. 125
         3.3.2.2. Vor- und Nachteile von Veränderung: ABC Methode 128
      3.3.3. Besondere Konstrukte 132
         3.3.3.1. Abhängigkeiten: Situational Resources Grid 133
         3.3.3.2. Beziehungen: Dyad Grid 139
         3.3.3.3. Selbstbild in Interaktionen: Self Role Repertory Grid ... 146
      3.3.4. Besondere Erhebungsformen 152
         3.3.4.1. Sprachfreie Erhebung: Tacit Construing 153
         3.3.4.2. Gruppenverfahren 155
         3.3.4.3. Computererhebung 162
         3.3.4.4. Konstrukte in Texten 169
4. Auswertung 174
   4.1. Inhaltsanalyse 176
      4.1.1. Die Perspektive des Befragten 177
      4.1.2. Die Perspektive des Interpreten 180
   4.2. Handauswertung 183
      4.2.1. Folienauswertung 183
      4.2.2. Fokussierung 186
   4.3. Computergestützte Auswertung 192
      4.3.1. Clusteranalyse 193
      4.3.2. Hauptkomponentenanalyse 196
      4.3.3. Andere Berechnungen, Maße, Indizes 201
5. Gütekriterien 203
6. Literatur 207

ABBILDUNGEN

Abb. 1: Interpunktion von Ereignisfolgen 12
Abb. 2: Karten zur Markierung der Konstruktpole 24
Abb. 3: Ablauf der Konstrukterhebung 25
Abb. 4: Protokollbogen dichotomes Grid 26
Abb. 5: Dichotome Zuordnung von Elementen zu Konstruktpolen 27
Abb. 6: Protokollbogen dichotomes Grid: Beispieleintragungen 28
Abb. 7: RepTest Protokoll 36
Abb. 8: Ablauf einer Grid-Erhebung 43
Abb. 9: Grid-Erhebung: Kontrollfragen 46
Abb. 10: Grid-Erhebung: Verarbeitung erhobener Konstrukte 47
Abb. 11: Von Alltags-Problemen zu Grid-Elementen 64
Abb. 12: Substituting: Arbeitsschritte 66
Abb. 13: DYAD-Erhebung 82
Abb. 14: Freie Skalierung 95
Abb. 15: Leiterbildung: Erhebung 105
Abb. 16: Leiterbildung: Ergebnisse 106
Abb. 17: Beziehungen zwischen über-/untergeordneten Konstrukten 109
Abb. 18: Pyramidenbildung 115
Abb. 19: Aufbau einer vollständigen Pyramide 116
Abb. 20: Implikations-Grid 121
Abb. 21: Resistance-to-Change Grid 127
Abb. 22: ABC Methode 130
Abb. 23: Protokoll eines Situational Resources Repertory Test 135
Abb. 24: Erhebungsbogen für Ryle's Dyad Grid 141
Abb. 25: SELFGRID Abfragebildschirm beim Erheben von Ratings 151
Abb. 26: Protokollbogen RIT-Grid 157
Abb. 27: Folienauswertung 185
Abb. 28: Schritte der Fokussierung 189
Abb. 29: Fokussierung am Beispiel 190
Abb. 30: Clusterbaum 194
Abb. 31: Biplot 198

1. EINLEITUNG

> "Man muß nicht Psychologe sein, um eine andere Person wie einen Automaten zu behandeln, obwohl eine Ausbildung in 'experimenteller Psychologie' hilfreich sein mag. Auf der anderen Seite wird man nicht dadurch zum Wissenschaftler, daß man Personen so behandelt - auch wenn einige meiner Kollegen darüber gerne streiten würden." (Kelly 1970, S. 24)

Entstanden sind die Personal Construct Psychology und ihre bekannteste Methode, der "Role Construct Repertory Test", aus der Kritik in den 40er und 50er Jahren maßgeblicher psychologischer Konzepte. George A. Kelly, der Begründer der Personal Construct Psychology, hat rückblickend einmal gesagt, er habe einen Weg ausarbeiten wollen, wie man die Vielschichtigkeit und den Einfallsreichtum der Menschen ernst nehmen und sich dabei noch als ordentlicher Wissenschaftler fühlen könne (vgl. Hinkle 1970, S. 91).

Der "Role Construct Repertory Test" - kein Test im üblichen Sinne, sondern ein strukturiertes Interview - ist seitdem in zahlreichen Varianten weiterentwickelt worden. Heute dient die Bezeichnung "Repertory Grid Methodik" (oder "Technique") als Klammer für eine ausgesprochen vielgestaltige Gruppe von Befragungsverfahren, die sich speziell dafür eignen, die subjektive Sicht von Personen - ihre "persönlichen Konstrukte" - flexibel und differenziert zu erfassen.

Auch nach mehreren Jahrzehnten nehmen diese Verfahren insofern immer noch eine gewisse methodische Sonderstellung ein, als sie in ungewöhnlicher Weise Vorzüge vereinen, die andere Verfahren üblicherweise nur als Alternativen bieten. Denn bei großer Flexibilität und Offenheit für die persönlichen Konstrukte des Befragten können Grid-Interviews dennoch strukturierte Daten liefern, die Auswertung und Verständnis erleichtern - und damit die unfruchtbare Alternative überwinden, entweder im Interesse der Auswertbarkeit die Äußerungsmöglichkeiten der Befragten erheblich zu beschneiden oder den Befragten sich frei äußern zu lassen und dann vor ungeordneten Datenfluten zu kapitulieren.

Diese Möglichkeiten werden inzwischen in den unterschiedlichsten Arbeitsfeldern genutzt, neben dem ursprünglichen Anwendungsgebiet, der Individualberatung, z.B. in der medizinischen Diagnostik, für Personalentwicklungsmaßnahmen und hochschuldidaktische Fragestellungen, Produktentwicklung und Stadtentwicklungsplanung.

Aber obwohl die Grid-Methodik mittlerweile als ein vielseitiges und nützliches Verfahren weit über den Rahmen der Personal Construct Psychology hinaus etabliert ist, hat sie etwas vom Charakter einer 'Insider' - Methodik behalten, denn häufig haben bisher recht verschlungene Wege zu Kenntnissen über diese Methodik und Erfahrungen mit ihr geführt. Das liegt u.a. an den Schwerpunkten der einschlägigen Veröffentlichungen. Einmal gibt es zahlreiche Veröffentlichungen, die vor allem Ergebnisse darstellen, die mit Grid Verfahren gewonnen wurden, aber die konkrete Anwendung der Verfahren nicht näher behandeln. Zum anderen gibt es eine ganze Reihe hochspezialisierter methodologischer Beiträge, die sich vor allem an ausgewiesene Experten und Kenner der Personal Construct Psychology richten und ebenfalls nicht näher behandeln, 'wie es denn gemacht wird', weil das als bereits bekannt vorausgesetzt wird. Beide Textarten bieten also demjenigen kaum eine Hilfe, der erst einmal eine Einführung benötigt, die ihm zeigt, wie man die Repertory-Grid-Methoden konkret anwenden kann, und wie eine begründete Entscheidung zwischen den zahlreichen verschiedenen Verfahrensmöglichkeiten zu treffen ist.

Der vorliegende Text soll diese Lücke ein Stück weit füllen. Er stellt zunächst den theoretischen Hintergrund der Grid-Methodik dar, um dann typische Verfahrensschritte und ausgewählte Varianten der Grid-Methodik vorzustellen und zu diskutieren. Ziel ist dabei, die Grundlagen zu schaffen, die eine begründete Entscheidung zwischen den verfügbaren Anwendungsvarianten der Grid-Methodik erlauben und ihre spezifischen Vorzüge zur Geltung bringen.

Der Schwerpunkt dieser Arbeit liegt bei der Daten-Erhebung mit Hilfe der Grid-Methodik. Und hier werden wiederum die Verfahrensschritte besonders ausführlich behandelt, die erfahrungsgemäß (nicht nur) Neulingen auf diesem Gebiet die größten Probleme bereiten. Die Akzente sind damit anders als in einem Großteil der Literatur zur Grid-Methodik gesetzt, die bevorzugt der Auswertung von Grid-Daten Beachtung schenkt. Wie erst einmal Grid-Daten so erhoben werden können, daß ihre Auswertung dann auch lohnt, ist die zentrale Frage dieser Arbeit.

Zwei Hinweise zu Zitaten und Literaturangaben: Wo dies sinnvoll und möglich war, sind englischsprachige Zitate und auch Texte in Grafiken übersetzt. Wenn nicht anders vermerkt, stammen die Übersetzungen vom Verfasser.

Das zweibändige Hauptwerk Kelly's "The Psychology of Personal Constructs" von 1955 ist 1991 neu aufgelegt worden. Da die Seitenzählung der Neuauflage nicht mit der von 1955 übereinstimmt, sind im folgenden immer die Seitenzahlen für beide Ausgaben angegeben. Da außerdem die Seitenzählung nicht mehr - wie in der Originalausgabe - in beiden Bänden durchläuft, sind die Bände der Neuausgabe mit "a" und "b" gekennzeichnet.

2. ERKENNTNIS- UND PERSÖNLICHKEITSTHEORETISCHE GRUNDLAGEN

2.1. Konstruktiver Alternativismus

Jede Forschungsmethode macht (explizit oder implizit) Vorannahmen über die Beschaffenheit der Wirklichkeit und die Möglichkeiten, etwas über diese Wirklichkeit zu erfahren. Im Falle der Repertory Grid Technique sind diese Vorannahmen ungewöhnlich differenziert ausformuliert. Allein knapp 200 Seiten des 1955 erschienenen Hauptwerks "The Psychology of Personal Constructs", mit dem George A. Kelly die Grundlagen der Personal Construct Psychology schuf, behandeln erkenntnis- und persönlichkeitstheoretische Grundlagen (vgl. a. Kelly 1963) - die Darstellung der Repertory Grid Technique nimmt dagegen nur ca. 100 Seiten ein. Im Kontext der neueren konstruktivistischen Diskussion (vgl. z.B. Watzlawick 1985; Maturana/Varela 1987) wirken diese Grundannahmen erstaunlich modern.

Eine zentrale Annahme Kelly's, die ähnlich in anderen konstruktivistischen Positionen zu finden ist (vgl. v. Glasersfeld 1985), betrifft den Status unseres Wissens über die 'objektive' Wirklichkeit. Er geht davon aus, daß uns diese Wirklichkeit immer nur vermittelt zugänglich ist. Wir verfügen danach über keinen direkten, voraussetzungslosen Zugang zu dieser 'objektiven' Wirklichkeit. Vielmehr ist alles, was wir über sie wissen können, immer schon bearbeitet, unser Bild, unsere Interpretation, unsere Konstruktion der Wirklichkeit, aber nie die Wirklichkeit, 'wie sie tatsächlich ist'. Entsprechend können wir uns auch in unserem Handeln nur auf diese subjektive Wirklichkeit und nicht auf die Wirklichkeit selbst beziehen (vgl. a. Russell 1967).

Wie die persönliche Konstruktion der Wirklichkeit ausfällt, ist zunächst abhängig von prinzipiellen, organisch bedingten, Wahrnehmungsmöglichkeiten (vgl. z.B. v. Foerster 1985; Maturana/Varela 1987), dann aber vor allem von der weiteren Verarbeitung der Informationen, die uns unser Wahrnehmungsapparat liefert. Diese Verarbeitung beginnt mit der Herstellung von Betrachtungs- und Sinneinheiten. Mit der Entscheidung darüber, was zu einem Gegenstand oder Ereignis gehört, wo sie anfangen und aufhören und in welchen Bezügen sie stehen, werden die Weichen für weitere Verarbeitungsmöglichkeiten und -grenzen gestellt.

Die grundlegende Annahme ist also, daß eine vor jeder subjektiven Erfahrung und Verarbeitung 'objektiv' gegebene Wirklichkeit nicht bereits in fertigen Sinneinheiten portioniert vorliegt, sondern erst im konstruierenden und sinnproduzierenden Zugriff einer Person in klar umgrenzte und wohlunterschiedene Sinneinheiten zergliedert wird (vgl. Schütz 1974, S. 95).

Dafür, wie man das macht, gibt es zwar Regeln (z.B. kulturelle, familiäre, fachsystematische), die je nach Situation, Wirklichkeitsausschnitt usw. mehr oder weniger detailliert sind. Grundsätzlich aber bestehen immer verschiedene alternative Möglichkeiten, die Wirklichkeit zu konstruieren - was in vielen Fällen bereits durch eine Anzahl konkurrierender Regeln deutlich wird. Kelly umreißt die Grundannahme dieser Position, die er als "konstruktiven Alternativismus" bezeichnet, kurz so: "We assume that all of our present interpretations of the universe are subject to revision or replacement" (1955/91a, S. 15/11).

Beispielhaft führen Watzlawick u.a. (1969, S. 59) solche alternativen Konstruktionen der Wirklichkeit - und die möglichen Konsequenzen - in der folgenden schematischen Darstellung der Interpunktion von Ereignisfolgen vor:

Ehemann

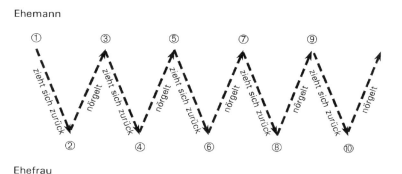

Ehefrau

Abb. 1: Interpunktion von Ereignisfolgen

Je nachdem, wo man den Anfang für den Beginn der Interaktionssequenz setzt, ist hier einmal der Mann das Opfer der nörgelnden Frau, das andere Mal die Frau das Opfer des abweisenden Mannes. Deutlich wird daran, wie allein durch das unterschiedliche Setzen des Beginns einer

Handlung unterschiedliche Wirklichkeiten - und in diesem Fall: Kommunikationsprobleme - geschaffen werden. Wo, wie in diesem Beispiel, verschiedene Konstruktionen der Wirklichkeit zur Diskussion stehen, ist auf der Basis der bisherigen Vorannahmen keine Entscheidung über die Güte dieser Konstruktionen möglich, indem man sich auf die Wirklichkeit 'an sich' beruft. Das gilt entsprechend dann auch für die Beurteilung der Güte von Forschungsmethoden. Ob oder wie unverfälscht sie objektive Wirklichkeit erfassen, kann auf der Basis der Personal Construct Psychology kein sinnvolles Kriterium sein, da als Bezugsgröße immer nur andere Konstruktionen von Wirklichkeit zur Verfügung stehen, nicht aber Wirklichkeit, 'wie sie tatsächlich ist'. Die Güte der Wirklichkeitskonstruktion kann also nicht durch Vergleich mit der Wirklichkeit selbst endgültig beurteilt werden, sondern ist Verhandlungssache. Wahrheitstheoretisch (vgl. z.B. Habermas 1973) formuliert: 'Wahre' Aussagen zeichnen sich nicht dadurch aus, daß sie mit Realität übereinstimmen (Korrespondenztheorie), sondern dadurch, daß man sich auf diese Wirklichkeitsdefinition geeinigt hat (Konsensustheorie).

Diese erkenntnistheoretische Vorentscheidung hat erhebliche Konsequenzen für die Begründung und Anwendung der Grid-Methodik, insbesondere ergeben sich von dieser Vorentscheidung aus ganz offensichtlich Unterschiede zwischen Anwendungen der Grid-Methodik, die von der Position des konstruktiven Alternativismus ausgehen und solchen, die im Rahmen anderer Konzepte zur Anwendung kommen, die auf der Basis eines korrespondenztheoretischen Wahrheitsverständnisses arbeiten.

2.2. Der Mensch als Forscher

Eine weitere wichtige Vorentscheidung trifft Kelly mit dem Modell des Menschen, das er der Personal Construct Theory zugrundelegt. In Einklang mit der Position des konstruktiven Alternativismus formuliert er keine Aussage über das Wesen des Menschen und darüber, wie der Mensch einzig richtig verstanden werden muß, sondern einen Vorschlag. Der besteht darin, *jeden* Menschen als Forscher anzusehen, der sich aktiv erkundend und experimentierend mit seiner Umwelt auseinandersetzt (1955/91a, S. 4ff/4ff).

Ein Blick auf Anwendungen der Grid-Methodik kann in dieser Hinsicht allerdings erhebliche Verwirrung stiften, denn von diesem Menschenbild ist oft nicht viel zu erkennen. Häufig werden dort - wie in anderen Untersuchungen auch - die untersuchten Personen so weit in ihren Ausdrucksmöglichkeiten beschränkt, daß sie nicht als aktive Forscher erscheinen, sondern als Norm-Versuchspersonen (vgl. Holzkamp 1972), wenn nicht gar als "Grad-ein-bißchen-cleverer-als-die-Durchschnittsratte" (Bannister/ Fransella 1981, XII). Das liegt daran, daß die Grid-Methodik häufig nicht nur unabhängig von der theoretischen Basis der Personal Construct Psychology benutzt wird, sondern weitergehend auch in Kontexten, die ein Menschenbild zugrundelegen, das in scharfem Kontrast zu dem der Personal Construct Psychology steht. Auch das ist möglich, denn die Anwendung von Grid Verfahren setzt nicht voraus, daß das Modell des Menschen als Forscher mit übernommen und akzeptiert wird. Dabei bleiben dann allerdings die spezifischen Möglichkeiten der Grid-Methodik, die es erlauben, die subjektive Wirklichkeit der untersuchten Personen offener und flexibler als mit anderen Methoden zu erfassen, weitgehend ungenutzt.

2.3. Die Welt der persönlichen Konstrukte

Entsprechend der oben skizzierten persönlichkeitstheoretischen Festlegung ist die theoretische Grundlegung der Personal Construct Psychology insbesondere darauf ausgerichtet, präziser zu beschreiben, wie Menschen es anfangen, sich sinnstiftend und experimentierend mit ihrer Umwelt auseinanderzusetzen. Das geschieht in einem Grundpostulat und 11 sogenannten Korollarien (Folgesätzen). Diejenigen Aspekte dieser theoretischen Grundlegung, die für das Verständnis und die Begründung der Grid-Methodik besonders wichtig sind, werden im folgenden behandelt. Dabei müssen drei Fragen geklärt werden:

1. Wie setzt sich eine Person mit ihrer Umwelt auseinander, wie verleiht sie Dingen und Ereignissen Bedeutung?
2. Wie kann sie anderen etwas über diese subjektiven Prozesse mitteilen?
3. Wie können andere diese Mitteilungen verstehen?

Der Aufbau der subjektiven Welt: Konstrukte

Der zentrale Begriff der Personal Construct Psychology, der quasi die psychische Grundoperation der Auseinandersetzung von Menschen mit ihrer Umwelt bezeichnet, ist der des "persönlichen Konstrukts". Gemeint ist damit eine Unterscheidung von Dingen und Ereignissen, die eine Person vornehmen kann. Diese Unterscheidung faßt Ereignisse nach Ähnlichkeit und Unähnlichkeit zusammen und erlaubt so eine Orientierung in der Welt (Kelly 1955/91a, S. 55ff/38ff). Mit anderen Worten: Eine Person verleiht Dingen und Ereignissen Bedeutung, indem sie sie zu anderen in Beziehung setzt, sie in einen Kontext anderer Phänomene stellt.

Mit dem Begriff "persönliches Konstrukt" werden *alle* Unterscheidungen bezeichnet, die eine Person treffen kann. Persönliche Konstrukte sind also nicht mit verbalen Unterscheidungen gleichzusetzen (vgl. Kelly 1955/91a, z.B. S. 16/12, 51/35, 110/77). Konstrukte sind z.b. auch Unterscheidungen, die auf physiologischer Ebene ablaufen, etwa wenn sich die Pupille je nach Helligkeit weitet oder verengt, Nahrung verdaut oder schlicht das Gleichgewicht auf einem Stuhl gehalten wird. Derartige Vorgänge lassen sich als Ergebnis einer komplexen Serie von Konstruktionen verstehen, die der Person i.d.R. weder bewußt sind, noch verbalisiert werden können.

Zur Vermeidung von Mißverständnissen eine Zwischenbemerkung: Für die methodische Diskussion ist diese Differenzierung zwischen Konstrukten und den verbalen Unterscheidungen, die solche Konstrukte bezeichnen sollen, sehr wichtig, wie unten noch deutlicher werden wird. Um allzu umständliche Formulierungen zu vermeiden, wird im folgenden - wie das in der Literatur durchgängig geschieht - aber vereinfachend auch von "Konstrukten" gesprochen, wenn es um begriffliche Unterscheidungen geht.

Forschungsmethodisch wichtig ist Kelly's Betonung der Individualität solcher Konstrukte (1955/91a, S. 55ff/38ff). Er nimmt zunächst einmal an, daß die Bedeutungen, die Personen Dingen und Ereignissen verleihen, unterschiedlich sind. Danach können Personen, die mit objektiv gleichen oder ähnlichen Ereignissen konfrontiert sind, subjektiv in sehr verschiedenen Kontexten sein - entsprechend unterschiedlich handeln und darüber berichten. Letztlich entwickelt - in lebensgeschichtlicher Dimension betrachtet - jeder Mensch ein individuell einzigartiges Konstruktsystem. Ähnlichkeiten von Konstrukten sind zwar nicht zuletzt deshalb erwartbar, weil jeder von Geburt an mit Angeboten verschiedener sozialer Gruppen und Bezugspersonen konfrontiert wird, die ihm mehr oder weniger nachdrücklich nahelegen, wie man Ereignisse und Erfahrungen 'richtig' verarbeitet ("public constructs"). Allerdings ist unter Berücksichtigung lebensgeschichtlich unterschiedlicher Bedeutungszusammenhänge und Konstruktionsgewohnheiten nicht wahrscheinlich, daß sich identische Konstrukte oder gar Konstruktsysteme ergeben.

Die forschungsmethodischen Schwierigkeiten, die mit der Annahme individueller und häufig präverbaler Konstrukte bereits absehbar sind, werden durch zwei weitere Annahmen Kelly's noch verstärkt. Die erste besagt, daß Konstrukte immer nur einen begrenzten Anwendungsbereich haben ("Range Corollary", 1955/91a, S. 68ff/48ff), die zweite, daß Konstrukte sich verändern ("Experience Corollary", 1955/91a, S. 72ff/50ff).

Mit der Annahme eines begrenzten Anwendungsbereichs von Konstrukten ist gemeint, daß ein Konstrukt sich immer nur für die Unterscheidung bestimmter Dinge und Ereignisse eignet. Die Unterscheidung "gerecht-ungerecht" mag z.B. für Schüler bei der Einschätzung von Lehrern wichtig und brauchbar sein, läßt sich aber vermutlich nur mit Mühe (und Bedeutungsverschiebungen) auf Klassenkameraden anwenden und überhaupt nicht mehr auf Freizeitaktivitäten.

Wenn man den Menschen als Forscher versteht, der sich kontinuierlich mit seiner Umwelt auseinandersetzt, ist es naheliegend, davon auszugehen, daß diese Auseinandersetzung sich in Veränderungen des Konstruktsystems manifestiert. Forschungsmethodisch schafft diese Annahme allerdings Probleme. Das wird vor allem dann deutlich, wenn man diese Veränderungen im Kontext des Konstruktiven Alternativismus (s.o.) versteht. Denn danach folgen weder Beziehungen von Konstrukten untereinander, noch Veränderungen von Konstrukten einer objektiv verbindlichen Logik. Möglich sind vielmehr immer verschiedene Verbindungen und Veränderungen in unterschiedliche Richtungen. Die tatsächlich hergestellten folgen der 'subjektiven Logik' im Rahmen des biographisch entwickelten Konstruktsystems der jeweiligen Person ("Fragmentation Corollary", 1955/91a, S. 83ff/58ff). Dabei mögen durchaus Konstrukte oder auch Konstrukt-Subsysteme entstehen, die der jeweiligen Person subjektiv als zwingend erscheinen, die für andere aber - auf der Basis ihres Konstruktsystems - nur konfus und widersprüchlich sind (vgl. a. Laucken 1974, S. 183ff; Groeben/Scheele 1977, S. 85).

Beispiele für derart subjektive Logiken des Konstruierens und der Veränderung von Konstrukten bietet bereits die Alltagserfahrung in Fülle, besonders deutlich werden sie allerdings dort, wo Angehörige unterschiedlicher (Sub-)Kulturen aufeinander treffen (vgl. z.B. Watzlawick u.a. 1969, S. 20)

Der Ausdruck von Konstrukten

Bevor Konstrukte von anderen verstanden oder mißverstanden werden können, müssen sie zunächst einmal ausgedrückt werden. Das kann mit verschiedenen Symbolen geschehen, nicht nur mit Worten. Möglich - und manchmal subjektiv wesentlich geeigneter - ist z.B. auch der Ausdruck in einer Pantomime, in Klängen, Farbkompositionen usw. (vgl. Kelly 1955/91a, S. 16/12).

Unabhängig vom gewählten Symbolsystem besteht dabei eine Differenz zwischen dem Symbol und dem Symbolisierten: Das Gemeinte kommt nicht ohne Rest zum Ausdruck. So mag es z.B. leicht fallen, Gerüche und Düfte zu unterscheiden. Diese Unterschiede dann aber z.B. mit Worten zu bezeichnen, wird immer nur unvollkommen gelingen - allerdings wird in Abhängigkeit vom gewählten Symbolsystem der nicht ausdrückbare Rest unterschiedlich ausfallen.

Allgemeiner formuliert: Es gibt keine 1:1 Zuordnung von persönlichen Konstrukten und ihren symbolischen Repräsentationen. D.h.: Konstrukte können durch verschiedenartige Symbole ausgedrückt werden. Und auch innerhalb eines Symbolsystems wird es häufig verschiedene Ausdrucksmöglichkeiten für ein Konstrukt geben - die alle das Gemeinte nur bedingt treffen. So werden sich die oben angesprochenen Gerüche vermutlich mit verschiedenen Worten beschreiben lassen, ohne daß aber eine Bezeichnung das Gemeinte voll ausdrücken könnte.

Insgesamt sind persönliche Konstrukte nach diesem Verständnis zunächst etwas sehr Privates, auch der Person selbst nur z.T. bewußt und nur unvollkommen kommunizierbar.

Das Fremdverstehen

Wenn es darum geht, die subjektive Wirklichkeit einer anderen Person zu verstehen, bezeichnet jede der oben genannten Vorannahmen Schwierigkeiten und Grenzen. Die Antwort auf Kelly's Frage, ob denn die Möglichkeit bestehe, quasi in die Haut einer anderen Person zu schlüpfen und die Welt mit ihren Augen zu sehen (1955/91, S. 277/201), fällt entsprechend mit jeder dieser Annahmen vorsichtiger und skeptischer aus. Welche Konsequenzen die bisherigen Annahmen für das Fremdverstehen haben, soll im folgenden präzisiert werden.

Mit der Annahme des Konstruktiven Alternativismus, daß alle Dinge und Ereignisse grundsätzlich auf verschiedene Weise konstruiert werden können, wird zunächst die Möglichkeit fraglich, von äußeren Lebensumständen und Gegebenheiten auf die Beschaffenheit der subjektiven Wirklichkeit eines Gegenüber zu schließen. Kelly regt vielmehr zu Zweifeln an, ob denn - wie Fischer das einmal in einem anderen Kontext formuliert hat - "Ordnung ordentlich, hohe Berge und weite Landschaften demütig und schlechter Umgang böse machen" (o.J., S. 110).

Dieser Zugang stellt z.b. die forschungsmethodische Gewohnheit, Untersuchungsgruppen nach demographischen Merkmalen zu bilden, in Frage, macht zumindest (wieder) deutlich, daß es sich hier um - möglicherweise problematische - Vereinfachungen handelt, die mit ansonsten vielgeschmähten Reiz-Reaktions-Schemata arbeiten. Wenn z.B. wie selbstverständlich vom Schülerstatus auf Gemeinsamkeiten des Erlebens und Denkens geschlossen wird, lohnt es, mit Jouhy zu fragen, "ob wir nicht mit der Zuordnung heranwachsender Menschen zum Sammelbegriff 'Schüler' ein zufälliges und nebensächliches Charakteristikum ihrer jugendlichen Existenz herausgreifen und - unter Umständen - dadurch viel wichtigere Gesichtspunkte geradezu überdecken" (1970, S. 43). Ähnliches gilt, wenn 'Gesamtschullehrer', 'Eltern' usw. untersucht werden.

Als Vereinfachungen erkennbar werden können diese Festlegungen allerdings erst dann, wenn Methoden offen genug sind, die Vielfalt und Vielschichtigkeit persönlicher Konstrukte auch zuzulassen und zu erfassen. "Wenn man andere als organismusartige Verhaltensweisen nicht zuläßt bzw. berücksichtigt, muß man notwendigerweise auch organismische Verhaltensdaten gewinnen" (Holzkamp 1972, S. 63). Wenn ich Schüler z.B. nur unter vorgegebenen Lehrereigenschaften wählen lasse, erfahre ich eben nichts über die Eigenschaften, die aus Schülersicht auch noch oder statt dessen wichtig gewesen wären. Und ich erfahre auch nicht die konkrete Bedeutung ihrer Wahl, was sie unter 'Gerechtigkeit' verstehen - und wie sich dies Verständnis unterscheiden kann -, warum Gerechtigkeit bei Lehrern für sie wichtig ist usw. (vgl. Fromm 1987a, S. 315ff).

Eine weitere - für die Alltagskommunikation typische und notwendige (vgl. z.B. Berger/Luckmann 1980) - Vereinfachung wird fragwürdig, wenn die Individualität persönlicher Konstrukte ernstgenommen wird: Der Schluß von den je eigenen Konstrukten auf die des Gegenüber. Diese Problematik hat zwei Aspekte, einmal die Konstruktion von Ereignissen, zum anderen die Einbindung einzelner Konstrukte in das Konstruktsystem. Im ersten Fall wird (s.o.) die eigene Konstruktion bestimmter Ereignisse wie selbstverständlich auch dem anderen unterstellt - z.b., daß natürlich auch andere Personen Lehrer mit dem Konstrukt "gerecht-ungerecht" unterscheiden. Im zweiten Fall besteht die Vereinfachung darin, eine übereinstimmende Bedeutung von Konstrukten, d.h. eine vergleichbare Funktion im jeweiligen Konstruktsystem, zu unterstellen - z.b., daß für den anderen Gerechtigkeit von Lehrern dasselbe wie für mich bedeutet. Gerade diese zweite Vereinfachung - isolierte Konstrukte und Handlungen anderer Personen so zu behandeln, als entstammten sie dem eigenen Konstruktsystem - bildet die Grundlage für weitreichende Verständigungsprobleme, bei denen der andere dann als verwirrt und unberechenbar erscheint.

Das folgende Beispiel illustriert die höchst unterschiedliche Bedeutung, die die Entscheidung für oder gegen Hausaufgaben haben kann: In speziellen Deutschklassen für türkische Kinder kam es ständig zu Konflikten zwischen den Schülern und ihren deutschen Lehrern. Grid-Interviews förderten als einen Konfliktpunkt die Hausaufgaben zutage. Die Lehrer verzichteten auf Hausaufgaben mit der Begründung, sie wollten die Schüler nicht überfordern. Die Schüler seien ohnehin schon erheblich durch die schulischen Anforderungen beansprucht und müßten zudem noch häufig nach der Schule im Haushalt helfen. Aus der Sicht der Schüler war dagegen selbstverständlich, daß ein Lehrer, der den Fortschritt der Schüler will, Hausarbeiten stellt. Entsprechend war für sie Ausdruck von Desinteresse und persönlicher Mißachtung, was die Lehrer als verständnisvoll und feinfühlig erlebten. Damit ist dann erkennbar die Grundlage für weitreichende Konflikte gelegt.

Zwei andere vereinfachende Schlüsse werden mit den oben formulierten Annahmen problematisch: Der Schluß von dem, was ich jetzt über die persönlichen Konstrukte eines Anderen weiß, auf seine persönlichen Konstrukte zu einem anderen Zeitpunkt. Und der Schluß von einem Konstrukt oder Konstrukt-Subsystem auf andere. In beiden Fällen steht solchen Schlüssen die subjektive Logik der Organisation und der Veränderrung von Konstrukten entgegen, die eben nicht umstandslos mit der eigenen gleichgesetzt werden kann.

Das zentrale Problem des Fremdverstehens aber stellt sich mit der Symbolisierung persönlicher Konstrukte - auch die bereits angesprochenen Probleme werden hierdurch noch einmal verstärkt. Denn wenn persönliche Konstrukte häufig präverbal sind und keine 1:1 Zuordnung von Konstrukten und z.b. sprachlichen Symbolen besteht, können sprachliche Bezeichnungen offensichtlich nur näherungsweise ein Verständnis vom Gemeinten vermitteln (vgl. Kelly 1955/91a, S. 110f/77f). Weder müssen gleiche Begriffe, die verschiedene Personen benutzen, auf gleiche oder ähnliche Konstrukte hinweisen, noch belegen umgekehrt unterschiedliche Begriffe, daß Ereignisse verschieden verarbeitet werden - weil sie möglicherweise nur unterschiedlich ausgedrückt werden.

Verbale Etiketten eines Konstrukts allein sind danach also nur eine sehr unsichere Basis für das Fremdverstehen. Die schlichte Gleichsetzung der Begriffe des anderen mit den eigenen, die für die alltägliche Kommunikation typisch und notwendig ist - solange es nicht zu Krisen und einem "Verlust an Beiläufigkeit" (Berger/Luckmann 1980, S. 164) kommt -, hat mit dem Verstehen der subjektiven Wirklichkeit des anderen also höchstens näherungsweise etwas zu tun.

Eine Prüfung und Absicherung des Verständnisses, bei der die bisherigen Annahmen berücksichtigt werden, muß dagegen vorsichtiger und methodisch aufwendiger vorgehen. Verstehen erfordert dann Übersetzungsarbeit. Die Begriffe des anderen müssen in eigene Begriffe übersetzt werden, die die gleiche oder eine ähnliche **Funktion** bei der Unterscheidung und Ordnung von Dingen und Ereignissen erfüllen. Am Beispiel: Eine Gruppe von Ingenieuren gebraucht zwar fast wortgleich Unterscheidungen der Art "kräftig vs. schwach" bei der Beurteilung von Lastkraftwagen, wendet sie aber in zwei charakteristischen Weisen an, nämlich einmal im Sinne von "leistungsstark vs. leistungsschwach", zum anderen eher im Sinne von "unkontrollierte (bedrohliche) Kraft vs. kontrollierte (nicht bedrohliche) Kraft". Vertieftes Verständnis wird in diesem Fall erreicht, wenn deutlich wird, daß das Gegenüber mit "kräftig vs. schwach" etwas unterscheidet, wofür ich eher die Begriffe "bedrohliche Kraft vs. nicht bedrohliche Kraft" verwende. Es geht also darum, das vom anderen mutmaßlich Gemeinte zu rekonstruieren, indem man nach funktionalen Entsprechungen im eigenen Konstruktsystem sucht.

Wie diese Aufgabe durch die Grid-Methodik unterstützt werden kann, wird im folgenden näher dargestellt und diskutiert. Vorab ist aber bereits eines gewiß:

"Der vom Deutenden erfaßte subjektive Sinn ist bestenfalls ein Näherungswert zu dem gemeinten Sinn des Sinnsetzenden, aber niemals dieser selbst, denn dieser hängt von den Auffassungsperspektiven und dem notwendig immer fragmentarischen Vorwissen um die Deutungsschemata des Du ab." (Schütz 1974, S. 181; vgl. a. Kelly 1955/91a, S. 90ff/63ff)

3. ERHEBUNG PERSÖNLICHER KONSTRUKTE

Wie eingangs bereits angedeutet, hat die Entwicklung der Grid-Methodik seit Kelly's grundlegenden Arbeiten eine Vielzahl unterschiedlicher Varianten hervorgebracht - durchaus im Sinne Kelly's, der selbst bereits mehrere Vorschläge beisteuerte und die Repertory Grid Technique als offenes und variables Verfahren ansah (vgl. 1955/91a, S. 229/160). Das führt dazu, daß von 'dem' Grid Verfahren nicht gesprochen werden kann. Gemeinsam ist allen Grid Verfahren eigentlich nur, daß die Befragten zu Unterscheidungen von Gegenständen ihrer Erfahrung (Elemente) aufgefordert und diese Unterscheidungen dann in einer Datenmatrix (daher: Grid = Netz, Gitter) festgehalten werden (vgl. Bannister/Mair 1968, S. 136). Wie diese Befragung aber vorbereitet, durchgeführt, nachbereitet und ausgewertet wird, variiert erheblich.

Entsprechend schwierig ist es, diese Vielfalt durchschaubar zu machen. In der vorliegenden Literatur geschieht dies mit speziellen Akzentuierungen und charakteristischen Beschränkungen: Wird praktisch und beispielhaft das Vorgehen einer Grid-Erhebung vorgeführt (vgl. z.B. Shaw/McKnight 1981), bleiben Begründungen, Alternativen und Probleme weitgehend ausgespart. Wird umgekehrt besonderer Wert eben auf diese Begründungen, Alternativen und Probleme gelegt (vgl. z.B. Thomas/Harri-Augstein 1985; Fransella/Bannister 1977), geht zumindest für Nicht-Experten der Überblick über den Prozeß des Grid-Interviews verloren. Dem Mittelweg (vgl. z.B. Stewart/Stewart 1981) schließlich fehlen dann Konkretisierungen auf der einen und Begründungen auf der anderen Seite.

Die folgende Darstellung trägt diesen Schwierigkeiten durch mehrere unterschiedliche Zugänge Rechnung, die nacheinander die Grid-Methodik aus verschiedenen Blickwickeln und dabei zunehmend differenzierter und voraussetzungsreicher behandeln. Wenn dabei Erhebung und Auswertung von Grid-Daten in getrennten Kapiteln behandelt werden, geschieht das, um eine klarere Systematik der methodischen Entscheidungen im Rahmen einer Grid-Untersuchung zu erhalten und nicht, weil Erhebung und Auswertung als unabhängig voneinander anzusehen wären (vgl. Fromm 1987a, S. 244ff). Für die Grid-Methodik gilt vielmehr wie für andere Forschungsmethoden auch, daß bei der Erhebung die Auswertungsmöglichkeiten bereits mitgedacht sein müssen, wenn nicht "Datenfriedhöfe" (Hurrelmann 1980, S. 53) entstehen sollen.

3.1 Grundlagen

Am Anfang steht eine Einladung und Anleitung zum Selbstgespräch. Am Anfang deshalb - systematisch gehörte sie in die spätere ausführliche Diskussion methodischer Varianten -, weil die Repertory Grid Methodik im Unterschied zu anderen Verfahren auch in der Selbstanwendung zu nützlichen Ergebnissen führen kann und weil so außerdem deutlicher wird, mit welchen Prozessen, Resultaten und Problemen bei der Anwendung der Grid Methodik gerechnet werden kann. Die spätere Diskussion wird auf dieser Basis konkreter nachvollziehbar. Im zweiten Schritt wird dann das Urverfahren Kelly's, der "Role Construct Repertory Test" vorgestellt und diskutiert. Das ist vor allem deshalb sinnvoll und notwendig, weil dies Urverfahren auch heute noch vielfach als *das* Grid Verfahren dargestellt wird. Der dritte Schritt informiert dann im Überblick über die Grundelemente eines Grid Verfahrens, das für heutige Anwendungen eher typisch ist.

3.1.1. Selbstversuch: Anleitung zum Selbstgespräch

Wie bei anderen Methoden auch sind viele konkrete Anwendungsprobleme der Grid-Methodik nur bedingt gedanklich vorab zu beurteilen, etwa die Probleme bei der Verbalisierung von Konstrukten (s.o.). Da einige dieser Probleme gerade Artikulationsprobleme sind oder von den Klienten nur sehr eingeschränkt verbal expliziert werden können, ist es empfehlenswert, Anwendungserfahrungen nicht nur in der Arbeit mit anderen zu sammeln, sondern auch im Selbstversuch eine Vorstellung von möglichen Abläufen und Schwierigkeiten zu gewinnen. Da auch für das Verständnis der folgenden Darstellung und Diskussion ein solcher Selbstversuch hilfreich ist, zunächst eine Kurzanleitung zum Selbstgespräch.

Das Vorgehen

Sie benötigen folgende Hilfsmittel:
- einen Kugelschreiber, Bleistift o.ä.

- zwei Karten/Zettel (s.u.) mit einem Kreuz bzw. Haken darauf für die Markierung der Konstruktpole
- ca. 10 leere (Element-)Karten/Zettel einer Farbe (ca. 4x6 cm)
- ca. 25 leere (Konstrukt-)Karten/Zettel einer anderen Farbe (ca. 4x6 cm)
- 1 Protokollbogen für dichotome Grids (s. Abb. 3)
- Papier für Notizen

1. Thema formulieren

Um möglichst bald mit der Konstrukterhebung beginnen zu können, soll hier die Phase der Themenformulierung und die Frage, wie man von der Themenformulierung zu Elementen gelangt, ausgeklammert und übersprungen werden (vgl. Teil 3.2.). Als Übungsthema eignet sich z.B. Ihre subjektive Sicht von Freunden oder Bekannten oder Kollegen.

 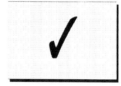

Abb. 2: Karten zur Markierung der Konstruktpole

2. Elemente erheben

· Erstellen Sie dazu zunächst auf dem Notizpapier eine vorläufige Liste von ca. 10 Freunden, Bekannten **oder** Kollegen. Achten Sie darauf, daß eine möglichst bunte Mischung entsteht.
· Übertragen Sie dann 10 Namen einzeln auf die Elementkarten und zusätzlich in die dafür vorgesehenen Felder am Kopf des Protokollbogens (s. Abb. 4 und 6)
· Markieren Sie nun (nach Zufall) in jeder Reihe des Protokollbogens jeweils drei Elemente (Triade). Dabei sollten die Elemente insgesamt (in der gesamten Erhebung) möglichst gleich häufig in Triaden vorkommen.

3. Erstes Konstrukt erheben

Im ersten Schritt geht es jetzt darum, eine **Unterscheidung** von Elementen vorzunehmen, also ein persönliches Konstrukt auf sie anzuwenden.

- Legen Sie dazu die Element-Karten der ersten Triade vor sich hin. Überlegen Sie bitte:

Welche zwei Elemente haben etwas gemeinsam, das sie gleichzeitig vom dritten unterscheidet?

- Legen Sie die Karten der ähnlichen Elemente zusammen und das dritte getrennt davon auf den Tisch.

Sie haben jetzt das erste Konstrukt angewandt. Im nächsten Arbeitsschritt geht es darum, eine **verbale Bezeichnung** für dies Konstrukt zu finden.

- Formulieren Sie dazu (möglichst kurz) die Gemeinsamkeit der ersten beiden Elemente und schreiben Sie sie auf eine Konstruktkarte.
- Formulieren Sie danach die Eigenschaft, die dagegen das dritte Element kennzeichnet, und schreiben Sie diese ebenfalls auf eine Konstruktkarte.

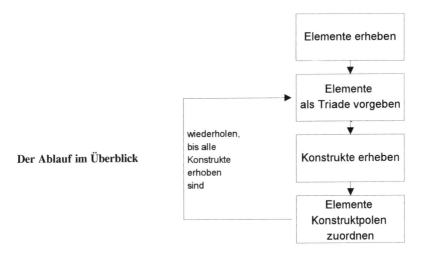

Abb. 3: Ablauf der Konstrukterhebung

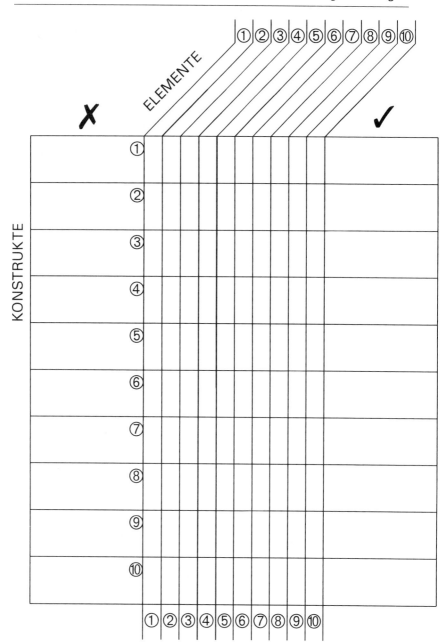

Abb. 4: Protokollbogen dichotomes Grid

4. Elemente Konstrukten zuordnen

Bis jetzt haben Sie das erste Konstrukt nur zur Unterscheidung der ursprünglichen Element-Triade benutzt. Der nächste Arbeitsgang besteht darin, es auch zur Unterscheidung der übrigen Elemente zu nutzen.

· Legen Sie dazu die beiden Karten zur Markierung der Konstruktpole zusammen mit einer Konstruktkarte auf den Tisch und ordnen Sie dann alle Elementkarten einer Seite des Konstrukts zu (s.u.).

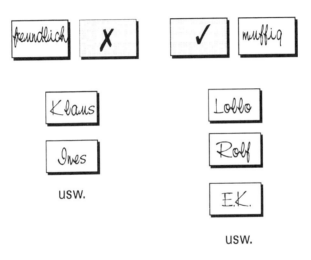

Abb. 5: Dichotome Zuordnung von Elementen zu Konstruktpolen

· Wenn Sie die Zuordnung vorgenommen haben, prüfen Sie noch einmal, ob Sie so damit zufrieden sind und übertragen dann das Ergebnis in den Protokollbogen (s.u.) (achten Sie dabei auf die richtige Ausrichtung der Konstruktpole!).

5. Zweites Konstrukt erheben usw.

· Das bisherige Verfahren wird mit einer neuen Triade von Elementen in der oben beschriebenen Weise wiederholt. Dies geschieht mit immer neuen Triaden solange, bis Ihnen keine weiteren Konstrukte einfallen.

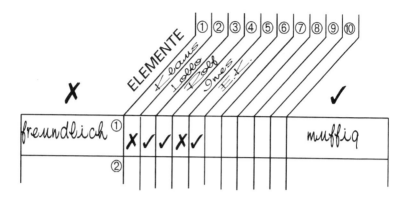

Abb. 6: Protokollbogen dichotomes Grid: Beispieleintragungen

Diskussion

Diese Erhebung könnte noch durch spezielle Fragestrategien erweitert und vertieft werden. Außerdem würde sich jetzt natürlich die Frage anschließen, wie die gewonnenen Daten ausgewertet werden können. Diese Fragen und zusätzliche methodische Möglichkeiten werden hier erst einmal ausgeklammert und später ausführlich behandelt (vgl. Teile 3.3., 4.). Denn bevor komplexere Erhebungsstrategien und Auswertungsmöglichkeiten die Aufmerksamkeit auf ganz andere Problemstellungen lenken, sollen zunächst einmal Besonderheiten der Grid-Erhebung und methodische Fragen festgehalten werden, die bereits an den wenigen Schritten des oben beschriebenen Selbstversuchs deutlich werden - und Ihnen vielleicht bereits Probleme bereitet haben.

Eine Triade - mehrere Konstrukte

Der erste Schritt der Erhebung, bei dem die Elemente zunächst nur als ähnlich zusammenzufassen bzw. als unähnlich zu trennen sind, macht nur selten Schwierigkeiten in der Weise, daß die ausgewählten Elemente nicht geordnet werden können. Eher kommt es vor, daß für eine Triade gleich mehrere Unterscheidungen der Elemente als passend erscheinen, zwischen denen man sich nicht recht entscheiden kann oder will.

Das ist nach den oben formulierten Annahmen zum konstruktiven Alternativismus nicht verwunderlich. Die methodische Frage ist dann aber, wie man damit umgehen kann und will. So wird z.b. die Vergleichbarkeit verschiedener Erhebungen erschwert, wenn zu einer Triade unterschiedlich viele Konstrukte gebildet werden können (s. Teil 3.2.9.).

Unvollständige und vorläufige Verbalisierungen

Die eigentlichen Probleme treten i.d.R. dann auf, wenn die Ähnlichkeit/Unähnlichkeit der Elemente in Worte gefaßt werden soll. Es kommt durchaus vor, daß Befragte Elemente zwar entschlossen und subjektiv befriedigend zusammenfassen und trennen, aber Gemeinsamkeiten und Unterschiede nicht formulieren können.

Letztlich gelingt es den Befragten zwar meistens - wenn auch mit Mühe -, eine Formulierung zu finden, die das Gemeinte subjektiv zureichend ausdrückt, aber diese Formulierung kann dann immer noch einen eher vorläufigen Charakter haben.

Diese Verbalisierungsschwierigkeiten sind auf der Basis der oben formulierten Grundannahmen nicht überraschend. Denn die betonten ja die grundsätzliche Differenz zwischen der Fähigkeit, mit zunächst präverbalen Konstrukten ein Erfahrungsfeld zu ordnen und andererseits die hergestellten Ordnungen verbal auszudrücken.

Für die methodische Diskussion werfen diese Verbalisierungsprobleme eine ganze Reihe von Fragen auf. Etwa die, ob es sinnvoll ist, dem Befragten nachträgliche Korrekturen der erhobenen Konstrukte zuzugestehen oder ihn sogar dazu zu ermutigen. Diese Frage wird zusammen mit anderen, die Probleme der Gesprächsführung, des Fremdverstehens und der Objektivierung der Erhebungssituation betreffen, ebenfalls später noch ausführlich zur Sprache kommen (s. Teile 3.1.4., 3.2.9.).

Nicht anwendbare Konstrukte

Mitunter kommt es vor, daß Konstrukte auf einzelne Elemente nicht anwendbar sind - d.h. Elemente nicht im Anwendungsbereich eines Konstrukts liegen. Das kann aufschlußreich für das Verständnis des Konstruktsystems einer Person sein, andererseits auch nur auf eine ungünstige Auswahl der Elemente oder Konstruktformulierungen hinweisen.

Wenn es sich dabei um ein Konstrukt wie "rothaarig-schwarzhaarig" handelt, ist offensichtlich, daß dies Konstrukt eben nicht auf blonde Personen anwendbar sein wird. In anderen Fällen ist nicht so einfach feststellbar, wo das Problem liegt (s. Teil 3.2.9.).

Probleme mit Dichotomien

Die dichotome Zuordnung der Elemente, die für dies Übungsinterview vorgegeben wurde, begrenzt natürlich die Anwendungsmöglichkeiten der Konstrukte. Grautöne, die zwischen den Extremen liegen, sind so nicht darstellbar. Das mag für manche Konstrukte ausreichen, wird aber häufig unbefriedigend bleiben.

Welche anderen Möglichkeiten der Skalierung gebräuchlich und sinnvoll sind, wird in Teil 3.2.10. behandelt.

Wiederholungen von Konstrukten

Es kommt häufiger vor, daß sich bei der Erhebung Konstrukte wiederholen. Bei wichtigen und zentralen Konstrukten wäre es sogar merkwürdig, wenn sie nicht für eine ganze Reihe von Ereignissen anwendbar wären.

Hier ist dann z.B. zu fragen, ob bzw. wann die Erhebung abgebrochen werden sollte, wenn sich Konstrukte wiederholen. Weitreichender ist die Frage, ob bzw. wie sichergestellt werden kann, daß sich nicht nur Verbalisierungen wiederholen, sondern auch die damit bezeichneten Konstrukte.

Die vorgenannten Erfahrungen sind für Grid-Erhebungen, die den Befragten eine weitestmögliche Artikulationsfreiheit einräumen, durchaus normal. An der Oberfläche einfacher und unproblematischer verlaufen sie umso mehr, je stärker diese Freiheit eingeschränkt wird (etwa durch Vorgabe von Konstrukten).

I.d.R. werden derartige Interviews, jedenfalls in dieser offenen Form, von den Befragten als fordernd und anstrengend erlebt - und als interessant. Typisch sind nämlich auch Aha-Erlebnisse während des Interviews, etwa wenn Befragte entschlossen und subjektiv sicher Zuordnungen vornehmen, die sie selbst überraschen. Oder wenn sie Grundzüge ihrer Konstruktionen erkennen: Sie haben z.b. immer wieder Schwierigkeiten mit der Einordnung eines bestimmten Elements, benutzen häufig stark wertende Konstrukte, fangen dabei immer mit der Kritik an, handhaben diese Konstrukte nicht reflexiv usw.

Am Ende eines Grid-Interviews wird das Ergebnis von den Befragten häufig in der Weise kommentiert, daß man das ja eigentlich alles vorher auch schon gewußt habe - allerdings nicht so klar und strukturiert. Anders formuliert: Befragte sehen das Ergebnis von Grid-Interviews nicht als etwas Geheimnisvolles und Fremdes, das ihnen von einem Spezialisten aufgezwungen oder übergestülpt wird. Vielmehr ist für sie nachvollziehbar, daß und wie das Ergebnis ihr eigenes Produkt ist. Gleichzeitig sehen sie die strukturierende Wirkung des Interviews, die dafür sorgt, daß sich eben nicht nur längst Bekanntes ergibt.

Diese ersten Eindrücke von den Prozessen während eines Grid-Interviews werden später vertieft und ausführlich diskutiert. Hier bieten sie aber bereits eine Grundlage, von der aus Fragen an das ursprüngliche Verfahren in der Fassung Kelly's von 1955 gestellt werden können.

3.1.2. Das Urverfahren: Der Role Construct Repertory Test

Das Urverfahren Kelly's, der "Role Construct Repertory Test", oder kürzer "Rep Test", wird häufig immer noch als *das* Grid Verfahren dargestellt, angewandt und z.T. kritisiert. Das ist einigermaßen erstaunlich. Denn schon Kelly selbst fordert nicht nur ausdrücklich zur Weiterentwicklung und Modifikation des Verfahrens auf (1955/91a, S. 229/160), sondern stellt auch gleich acht Varianten vor (1955/91a, S. 228/159f). Und wie spätestens das "Manual for Repertory Grid Technique" von Fransella und Bannister (1977) dokumentiert, ist inzwischen die Vielfalt der Varianten kaum noch überschaubar.

Ob nur Unkenntnis dieser Alternativen dafür verantwortlich ist, daß auch heute noch in vielen Fällen der Blick auf den Rep Test in seiner Ursprungsfassung fixiert bleibt, läßt sich nicht sagen, wohl aber, daß der Rep Test in seiner Urform nicht nur in historischer Betrachtung relevant ist.

Als "Test" (vgl. z.B. Lienert ³1969) war das Verfahren von Beginn an irreführend bezeichnet (vgl. a. Lohaus 1993), weil es nicht die Ausprägung eines abgrenzbaren Persönlichkeitsmerkmals erfassen sollte. Und das Verfahren sollte auch nicht die Beurteilung der individuellen Äußerungen der Befragten im Hinblick auf eine Norm ermöglichen. In seiner ursprünglichen Form war der Role Construct Repertory Test vielmehr ein strukturiertes Interview, in dem die Befragten Auskunft über die subjektive Bedeutung wichtiger Personen in ihrem aktuellen und bisherigen Leben geben sollten.

Während der Begriff "Test" unzutreffend ist, bleibt der Begriff "Role" ohne Erläuterung etwas irreführend. Bei Kelly hat nämlich der Begriff "Rolle" eine spezifische Bedeutung (vgl. 1955/91a, S. 95f/66f). Kelly verweist damit auf eine soziale Beziehung, die dadurch gekennzeichnet ist, daß eine Person die persönlichen Konstrukte einer anderen zu konstruieren versucht - man könnte auch von einer empathischen Beziehung sprechen. Danach spielt eine Person in dem Maße eine Rolle im Leben einer anderen, wie sie deren Konstrukte konstruiert.

Das Vorgehen

Erhebung der Elemente

Die befragte Person bekommt zunächst eine Liste mit 24 Rollenbeschreibungen vorgelegt. Die erste Aufgabe besteht darin, jeder dieser Rollenbeschreibungen eine Person zuzuordnen (mit Namen, Spitznamen, Initialen o.ä.). Diese Personen werden dann einzeln auf Karten übertragen.

Die Rollenbeschreibungen:

1. Ein Lehrer, den Sie mochten (Oder der Lehrer eines Faches, das Sie mochten.)
2. Ein Lehrer, den Sie nicht mochten. (Oder der Lehrer eines Faches, das Sie nicht mochten.)
3. Ihre Ehefrau oder gegenwärtige Freundin.
3a. (für Frauen) Ihr Ehemann oder gegenwärtiger Freund.
4. Ein Arbeitgeber, Vorarbeiter oder Offizier, unter dem Sie gearbeitet oder gedient haben und mit dem Sie es schwer fanden zurecht

zu kommen. (Oder jemand, unter dem Sie in einer Situation arbeiteten, die Sie nicht mochten.)
5. Ein Arbeitgeber, Vorarbeiter oder Offizier, unter dem Sie gearbeitet oder gedient haben und den Sie mochten. (Oder jemand, unter dem Sie in einer Situation arbeiteten, die Sie mochten.)
6. Ihre Mutter. (Oder die Person, die die Stelle einer Mutter in Ihrem Leben gehabt hat.)
7. Ihr Vater. (Oder die Person, die die Stelle eines Vaters in Ihrem Leben gehabt hat.
8. Ihr Bruder, der Ihrem Alter am nächsten kommt. (Oder die Person, die für Sie wie ein Bruder gewesen ist.)
9. Ihre Schwester, die Ihrem Alter am nächsten kommt. (Oder die Person, die für Sie wie eine Schwester gewesen ist.)
10. Eine Person, mit der Sie gearbeitet haben und mit der es leicht war, zurecht zu kommen.
11. Eine Person, mit der Sie gearbeitet haben und die schwer zu verstehen war.
12. Ein Nachbar, mit dem Sie gut zurecht kommen.
13. Ein Nachbar, der für Sie schwer zu verstehen ist.
14. Ein Junge, mit dem Sie gut zurecht kamen als Sie in der Highschool waren. (Oder als Sie 16 waren.)
15. Ein Mädchen, mit dem Sie gut zurecht kamen als Sie in der Highschool waren. (Oder als Sie 16 waren.)
16. Ein Junge, den Sie nicht mochten, als Sie in der Highschool waren. (Oder als Sie 16 waren.)
17. Ein Mädchen, das Sie nicht mochten, als Sie in der Highschool waren. (Oder als Sie 16 waren).
18. Eine Person Ihres eigenen Geschlechts, die Sie gern als Begleitung auf einer Reise hätten.
19. Eine Person Ihres eigenen Geschlechts, die Sie ungern als Begleitung auf einer Reise hätten.
20. Eine Person, mit der Sie kürzlich eng verbunden waren und die Sie nicht zu mögen scheint.
21. Die Person, der Sie am liebsten helfen würden. (Oder die Sie am meisten bedauern.)
22. Die intelligenteste Person, die Sie persönlich kennen.
23. Die erfolgreichste Person, die Sie persönlich kennen.

24. Die interessanteste Person, die Sie persönlich kennen.
(Kelly 1955/91a, S. 221f/153f)

Erhebung der Konstrukte

Nach der Beschriftung aller Karten bekommt die befragte Person drei Karten vorgelegt, z.B. (Kelly 1955/91a, S. 223/156):
- 18: Bevorzugter gleichgeschlechtlicher Reisebegleiter.
- 20: Enger Bekannter, von dem man abgelehnt wird.
- 21: Person, der man am liebsten helfen würde.

Die Frage dazu lautet dann:

"In welcher wichtigen Weise sind zwei von ihnen ähnlich, aber verschieden von der dritten?"(ebd. S. 222)

Wenn die befragte Person die Ähnlichkeit bezeichnet hat, wird diese vom Interviewer als ein Pol des persönlichen Konstrukts notiert (er heißt hier "Konstruktpol"), daran anschließend die Bezeichnung des Unterschieds der dritten Person als der andere Pol des Konstrukts (er heißt hier "Kontrastpol").

Der Befragte faßt z.B. die Personen 18 und 21 als ähnlich "freundlich" zusammen und unterscheidet davon die dritte (20) als "unfreundlich", so daß sich als erstes Konstrukt "freundlich -unfreundlich" ergibt.

Dieser Ablauf wird dann mit immer neuen Triaden wiederholt; eine Vorschlagsliste Kelly's enthält z.B. insgesamt 32 Triaden, die nach Bedarf vom Berater ersetzt oder ergänzt werden können.

Die **notwendigen** Bestandteile dieses Vorgehens bestehen in den folgenden Schritten:

1. Erfahrungsobjekte werden zur Unterscheidung vorgelegt.
2. Die Objekte werden nach Ähnlichkeit und Unähnlichkeit zusammengefaßt/geordnet.
3. Ähnlichkeit/Unähnlichkeit der Objekte werden jeweils mit Begriffen bezeichnet.

Damit ergibt sich allerdings noch keine Festlegung, wie diese Schritte konkret durchgeführt werden. Die oben beschriebene Durchführung ist bereits für Kelly nur eine Möglichkeit unter vielen denkbaren. Er selbst variiert dies Vorgehen gleich in mehreren Punkten:

Art der Elemente: Neben anderen Rollenbeschreibungen, die z.B. auch die befragte Person selbst einschließen (Self Identification Form), werden anstelle der Rollenbeschreibungen z.B. auch Situationen benutzt.

Anzahl der Elemente: Je nach Fassung werden zwischen 15 und 24 Elemente verwendet (vgl. z.B. Kelly 1955/91a, S. 227/158, 267ff/199ff).

Art der Wahlen: Neben den Triaden, für deren Zusammensetzung es verschiedene Vorschläge gibt, wird auch die Vorgabe aller Elemente gleichzeitig vorgeschlagen (Full Context Form), sowie eine Variante, bei der erst nur zwei Elemente vorgegeben und dann ein drittes hinzugefügt wird (Sequential Form).

Anzahl der Wahlen: Für die triadische Vorgabe werden zwischen 15 und 32 verschiedene aufeinander folgende Wahlen genannt.

Art der Instruktion: Spezielle Instruktionen werden nicht nur für bestimmte Varianten, wie z.B. die "Full Context Form" (s.o.), genannt. Auch für die Triadenerhebung werden verschiedene Instruktionen benutzt: Es wird z.B. nicht danach gefragt, wie die dritte Person "verschieden", sondern "*grundsätzlich* verschieden" ist.

Die Bezeichnung "Repertory *Grid* Technique" (Grid = Gitter, Netz) schließlich geht auf die Variante zurück, alle Wahlen und Antworten in ein Formblatt mit entsprechenden Feldern einzutragen. Am Ende sieht das Protokoll einer Erhebung dann z.B. wie in Abbildung 7 aus. Die Kreise bezeichnen dort die Elemente der vorgegebenen Triade, die Kreuze die als ähnlich eingeschätzten Elemente, die Haken die Elemente, die dem anderen Konstruktpol zugeordnet wurden.

Zunächst: Der Grundgedanke des Verfahrens ist klar und auf der Basis der oben dargestellten Grundannahmen (s. Teil 2.) plausibel. Es unterstellt, daß Personen sich in ihrer Umwelt orientieren, indem sie Objekte ihrer Erfahrung unterscheiden/nach Ähnlichkeit oder Unähnlichkeit ordnen und ihnen so Bedeutung verleihen.

	FAMILY					INTIMATES				VALENCES				AUTHORITIES			VALUES				CONSTRUCTS	
	self	mother	father	brother	sister	spouse	ex-flame	pal	ex-pal	rejecting person	pitied person	threatening person	attractive person	accepted teacher	rejected teacher	boss	successful person	happy person	ethical person			
SORT NO.	1	2	3	4	5	6	7	8	9	10	11	12	13	14	15	16	17	18	19	SORT NO.	EMERGENT POLE	IMPLICIT POLE
1							✓			✓		✓					⊗	⊗	○	1	Don't believe in God	Very religious
2				✓	✓			✓						⊗	⊗	○	✓			2	Same sort of education	Completely different education
3	✓		✓	✓	✓	✓			✓	⊗	○	✓	⊗	✓			✓			3	Not athletic	Athletic
4		✓				⊗	⊗	○					✓							4	Both girls	A boy
5	✓	⊗	⊗	○	✓	✓		✓						✓	✓	✓	✓	✓	✓	5	Parents	Ideas different
6				✓	○			✓						⊗	✓			⊗		6	Understand me better	Don't understand at all
7		⊗	✓	✓					○					⊗	✓	✓				7	Teach the right thing	Teach the wrong thing
8		✓		✓										✓		⊗	X	✓	✓	8	Achieved a lot	Hasn't achieved a lot
9				X	✓			✓		○				✓	⊗		✓	✓		9	Higher education	No education
10					⊗		✓			⊗					○					10	Don't like other people	Like other people
11	✓	✓	✓		⊗	✓		✓			○	✓		✓	✓		✓	✓	⊗	11	More religious	Not religious
12	✓	✓	✓	⊗			✓	✓	○	✓	✓	⊗	✓	✓	✓	✓	✓	✓	✓	12	Believe in higher education	Not believing in too much education
13		✓	✓			○				✓	✓	⊗		✓		✓		⊗		13	More sociable	Not sociable
14		○				⊗	⊗						✓							14	Both girls	Not girls
15		✓	○			⊗	⊗						✓	✓	✓		✓	✓	✓	15	Both girls	Not girls
16	✓	✓	✓	✓	✓			⊗	○				⊗							16	Both have high morals	Low morals
17	⊗			⊗	○	✓		✓		✓		✓	✓	✓	✓			✓	✓	17	Think alike	Think differently
18				✓	✓										✓	⊗	⊗	✓	○	18	Same age	Different ages
19		⊗	⊗		✓						✓	○		✓	✓	✓	✓	✓	✓	19	Believe the same about me	Believe differently about me
20					✓		/	⊗	⊗	✓	✓	✓	○							20	Both friends	Not friends
21								✓						⊗	⊗	✓	✓	✓	✓	21	More understanding	Less understanding
22	⊗			✓		○	✓	X					✓		✓		✓		✓	22	Both appreciate music	Don't understand music

Abb. 7: RepTest Protokoll (nach Kelly 1955/91a, S. 270f/222)

Entsprechend fordert das Verfahren die Befragten dazu auf, solche Unterscheidungen vorzunehmen und damit konkret zu zeigen, wie sie es anstellen, Ordnung in ihre Erfahrungen zu bringen - und so ihre subjektive Welt zu schaffen.

Die **Vorzüge** dieses Verfahrens:

Flexibilität: Das Verfahren läßt sich auf jeden Erfahrungsbereich anwenden, der beispielhaft in der Form unterscheidbarer Elemente konkretisiert werden kann. Beziehungen zu anderen Personen, wie sie mit den oben vorgestellten Rollenbeschreibungen untersucht werden, sind also nur eine Möglichkeit von vielen anderen (vgl. z.B. Thomas/Harri-Augstein 1985, S. 344ff).

Artikulationsfreiheit: Das Verfahren kommt mit minimalen inhaltlichen Vorgaben und Interviewerinterventionen aus. Die Aufgabe für die Befragten besteht lediglich darin, Gegenstände ihrer Erfahrung zu unterscheiden. Wie sie das tun und wie sie ihre Unterscheidungen bezeichnen, bleibt ihnen weitestgehend freigestellt - bis auf die Vorgabe, die Konstruktpole möglichst kurz zu benennen. Wie also eine Person z.B. ihre Bekannten unterscheidet, bleibt ihr überlassen. Das Verfahren ist offen für alle Konstrukte, ob die Bekannten nun nach ihrer Haarfarbe oder nach ihrer Kreativität im Schachspiel unterschieden werden.

Strukturierte Daten: Das Verfahren erhebt keine isolierten Aussagen, sondern fordert die Befragten dazu auf, Beziehungen zwischen Gegenständen ihrer Erfahrung herzustellen. Die Strukturierung der Daten durch die Befragten selbst wird weiter verstärkt, wenn die Aussagen der Befragten im Grid-Format (oder in der Full Context Form) erhoben und bei jeder Wahl alle Elemente jeweils einem Konstruktpol zugeordnet werden. So sorgen die Befragten bereits für eine Vorstrukturierung der Daten und erleichtern damit die Auswertung erheblich.

Erkennbar sind aber ebenso **offene Fragen und Probleme** dieser Urfassung(en) des Verfahrens:

Inhaltliche Festlegungen: Kelly gibt keine Begründungen für Instruktionen, Rollenbeschreibungen und vor allem die Zusammensetzung bestimmter Triaden. Zunächst ist daran wesentlich, daß Kelly überhaupt inhaltliche Festlegungen schafft. Denn gegenüber dem Verfahren, das oben im Selbstversuch (s. Teil 3.1.1.) gewählt wurde, verändert sich damit etwas sehr Wichtiges: Wofür die einzelnen Elemente stehen, bestimmt nicht der Befragte, sondern der Interviewer. Bestimmte Rollenbeschreibungen kennzeichnen *für Kelly* z.B. Beziehungen, die durch 'Autorität', 'Ideale/Werte' charakterisiert sind. Ob das für die Befragten auch gilt, ist erst einmal offen. Das ist ebenso, wenn Kelly eine Zusammenstellung der Rollenbeschreibungen vornimmt, die nach seiner Ansicht die wichtigen sozialen Beziehungen im Leben eines Menschen abdecken.

Mit diesen Festlegungen ändert sich der Ertrag der Interviews erheblich: Wir erfahren, wie die Befragten solche Personen konstruieren, die Kelly z.B. für Autoritätsfiguren hält. Wir erfahren aber nicht, welche Personen sie selbst als Autoritätsfiguren ansehen und wie sie diese Personen konstruieren.

Ob das akzeptabel oder sogar wünschenswert ist, hängt von der jeweiligen Untersuchungsfrage ab. Wenn das der Fall ist, sollten allerdings die gewollten inhaltlichen Festlegungen begründet und intersubjektiv nachvollziehbar getroffen werden - was bei Kelly nicht geschieht.

Konstrukte und Begriffe: In Kelly's Beschreibungen der Anwendungen des Rep Test kommen die Schwierigkeiten, die oben im Selbstversuch tatsächlich aufgetreten sind oder zumindest erwartbar waren, nicht vor. Seine wenigen Hinweise auf mögliche Probleme - z.B. auf oberflächliche Konstrukte (1955/91a, S. 222/167) - lassen nicht erkennen, mit welchen Schwierigkeiten praktisch *und* theoretisch (s. Teil 3.2.9.) zu rechnen ist, wenn die Befragten versuchen, ihre Konstrukte begrifflich zu fassen (vgl. a. Fromm 1994). Entsprechend fehlen dann auch Überlegungen dazu, wie mit diesen Schwierigkeiten umgegangen werden soll.

Fremdverstehen und Auswertung: Vor dem theoretischen Hintergrund der Personal Construct Psychology ist unbefriedigend, daß die Erhebung des Rep Test bei einer Liste isolierter Begriffspaare stehen bleibt. Denn wenn die prinzipiellen Schwierigkeiten der Verbalisierung von Konstrukten und die individuell unterschiedliche Bedeutung von Begriffen in Rechnung gestellt werden, bieten isolierte Begriffe eine denkbar ungünstige Grundlage für das Fremdverstehen.

Eine sehr beiläufige Bemerkung Kelly's läßt allerdings erkennen, daß seine Beschreibung des praktischen methodischen Vorgehens zur Erhebung persönlicher Konstrukte gerade an dieser Stelle unvollständig ist. In der Diskussion des Verfahrens sagt er:

> "The ...assumption is that of the functional communicability of the constructs elicited. This is the most precarious assumption. It involves believing that the words the subject uses in naming his constructs, and the explanations he gives, are adequate to give the examiner some practical understanding of how he is organizing the elements in the test. This is, in some measure, a function of the skill and perspective of the examiner." (1955/91a, S. 231/161)

Hier wird ganz nebenbei eine entscheidende Voraussetzung für das Verständnis der Konstrukte des Befragten erwähnt, daß der Befragte nämlich die von ihm benutzten Begriffe *erläutert*: "and the explanations he gives".

Für Kelly selbst mag praktisch und theoretisch selbstverständlich gewesen sein, daß allein das Abfragen von Begriffspaaren nichts mit dem Verstehen der persönlichen Konstrukte einer anderen Person zu tun hat. Für nicht eben wenige seiner Rezipienten gilt das aber erkennbar nicht, sie haben vielmehr seitdem immer wieder solche Listen von Begriffspaaren abgearbeitet und das dann als Anwendung der Repertory Grid Technique angesehen und veröffentlicht.

Daß die Bearbeitung isolierter Begriffspaare - jedenfalls auf der Basis der Personal Construct Theory - wenig Sinn ergibt, hätten nun zwar die eiligen Rezipienten Kelly's durch die Lektüre insbesondere der erkenntnis- und persönlichkeitstheoretischen Grundlegung der Personal Construct Psychology (s. Teil 2.) herausfinden können. Von Kelly hätten sie allerdings auch bei gründlichster Lektüre keine ausreichende und begründete Antwort auf die Frage bekommen, *wie* man denn persönliche Konstrukte erheben kann. Insbesondere der (soziale) Prozeß, in dem die persönlichen Konstrukte einer Person erhoben werden, bleibt bei Kelly in auffälliger Weise ausgespart. Die nur ganz beiläufige Erwähnung der Erläuterungen, mit denen die Befragten ihre persönlichen Konstrukte verstehbar machen (müssen), ist dafür ein Beispiel. Auch an anderer Stelle wird nicht weiter behandelt, wie derartige Erläuterungen aussehen und zustande kommen sollten. Zu erfahren ist nur, daß hier irgendwie das Geschick des Interviewers von Bedeutung sei (s.o.).

Für die ursprüngliche Darstellung der Repertory Grid Technique in Kelly's "Psychology of Personal Constructs" von 1955 ergibt sich damit:

Wenn es um die **Artikulation** des Befragten geht, müssen Einschränkungen seiner Artikulationsmöglichkeiten präziser reflektiert und begründet werden. Weiter muß gesagt werden, wie man warum mit den erwartbaren Artikulationsschwierigkeiten der Befragten umgehen will. Nicht zuletzt ist bereits im Hinblick auf Fremdverstehen und Auswertung zu sagen, wie die Artikulation des Befragten evtl. gesteuert werden soll - damit sich am Ende der Befragte nicht nur ausgesprochen hat, sondern das Ausgedrückte auch verstehbar ist.

Wenn es um das **Fremdverstehen** und die **Auswertung** von Grid-Daten geht, ist nach dem bisher Gesagten vor allem wichtig, daß die Äußerungen des Befragten in einen Kontext gestellt werden, der das Gemeinte verstehbar macht. Wie dieser Kontext geschaffen werden kann und was der Interviewer dabei zu tun hat, ist zu klären. Weiter dann, welche Ansichten/Versionen des Gemeinten verschiedene Auswertungsmethoden produzieren und wofür sie jeweils den Blick schärfen.

3.1.3. Der Aufbau aktueller Grid-Erhebungen

Seit Kelly's Einführung der Grid-Methodik sind zahlreiche Variationen der Urverfahren entwickelt worden (vgl. z.B. Fransella/Bannister 1977) - von denen einige noch vorgestellt werden (s. Teil 3.3.). Wegen dieser Vielfalt ist es nicht möglich, von 'dem' Repertory Grid Verfahren zu sprechen. Ein solches Standardverfahren hat es von Beginn an nicht gegeben und ist nach 40 Jahren methodischer Entwicklung immer weniger zu erkennen.

Das Bild methodischer Vielfalt und Kreativität, das Überblicksarbeiten zur Grid-Methodik entstehen lassen, ist allerdings nur bedingt zutreffend. In zweierlei Hinsicht weist die Entwicklung der Grid-Methodik nämlich erhebliche Diskrepanzen aus:

1. Diskrepanzen in der Beachtung einzelner methodischer Fragen: Neben Bereichen, die starke Beachtung gefunden haben, und in denen sich in den letzten Jahrzehnten viel verändert hat, gibt es andere, die über die Jahrzehnte ignoriert worden sind, und in denen seit Kelly praktisch keine Veränderungen stattgefunden haben. So gibt es z.B. zur Frage der Skalierung der Konstrukte eine ausgedehnte Diskussion, zahlreiche Untersuchungen (zur Akzeptanz verschiedener Ratingskalen vgl. z.B.

Lohaus 1983) und auch eine variantenreich und begründet von Kelly abweichende Praxis (Fransella/Bannister 1977). Dagegen wird z.B. die Gesprächsführung bei der Erhebung persönlicher Konstrukte nicht nur von Kelly selbst, sondern auch von der Literatur der folgenden Jahrzehnte praktisch ausgeklammert (vgl. Fromm 1987a).
2. Diskrepanzen zwischen dem, was irgendwann schon einmal ausprobiert und publiziert worden ist, und gängigen Anwendungen der Grid-Methodik. Ebensowenig wie Modenschauen der Haute Couture ein Bild von der alltäglichen Bekleidung der Menschen vermitteln, beschreiben z.B. Fransella und Bannister (1977) im "Manual for Repertory Grid Technique" die gängige Grid-Methodik. Vielmehr gelangt vieles von dem, was einzelne Forscher vorgestellt haben, nicht über erste Entwicklungsstufen und Einzelanwendungen hinaus. Das gilt auch für einige Vorschläge Kelly's, wie z.B. zur sequentiellen Erhebung oder zur inhaltsanalytischen Auswertung von Grids, die keine erkennbare Verbreitung gefunden haben. Die Mehrheit der Anwendungen kommt, wie Publikationen, Tagungsbeiträge und Gespräche unter Anwendern erkennen lassen, mit wenigen methodischen Grundformen aus.

So kann sich je nach Betrachtung ein sehr unterschiedlicher Eindruck ergeben. Sieht man vor allem auf die vielbeachteten Arbeitsbereiche und die Flut bisheriger methodischer Vorschläge, erscheint die Entwicklung gekennzeichnet durch beeindruckende Produktivität und Kreativität, die es z.T. schon schwierig macht, vor lauter Varianten noch klar abzugrenzen, was eigentlich Grid-Methodik charakterisiert.

Sieht man dagegen eher auf die systematisch vernachlässigten Arbeitsbereiche und die gängige Praxis der Grid-Methodik, ist möglicherweise nicht recht erkennbar, wo denn überhaupt seit Kelly nennenswerte Veränderungen stattgefunden haben. Man mag dann eher versucht sein, mit Epting u.a. (1993) etwas mehr Einfalls- und Abwechslungsreichtum anzumahnen.

Diese Licht- und Schattenseiten der Entwicklung der Grid-Methodik sollen hier nicht weiter herausgearbeitet werden - das wäre Sache eines Forschungsberichtes. Der kurze Hinweis darauf ist allerdings notwendig, um den Stellenwert der folgenden Darstellung besser verständlich zu machen. Sie beschreibt nicht die heute gängige Praxis in der Anwendung der

Grid-Methodik. Sie geht vielmehr von dem aus, was heute üblich ist, um dann aber zu zeigen, wo Veränderungen und Ergänzungen in der Anwendung der Grid-Methodik sinnvoll und notwendig sind.

Die Grobstruktur, der heute wohl die meisten Anwendungen der Grid-Methodik bei der Erhebung von Grid-Daten folgen, verdeutlicht Abbildung 8 (vgl. a. Pope/Keen 1981; Shaw/McKnight 1981; Beail 1985; Tschudi 1993). Zugleich verdeutlicht dies Schaubild recht gut, was sich seit Kelly's Zeiten *nicht* geändert hat: Die grundsätzlichen Erhebungsschritte sind seit Kelly bis heute in den meisten Anwendungen unverändert:

- Nach Festlegung des Befragungsthemas wird der Untersuchungsgegenstand in Elemente aufgelöst, die den Gegenstand beispielhaft repräsentieren können.
- Diese Elemente werden dann in Triaden zur Unterscheidung vorgegeben - häufig noch genau mit Kelly's Instruktionen.
- Und nach der Benennung der Pole des Konstrukts werden alle Elemente diesen Polen zugeordnet.

In dieser abstrahierten Form beschreibt also das Schaubild das Vorgehen Kelly's ebenso wie das vieler heutiger Anwender. Die Unterschiede zwischen Kelly's Vorgehen und dem heutiger Anwender bestehen nicht so sehr in der Grobstruktur der Erhebung, sondern vielmehr darin, wie die einzelnen Teilschritte des Vorgehens konkret ausgestaltet werden. Bei gleicher Grobstruktur können sich dann die Verfahren so deutlich unterscheiden, daß die verbindende Klammer "Grid-Methodik" nur noch wenig bedeutet. Wenn z.B. Befragungszweck und Elemente nicht (wie oben bei Kelly) vom Berater, sondern vom Klienten festgelegt werden, ändert sich bereits der mögliche Ertrag des Interviews ganz erheblich.

Aus diesem Grund ist es wenig sinnvoll, allgemein von methodischen Vorzügen und Problemen *der* Grid-Methodik, ihren Erträgen und ihrer Eignung für spezifische Untersuchungszwecke zu reden. Das läßt sich vielmehr immer nur bezogen auf die je besondere Ausgestaltung der oben dargestellten Grobstruktur diskutieren.

Der Aufbau aktueller Grid-Erhebungen

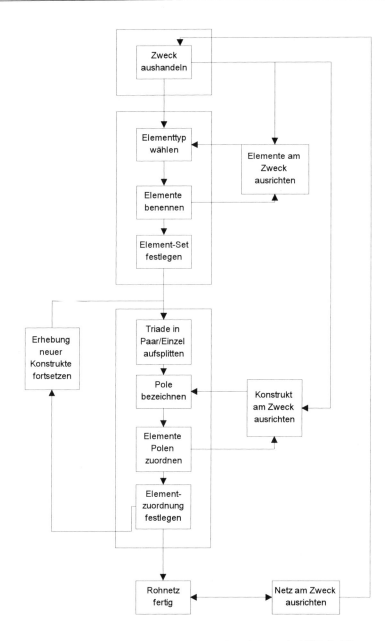

Abb. 8: Ablauf einer Grid-Erhebung (nach Thomas/Harri-Augstein 1985, S. 50)

Durchgesetzt haben sich Änderungen des Vorgehens im Vergleich mit Kelly's Vorgaben vor allem in folgenden Punkten:

- Die ursprünglichen Rollenbeschreibungen Kelly's werden kaum noch, und dann nicht vollständig, benutzt.
- Heute wird i.d.R. mit weniger (etwa 10 bis 15) Elementen gearbeitet.
- Auch die Anzahl der Wahlen, mit denen Konstrukte erhoben werden, liegt deutlich unter den von Kelly angegebenen Werten, nur selten über 15.
- Schließlich wird heute eine dichotome Zuordnung der Elemente selten und dann vor allem in besonderen Fällen (z.B. mit Kindern) benutzt; verbreitet ist dagegen eine 5-7 stufige Rating-Skala.

Auf den ersten Blick mögen diese Veränderungen nicht gerade als bedeutender Fortschritt erscheinen. Sie reichen auch sicherlich nicht aus, um die oben angesprochenen Unzulänglichkeiten der Urfassung des Grids zu beheben. Immerhin aber deuten sich die folgenden Entwicklungsrichtungen an:

Ob und wie den Befragten Elemente (oder sogar Konstrukte) vorgegeben werden dürfen, ist Gegenstand ausgedehnter Diskussionen gewesen, wie Befragte mit vorgegebenen bzw. erhobenen Elementen (oder Konstrukten) umgehen, Gegenstand zahlreicher empirischer Untersuchungen. Daran ist vor allem wichtig, daß die mit der Vorgabe von Elementen verbundene inhaltliche Einflußnahme, die bei Kelly weitgehend unreflektiert bleibt, reflektiert wird und gegebenenfalls dann begründet erfolgt.

Die Reduzierung der Anzahl der benutzten Elemente und der erhobenen Konstrukte ist insofern wichtig, als damit die Grid-Interviews von überflüssiger Fleißarbeit befreit werden. Unterstützt durch die Einführung mehrstufiger Ratingskalen wird die grobe (dichotome) Abarbeitung langer Listen von Wahlen und Elementen durch weniger und potentiell differenziertere Entscheidungen ersetzt.

Vor dem Hintergrund der Personal Construct Theory betrachtet sind diese Änderungen wichtig und sinnvoll, weil sie dazu beitragen können, Grid-Interviews konsequenter als noch in der Urfassung Kelly's zu Erhebungsinstrumenten zu entwickeln, in denen der Befragte als Experte für den jeweiligen Befragungsgegenstand verstanden und entsprechende Sorgfalt darauf verwandt wird, ihn möglichst unbeeinträchtigt und differenziert zu Wort kommen zu lassen.

Wie die Anlage vieler Anwendungen der Grid-Methodik zeigt, werden diese Möglichkeiten einer Weiterentwicklung des Verfahrens allerdings kaum genutzt. Wohl nicht zuletzt deshalb, weil Änderungen gegenüber den Urverfahren eher pragmatisch als theoretisch motiviert sind, z.B. die Wahl einer Rating-Skala also eher mit Blick auf verfügbare Computerauswertungsprogramme fällt als aus Sorge um die Ausdrucksmöglichkeiten der Befragten. Hier ist mit Sicherheit eine konsequentere konzeptionelle Orientierung notwendig, die methodische Einzelmaßnahmen begründet in ein übergreifendes Forschungsdesign einbindet.

Weil hier eine der systematischen Lücken der Diskussion und Anwendung der Grid-Methodik liegt, soll dieser Punkt ausgehend vom oben wiedergegebenen Ablaufschema (s. Abb. 8) noch etwas vertieft werden.

Das Schaubild bringt zunächst grafisch zum Ausdruck, in welcher Weise die Erhebung der Konstrukte ihren Sinn erst im Hinblick auf die je konkrete Fragestellung bekommt. Nicht nur die begründete und präzise Auswahl bestimmter Elemente, sondern auch die Auswahl eines Verfahrens bei der Erhebung der Konstrukte sind nur im Hinblick auf die jeweilige Fragestellung möglich. Das sollte zwar selbstverständlich sein, kann aber offensichtlich nicht deutlich genug unterstrichen werden, wenn man einen Blick auf Veröffentlichungen wirft, in denen sich die Anwendung der Grid-Methodik darauf reduziert, mit irgendwelchen Element-Triaden Konstrukte zu erheben, ohne daß die Frage nach dem Zusammenhang dieses Vorgehens mit einer spezifischen Fragestellung auch nur am Rande behandelt wird.

Nicht weniger wichtig ist die Betonung, die Thomas und Harri-Augstein darauf legen, daß diese Abstimmung des Vorgehens auf den Untersuchungszweck keine punktuelle, einmalige Maßnahme ist, sondern in der Form fortlaufender Kontrollen und Rückversicherungen den Gesamtprozeß begleiten sollte. In etwas anderer Darstellung kommt dies auch im Schaubild von Pope und Keen (1981, S. 48) zum Ausdruck (s. Abb. 9).

Wie wichtig derartige Kontrollen sind, kann allerdings wiederum nur dann in der praktischen Arbeit deutlich werden, wenn die Befragungssituation den Befragten ausreichende Ausdrucksmöglichkeiten einräumt.

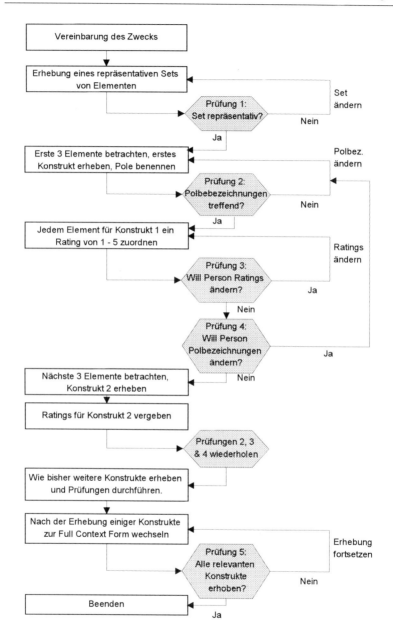

Abb. 9: Ablauf einer Grid-Erhebung: Kontrollfragen (nach Pope/Keen 1981, S. 48)

Der Aufbau aktueller Grid-Erhebungen 47

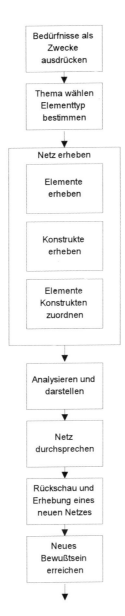

Abb. 10: Ablauf einer Grid-Erhebung: Verarbeitung erhobener Konstrukte (nach Thomas/Harri-Augstein 1985, S. 94)

Wo Konstrukte in der Form erhoben werden, daß die Befragten nur Begriffe und Ratings in ein Formblatt eintragen können, bleiben Verschiebungen von Bedeutungen und Zwecksetzungen weitgehend verborgen, machen allenfalls die Auswertung unsicher. Haben dagegen die Befragten die Möglichkeit, ihre Konstrukte zu erläutern, wird schnell erkennbar, wie real die Gefahr ist, daß sich unter der Hand während des Interviews Zwecke, Bedeutungen und Akzente verschieben, und wie notwendig derartige Kontrollen sind.

Nicht weniger wichtig ist die Erinnerung daran, daß die Erhebung persönlicher Konstrukte ja in den wenigsten Fällen Endzweck ist. Entsprechend betont das Schema in Abbildung 10 insbesondere die Schritte, die sich an die Erhebung von Konstrukten anschließen können. Ob nun, wie in diesem Schema vorgesehen, ein Gespräch mit dem Befragten über die Ergebnisse der Grid-Erhebung stattfindet, oder eine andere Strategie der Verarbeitung gewählt wird, ist dabei eine nachgeordnete Frage, deren Beantwortung wiederum vom genauen Zweck der Erhebung abhängt - auch bei Thomas und Harri-Augstein ist diese Nachbesprechung nur eine Möglichkeit unter anderen. Vorrangig und wichtig dagegen ist, die einzelne methodische Entscheidung in ihrer Bedeutung für den Gesamtprozeß zu sehen.

Denn ohne klare Fragestellung, darauf abgestimmte Erhebung und reflektierte Verarbeitung der Ergebnisse liefert auch die Grid-Methodik - wie jede andere Methode - nur Datenmüll. Der läßt sich allerdings - z.B. mit einschlägiger Software - gerade im Falle der Grid-Methodik leicht und bemerkenswert präsentabel aufbereiten, so daß die Versuchung, 'einfach ein paar Daten zu erheben', besonders groß ist. Umso notwendiger ist der Hinweis, daß so das besondere Potential der Grid-Methodik, theoretisch begründete maßgeschneiderte und sensitive Verfahren zur Erhebung persönlicher Konstrukte bereitzustellen, nicht ausgeschöpft wird.

3.1.4. Die Konstrukterhebung als soziale Situation

Mindestens ebenso folgenschwer, aber insgesamt noch ausgeprägter ist die systematische Vernachlässigung der sozialen Dimension von Grid-Erhebungen. Denn wie man Personen nach ihren persönlichen Konstrukten fragen kann und soll, haben nach Kelly selbst (s.o.) auch seine Nachfolger nicht genauer erläutert und begründet. Veröffentlichungen zur Repertory Grid Technique vermitteln vielmehr den abwegigen Eindruck, man könne den Befragten schlicht eine Serie von Triaden zur Unterscheidung vorlegen und bekomme dann ihre persönlichen Konstrukte genannt.

Dazu hat, wie oben die Diskussion der Urverfahren Kelly's gezeigt hat, auch Kelly mit beigetragen. Denn Kelly geht zwar wie selbstverständlich davon aus, daß persönliche Konstrukte im Gespräch zwischen Forscher und Befragten erhoben werden sollten, behandelt dann dies Gespräch aber erstaunlich beiläufig und trägt so mit zu dem Mißverständnis bei, persönliche Konstrukte stellten sich quasi von selbst, jedenfalls ohne nennenswertes Zutun des Forschers oder Beraters, ein.

Das ist bestenfalls dann der Fall, wenn der Zweck der Erhebung vor allem verstärkte Selbsterfahrung des Befragten ist (vgl. Thomas/Harri-Augstein 1985, S. 46), die der Berater methodisch fördert und begleitet, aber nicht inhaltlich nachvollziehen muß.

Natürlich ist es auch möglich, einem Befragten z.B. ein Formblatt mit Elementen zur Unterscheidung vorzulegen und auf jede weitere Intervention zu verzichten. Das ist nicht nur arbeitsökonomisch, sondern mag auch als brauchbares Vorgehen erscheinen, um Interviewereinflüsse zu kontrollieren. Es ist dann nur wichtig zu sehen, daß dies Vorgehen allein - jedenfalls auf der Basis der Personal Construct Psychology - theoretisch keinen Sinn ergibt. Denn wenn nicht nur die Individualität von Konstrukten, sondern auch ein individuell unterschiedlicher Gebrauch der Begriffe, mit denen diese Konstrukte bezeichnet werden, angenommen wird (vgl. z.B. 1985, S. 42, 46, 95), ist eine Verständigung über die Bedeutung von Begriffen notwendig. Insofern kann auf ein Gespräch nur dann verzichtet werden, wenn eine hinreichende Verständigung bereits vorab (z.B. in Vorerhebungen) erreicht wurde oder noch folgen kann - oder aber (s.o.) der Berater überhaupt nicht genauer verstehen muß, was der Befragte ausdrückt.

Wenn aber die Erhebung persönlicher Konstrukte im Rahmen eines Gesprächs stattfindet, stellt sich überhaupt nichts einfach ein, sondern muß von Akteuren in einer sozialen Situation **gemacht** werden. Das kann natürlich auf verschiedene Weise geschehen - vorzugsweise aber so, daß das Vorgehen nicht nur im Hinblick auf den Gesprächszweck nützlich, sondern auch theoretisch begründet und in sich stimmig ist.

Wie man sich **methodisch reflektiert** mit einer anderen Person über deren persönliche Konstrukte so **unterhalten** kann, daß nicht nur die Artikulation dieser Person, sondern auch das Fremdverstehen des Artikulierten gefördert wird, soll im folgenden genauer behandelt werden (vgl. dazu ausführlicher Fromm 1987a).

Die Beziehung zwischen Berater und Befragtem

Zur Vorstellung von der Norm-Versuchsperson (vgl. Holzkamp 1972; Kelly 1955/91a, S. 5/4; Bungard 1980) bzw. vom Norm-Klienten gehört, daß der Untersuchte/Befragte nur auf die Reize reagiert, die der Versuchsleiter für relevant hält, und dann auch nur so, wie das Versuchsdesign es vorsieht. Bannister und Fransella haben es einmal so formuliert, daß der Untersuchte nur als "Grad-ein-bißchen-cleverer-als-die-Durchschnittsratte" (1981, S. XII) gesehen und behandelt werde. Damit tun sie allerdings der Durchschnittsratte Unrecht, denn selbst die ist nie so berechenbar gewesen, wie die Norm-Versuchsperson in vielen psychologischen Untersuchungen vorkommt.

Spätestens wenn das Persönlichkeitsmodell der Personal Construct Psychology zugrunde gelegt wird, das jeden Menschen als Forscher versteht, der kontinuierlich darin aktiv ist, den Gegebenheiten seiner Umwelt Bedeutung zu verleihen, ist es wenig sinnvoll anzunehmen, für den Befragten beginne das Gespräch mit der ersten vorgelegten Triade und beschränke sich dann darauf, kurz eine Unterscheidung zu formulieren. Für den Befragten wird das Gespräch vielmehr schon früher anfangen und dann von der Gesamtsituation bestimmt sein.

Es ist dann sinnvoll, danach zu fragen, wie eine Verarbeitung dieser Situation gefördert werden kann, die dem Gesprächszweck dienlich ist. D.h. insbesondere, was dafür getan werden kann, daß der Befragte sich als Experte für die besprochenen Inhalte akzeptiert fühlt und sich auch entsprechend in das Gespräch einbringt. Ihm das einfach so zu sagen, würde gängigen Pflichtübungen entsprechen, die ein 'Vertrauensverhältnis' zwischen Versuchsleiter und Versuchsperson schaffen sollen. Mir scheint es aber sinnvoll zu sein, dem Befragten darüber hinaus konkret erfahrbar zu machen, daß er tatsächlich als Experte ernstgenommen wird, und ihm zudem ausreichende Hilfen zu geben, die Befragungssituation so zu konstruieren, daß er sich subjektiv frei fühlen kann, seine persönliche Sicht der Dinge zu artikulieren und zu vertreten.

Dazu können die folgenden Informationen und Verständnishilfen beitragen:

1. Information über den Zweck der Befragung und über die Erwartungen an den Befragten.
2. Information über den Ablauf der Befragung.
3. Beispielhafte Übung des Ablaufs der Befragung.
4. Erläuterung von Besonderheiten der Befragungssituation.

zu 1.: Information über den Zweck der Befragung und über die Erwartungen an den Befragten.

Auch wenn der Zweck der Erhebung - etwa in der Beratung - letztlich vom Klienten selbst bestimmt wird, läßt sich häufig die Funktion der Grid Erhebung konkreter umreißen. Wo das ohne Beeinträchtigung des Erhebungszwecks möglich ist, wird die konkretere Information darüber, welche Aufschlüsse die Befragung bringen kann und soll, dem Befragten ein besseres Verständnis der Erhebungssituation eröffnen und ihm eine gezieltere Mitarbeit ermöglichen.

Dazu wird ebenfalls beitragen, wenn die Rollen des Befragten und des Beraters so klar wie möglich formuliert und unterschieden werden, daß nämlich der Befragte in diesem Gespräch Experte für die jeweiligen Inhalte ist, der Berater dagegen Experte für die methodische Strukturierung des Gesprächs - was dann z.B. (s. Gesprächsführung) auch beharrliches Nachfragen des Beraters verständlich macht.

zu 2.: Information über den Ablauf der Befragung.

Um den Befragten eine subjektiv brauchbare Vorstellung vom Ablauf der Befragung zu geben, ist erfahrungsgemäß eine Beschreibung der Interviewschritte allein wenig hilfreich. Natürlich läßt sich der Ablauf kurz skizzieren, sie erscheint den Befragten aber mit einiger Sicherheit zunächst als so simpel, daß sie sich entweder nicht vorstellen können, daß dabei etwas Sinnvolles und Wichtiges herauskommen kann, oder aber sich Gedanken über das machen, was der Berater verschweigt. Anders formuliert: In der Beschreibung ist die Face-Validity von Grid-Erhebungen relativ gering. Es entspricht nicht den bisherigen Erfahrungen und damit den Erwartungen der Befragten, daß ein in den Grundschritten so einfaches Vorgehen die Intensität erreichen und die Erkenntnisse ermöglichen kann, die für Grid Erhebungen durchaus normal sind.

zu 3.: Beispielhafte Übung des Ablaufs der Befragung.

Ein dem Anschein nach ganz einfaches und unproblematisches Verfahren entwickelt so für viele Befragte eine überraschende Sogwirkung. Um die vermeidbare Verwirrung in Grenzen zu halten, ist die konkrete Erfahrung des Vorgehens in einer kleinen Übung - wenn immer zeitlich möglich - ausgesprochen nützlich. Sie verdeutlicht den Befragten den Ablauf, baut unbegründete Ängste (z.B. hinsichtlich der eigenen Kompetenz) ab und weckt ihre Neugier.

Nicht zuletzt bietet sich dem Befragten hier die Möglichkeit, die vorab erläuterten Rollenverteilungen und Erwartungen konkret zu erfahren und zu prüfen. Insbesondere, was es bedeutet, als Experte für diesen Gesprächsgegenstand akzeptiert zu werden.

zu 4.: Erläuterung von Besonderheiten der Befragungssituation

Damit ist gemeint, dem Befragten die Elemente der Befragungssituation, die nicht alltäglich und möglicherweise beunruhigend und angstauslösend sind, so zu erläutern, daß er sie für sich in einen sinnvollen Zusammenhang mit dem Befragungszweck bringen kann - aber auch die Elemente, die nur zufällig Bestandteil der Situation sind, davon zu trennen. Dazu gehören neben Information über Beginn und Ende der Befragung Informationen zu räumlichen Besonderheiten und insbesondere zu benutzten Hilfsmitteln (Protokollbögen, Tonbandgerät o.ä.).

Gesprächsführung

Im Gespräch werden aus den Unsicherheiten und Artikulationsschwierigkeiten, die oben im Selbstversuch (s. Teil 3.1.1.) erkennbar/absehbar wurden, Kommunikationsprobleme. Und die Frage ist dann nicht nur allgemein, wie man sich über persönliche Konstrukte unterhalten kann, sondern spezieller auch, wie man zweckentsprechend und theoretisch begründet mit diesen absehbaren Schwierigkeiten fertig werden kann und will.

Als Grundlage für die folgenden Überlegungen soll ein Textausschnitt aus dem Übungsinterview mit einer 13-jährigen Schülerin dienen. Solche Übungsinterviews wurden oben ja bereits als wichtige Möglichkeit eingeführt, um dem Befragten den Ablauf des eigentlichen Interviews beispielhaft erfahrbar zu machen, offene Fragen deutlich werden zu lassen und vor allem eine soziale Beziehung zwischen Befragtem und Berater aufzubauen (vgl. Fromm 1987a, S. 262ff). Zur Veranschaulichung erwartbarer Unsicherheiten und Verständigungsprobleme ist diese Situation besonders geeignet, weil Interviewter und Interviewer noch nicht auf eingespielte Routinen im Umgang miteinander und in der Durchführung des Verfahrens zurückgreifen können.

Das Übungsinterview behandelt das selbstgewählte Thema "Freundinnen".

I.: Du hast ja gerade schon gesagt, daß die unterschiedlich sind. (S.: Ja.) Die sind nicht gleich für Dich. (S.: schüttelt den Kopf) Ich denke jetzt einfach, daß die für Dich irgendwelche Gemeinsamkeiten haben, wo Du meinst, da ähneln sich zwei. (S.: Ja.) Und Du sollst dann einfach nur sagen, wenn Du da so drei hast (S.: Ja.), welche zwei davon enger zusammengehören, was sie Gemeinsames haben und was die gleichzeitig von der Dritten unterscheidet (S.: Ja.), ja? (S.: Hm.) Können wir einfach mal versuchen? (S.: Ja, o.k.) Also ich habe hier zufällig Gabi, Sonja und Laura... (S.: Ah, das ist gut, das ist...) kannst Du das mal versuchen?

S.: Also, das ist ... Also die beiden würde ich sowieso zusammentun. (I.: Ja, Gabi und Sonja?) Ja. Die sind auch in Wirklichkeit so zusammen, hmhm. (I.: Was haben die denn gemeinsam?) (kichert) Ja, ich würde sagen, hm, die sind gleich "affig", also im Verhalten (I.: Ja.), sind also "direkt" und (I.: Hm.), na so, vielleicht also "kindisch" gegenüber Laura (I.: ja.).

I.: Wie würdest Du denn dann Laura bezeichnen, wenn Du sagst, die beiden sind "kindisch" und "affig"?

S.: Laura, das ist so eine, die nie versucht, einem weh zu tun, aber damit macht sie sich trotzdem irgendwie unbeliebt, weil sie dann so komisch eben ist (I.: Hm.). Also die sind eben mehr so "direkt", die sagen, was sie meinen (I.: Ja.) und das macht Laura überhaupt nicht.

I.: Ja, wie würdest Du das denn so bezeichnen? Ist die "vorsichtig", "zurückhaltend" oder was ist das?

S.: "Zurückhaltend" eigentlich nicht, ja "vorsichtig" wohl eher.

I.: Hm. Also wichtig ist, daß Du meinst, das trifft's irgendwie (S.: Ja, irgendwie schon.), nicht, daß ich das meine.

S.: Ja, was sind denn jetzt Gabi und Sonja? Sind die "direkt" oder.........? (I.: Ja, ich weiß das nicht.), ja, ich ja auch nicht (kichert).

I.: Laß Dir ruhig Zeit. (S.: Ein Begriff, ne?) Wenn Du meinst, es wäre mit einem nicht zu machen, dann nimm mehrere.

S.: (überlegt lange) ... (sieht hoch)

I.: Wie nennst Du es?

S.: "Offen".
I.: O.K. Und wie ist demgegenüber dann Laura?
S.: (überlegt) Tja, "zurückhaltend". Also auf jeden Fall mit ihrer Meinung.

....

I.: Damit ich Dich ein bißchen besser verstehe, wüßte ich gern, wenn Du "offen" sagst oder "direkt", was Du damit meinst. Kannst Du mal ein Beispiel machen, was für Dich direktes Verhalten ist?
S.: Ja eben, wenn die irgendetwas an Dir doof finden oder so was, und sagen Dir das ins Gesicht. Das finde ich irgendwie "offen" oder "direkt" oder so. Ich finde, das könnte man dann auch anders sagen. Man muß das ja nicht immer so ins Gesicht platzen oder so, finde ich.
I.: Also es ist nicht so sehr, was die sagen, sondern wie sie das sagen?
S.: Ja, doch. Ich meine, ich find' das ja gut, wenn man eine Meinung sagt, aber daß sie das so (verzieht das Gesicht), so...
I.: Daß Du Dich irgendwie angegriffen fühlst, dann?
S.: Ja angegriffen, ja, doch...
I.: Hast Du so den Eindruck, die wollen Dir was? Das ist jetzt mies, wie die das sagen?
S.: Das irgendwie nicht, aber vielleicht denkt man, wenn die das dann so sagen, daß sie es viel schlimmer meinen.
I.: Also gleich mit dem Holzhammer. Hast Du dann für Dich Angst, daß Du dann gleich voll bei denen untendurch bist? So'n vernichtendes Urteil oder so...?
S.: Wenn's Fremde wären, ja. Aber bei denen, Gabi und Sonja, weiß ich ja, wie sie das vielleicht meinen. Aber bei Fremden wohl doch. Also wenn die mir irgendsowas sagen, dann denk ich: So, jetzt ist es aus. Ja, das würde ich dann wohl denken.
I.: Das kratzt Dich dann schon an?
S.: Ja, also ich denke nicht, manchmal denk ich das allerdings auch.
I.: ..daß dann alles vorbei ist? (S.: Ja.) Und Du nicht abschätzen kannst, wie ernsthaft die das nun meinen.
S.: Hm (seufzt). Ja Sonja. Ich meine, bei denen weiß ich eben, daß die das nicht so meinen. Oder, daß ich das eben bei denen so einstecken muß. Oder, daß das dann doch eben nicht so schlimm ist.
I.: Ja. Aber jedenfalls so eine Situation, wo die Dir ziemlich deutlich die Meinung sagen, die hast Du vor Augen, wenn Du hier z.B. hinschreibst "offen" oder "direkt"?
S.: Ja "offen" ist ja eigentlich was anderes, aber "direkt" schon. "Offen" ist ja eigentlich so, daß man einem alles sagt oder so, ne. Das Du keine Geheimnisse hast.
I.: Hm. Das ist also noch wieder etwas anderes. "Offen" wäre: sagen was sie denken, und "direkt" wäre mehr: die hauen Dir um die Ohren, was sie denken.
S.: Ja. Und ich meine, wenn sie direkt sind, dann sagen sie ja auch nicht unbedingt alles oder so.
I.: Also das kann sich durchaus ausschließen. (S.: Ja.) So daß jemand "direkt", aber doch nur die Hälfte sagt von dem, was er im Kopf hat. Dann würde sich doch aber, wenn ich Dich richtig verstanden habe, hier eine Zuordnung ergeben, wenn man dasselbe noch einmal machen würde mit "direkt-zurückhaltend".
S.: Nee. Ich meine, als ich das "offen" da genommen habe (I.: Hm.), da hab ich das auch im Sinne von "direkt" benutzt.

Für eine Anfangssituation ist der Textausschnitt durchaus typisch, vordergründig glatter läuft er nur dann ab, wenn die Interviewten sich zu Beginn auf relativ unproblematische und oberflächliche Konstrukte beschränken, wie z.B. "dunkle Haare-helle Haare" o.ä.

Befragte überlegen (z.T. sehr lange und immer wieder), ringen nach Worten, korrigieren sich, halten für selbstverständlich, was erst den Berater und dann sie selber verwirrt, verständigen sich mit dem Berater über die Bedeutung von Begriffen, um dann festzustellen, daß sie etwas ganz anderes ausdrücken wollten, erleben mitunter überraschend Erfahrungen neu usw. All das gehört zum Ablauf ganz normaler Gespräche über persönliche Konstrukte und hat zunächst mit den klaren und sauber geordneten Ergebnissen von Grid-Untersuchungen, wie sie in der Literatur erscheinen, erkennbar nicht viel zu tun. Aber nur dann, wenn der Berater mit dieser verwirrenden und schwierigen Situation konsequent und im Sinne des zugrundeliegenden Konzepts angemessen umgeht, lohnt es anschließend überhaupt noch, über die persönlichen Konstrukte zu reden, die als Ergebnis am Ende dieses Verständigungs- und Übersetzungsprozesses zwischen Befragtem und Berater stehen.

Allgemein war oben ja schon gesagt worden, daß das Gespräch über persönliche Konstrukte zweierlei gewährleisten sollte:

- Es sollte dem Befragten die Möglichkeit bieten, seine Sicht der Dinge möglichst unbeeinträchtigt zu artikulieren.
- Es sollte dem Berater die Verständnis- und Übersetzungshilfen bieten, die es ihm erlauben, das vom Befragten Ausgedrückte im Rahmen seines eigenen Konstruktsystems zu rekonstruieren.

Um die Gesprächsführung leiten zu können und kontrollierbar zu machen, müssen diese allgemeinen Anforderungen allerdings noch konkretisiert werden (vgl. dazu auch Fromm 1987a, S. 262ff).

Artikulationsfreiheit

Um zunächst die Artikulationsfreiheit des Befragten weitestmöglich zu gewährleisten, scheinen mir die folgenden Anforderungen an die Gesprächsführung sinnvoll und mit dem Konzept der Personal Construct Psychology vereinbar:

Verzicht auf inhaltliche Bewertungen: Wenn der Befragte als Experte für seine subjektive Sicht des verhandelten Themas verstanden und akzeptiert wird, steht dem Berater kein Urteil über die Qualität des Geäußerten zu, weder negativ ("Sehen Sie das nicht etwas zu eng?" o.ä.), noch positiv ("Das haben Sie aber schön ausgedrückt." o.ä.). Davon zu trennen sind (bewertende) Interventionen des Beraters, die sich aus der unterschiedlichen Aufgabenstellung für Befragten und Berater ergeben: Der Befragte als Experte für die behandelten Inhalte, der Berater als Experte für das methodische Vorgehen. In seiner Funktion als Experte für eine methodisch saubere Durchführung des Gesprächs wird der Berater notwendigerweise den Befragten einerseits zur Ausnutzung der vorhandenen Möglichkeiten ermutigen und andererseits an Regeln erinnern müssen - und damit das Verhalten des Befragten bewerten.

Verzicht auf stellvertretende Formulierungen: Da der Befragte allein Experte für seine subjektive Sicht der Dinge ist, kann auch nur er beurteilen, wann diese Sicht angemessen ausgedrückt ist. Stellvertretende Formulierungen/Verbalisierungsangebote des Beraters respektieren diesen Expertenstatus des Befragten nicht und drücken implizit Kritik an der Artikulation des Befragten aus. Das gilt mit Einschränkungen auch dann, wenn der Berater vom Befragten ausdrücklich um Verbalisierungshilfen gebeten oder um die Beurteilung von Äußerungen gebeten wird.

Wiederum etwas anderes sind Interventionen, die durch methodische Impulse die Artikulation des Befragten unterstützen können. Etwa die Einladung, etwas an einem konkreten Beispiel zu behandeln oder ein Gegenbeispiel zu machen, erst einmal zu assoziieren o.ä.

Offenheit für Korrekturen: Vorrang sollte - soweit methodisch realisierbar - eine für den Befragten subjektiv treffende Artikulation haben, nicht die kürzestmögliche Bewältigung von Pflichtübungen. Dazu ist gerade bei Gesprächen über persönliche Konstrukte die Offenheit für das Ausprobieren verschiedener Verbalisierungen und für (auch nachträgliche) Korrekturen wichtig.

Anpassung an das Tempo des Befragten: Damit ist erstens gemeint, den Befragten die Zeit zuzugestehen, die sie zur Verbalisierung ihrer persönlicher Konstrukte benötigen. Und die kann - auch aus der Sicht der Befragten - z.T. recht lang werden. Gemeint ist zweitens aber auch die Anpassung an mitunter recht drastische Schwankungen. Während ein

Konstrukt spontan genannt und sicher angewandt wird, kommt ein anderes erst nach vielen Versuchen und Umwegen zustande. Ein Konstrukt bleibt distanzierte begriffliche Unterscheidung, ein anderes ruft vielfältige Erinnerungen und Empfindungen wach.

Anpassung an die Befindlichkeit des Befragten: Dazu gehört zunächst die Berücksichtigung der allgemeinen physischen Verfassung (z.B. Müdigkeit, Erschöpfung), Wechsel in der Konzentriertheit während der Erhebung. Dazu gehört aber insbesondere ein sensibler Umgang mit der psychischen Befindlichkeit der Befragten. Denn während der Befragung sind intensive Emotionen keine Seltenheit, die zudem auch für die Befragten häufig plötzlich und überraschend auftreten. Gegebenenfalls kann es durchaus sinnvoll sein, die Erhebung zu unterbrechen.

Der Interviewausschnitt zeigt deutlich die Schwierigkeiten und Versuchungen für den Interviewer: Bei ihren z.T. sehr anstrengenden und langwierigen Versuchen, das Gemeinte auf den Begriff zu bringen, erbitten Interviewte häufiger vom Interviewer sogar explizit Formulierungshilfen oder erwarten eine Rückmeldung zur Qualität ihrer Äußerungen.

Im Textausschnitt verhält sich der Interviewer überwiegend den oben dargestellten Anforderungen entsprechend und macht sie zudem z.T. explizit (Zeile 23f, 27f). Das ist gerade für das Übungsinterview sehr wichtig, weil es ja u.a. der Verständigung über die geltenden Regeln dient. Der Versuchung, stellvertretend zu formulieren bzw. Formulierungsvorschläge zu machen, entgeht der Interviewer allerdings nicht ganz (Zeile 20f). Diese Vorschläge mögen hier zwar offen und auch brauchbar erscheinen, engen aber dennoch die Äußerungsmöglichkeiten der Interviewten ein. Gerade bei der i.d.R. schwierigeren Bezeichnung der Gegenpole ist zudem für die Interviewten die Versuchung relativ groß, eine vorgefertigte (wenn auch vielleicht nicht ganz treffende) Lösung zu übernehmen.

Übersetzungshilfen

Der Interviewausschnitt zeigt weiterhin deutlich, wie wenig verläßlich isolierte Begriffspaare als Konstruktbezeichnungen sind, wenn es um das Verständnis der persönlichen Konstrukte einer Person geht. Dem Begriff "direkt" ist nicht zu entnehmen, auf welch bedrohliche Erfahrungen die

Interviewte damit verweisen will; diese subjektive Bedeutungsgebung ist weder üblich, noch offensichtlich.

Durchaus üblich ist dagegen, daß die Interviewte unterstellt, der Interviewer wisse schon, was gemeint ist (Zeile 17f) (vgl. Fromm 1987a, S. 220ff). Und das hat zur Konsequenz, daß der Interviewer Verständnishilfen etwa in Form von Beispielen nicht ohne entsprechende Intervention geboten bekommt. Entsprechend ist es notwendig, daß der Interviewer die für ihn erforderlichen Verständnis- und Übersetzungshilfen nachhaltig und durchgängig anfordert - und zwar nicht nur dann, wenn er nichts versteht, sondern gerade auch, wenn er meint, verstanden zu haben.

Das kann in der folgenden Weise geschehen (vgl. Fromm 1987a, S. 270f):

- Bitten um Erläuterung der benutzten Begriffe (z.B. "Was meinst Du mit...?").
- Bitten um konkrete Beispiele/Situationen (s. z.B. Zeile 37ff).
- Paraphrasierung (mit der Bitte um Korrektur)(s. z.B. Zeile 68f).
- Kontrollfragen (s. z.B. Zeile 44, 74f) etwa mit Beispielen und Gegenbeispielen.

Für ein Übungsinterview sind die Bemühungen des Interviewers um eine Verständigung über das Gemeinte angemessen, für ein normales Netzinterview müßten sie (jedenfalls aufs Ganze gesehen) umfangreicher ausfallen. Für ein Übungsinterview sind sie deshalb angemessen, weil es hier zwar darum geht, den Interviewten mit dieser Form des Interviews vertraut zu machen, aber auch, ihm deutlich zu machen, daß man ihn als Experten für die behandelte Fragestellung akzeptiert, und ihn zu ermutigen, sich auch selbst als Experten zu sehen. In diesem Zusammenhang dürfte es ratsam sein, das Zutrauen des Interviewten zu den eigenen Ausdrucksmöglichkeiten nicht durch eine Überbetonung von Verständigungsschwierigkeiten zu erschüttern.

Der folgende Interviewausschnitt gibt den Ablauf der Erhebung des ersten Konstrukts im eigentlichen Interview derselben Befragten wieder - sie behandelt hier ihre Lehrer. Er soll noch einmal die Schwierigkeiten der Gesprächsführung bei der Erhebung persönlicher Konstrukte deutlich machen, die Notwendigkeit konsequenten und professionellen Interviewer-

Die Konstrukterhebung als soziale Situation

verhaltens unterstreichen - und Argwohn gegenüber Befunden wecken, die Aussagen über persönliche Konstrukte mit einer Genauigkeit von mehreren Stellen hinter dem Komma machen.

S.: Ich würd'sagen, die beiden gehören zusammen.
I.: Hm, und warum?
S.: (überlegt) Also, weil der sehr autoritär ist. Und die versuchen das eigentlich nicht so zu machen, daß sie so autoritär wirken.
I.: Hm, was macht der denn? Was verstehst Du darunter, wenn Du sagst "autoritär", woran denkst Du da?
S.: Also, daß der so extrem streng ist und daß, naja...
I.: Hast Du so eine Situation vor Augen, wo sich das so zeigt? Wo man das merkt, daß der autoritär ist?
S.: (überlegt) Ja also, daß, wenn der einen anbrüllt, daß ich dann dachte..ja, der hat einem mal gesagt "Ich trete Dir gleich in den Arsch." oder so was. Und ich glaub', wenn man so was mal zu ihm sagen würde, dann würde der aber ganz schön doof gucken. Also, der darf so alles sagen, aber sobald wir so'n Mund aufmachen, dann geht's gleich los, ne. Und das ist bei denen, ich meine, sie sagen sowas eben nicht so, ne.
I.: Also, daß der hier für sich Rechte in Anspruch nimmt, die ihr nicht habt? (S.: Hm. (zustimmend)) Und bei den anderen ist das ausgeglichener?
S.: Ja, auch nicht ganz, aber sie versuchen's auf jeden Fall. Glaub'ich schon.
I.: Hm, hast Du da eine Situation vor Augen, woran man verdeutlichen könnte, wie die sich benehmen? Also im Gegensatz zu ihm.
S.: (überlegt lange) Eigentlich nicht. Also ihr ganzes Auftreten so...Also, ich weiß nicht, wenn gegen irgendetwas abgestimmt wird, oder so, und dann sagt einer "Ach, das bringt's ja doch nicht." oder "Das ist doch bescheuert." oder so, also da würde die sich gleich betroffen fühlen oder sowas und beleidigt sein, eben sauer reagieren. Das akzeptiert die (deutet auf ein Kärtchen) eben auch, daß das deine Meinung ist.
I.: Und bei dem hier gäbe es dann gleich Gegenwind?
S.: Oh, ja! Ich mein', sowas kommt bei dem nicht vor.
I.: Weil ihr da Angst habt?
S.: (nickt)
I.: Was findest Du denn bei dem hier treffender, "autoritär" oder "streng"?
S.: Ja, streng mehr.
I.: Und die anderen beiden?
S.: (seufzt und überlegt)
I.: Ist schwierig, ne?
S.: (seufzt) Ja. (überlegt lange)
I.: Woran denkst Du denn, wenn Du die beiden vor Augen hast?
S.: Daß sie menschlicher sind. (I.: Ja..) Also, eben nicht so streng. Ich meine, die setzen sich auch irgendwie durch, aber...die schreien einen dann nicht an, sondern erklären einem das dann irgendwie.
I.: Ja. Wäre der denn gleichzeitig in Deinen Augen eher unmenschlich?
S.: (nickt)
I.: Würde das denn stimmen, wenn man bei dem hier hinschreiben würde "streng" und in Klammern "unmenschlich" und bei denen hier "nicht so streng" und in Klammern "menschlicher"?
S.: Eigentlich schon.
I.: Ja? ... Oder wäre es besser, wenn wir nur eines davon nähmen?
S.: Nee. Finde ich wohl ganz gut.
I.: Ja?..Laß' uns dann doch damit anfangen. Und wieder wie beim letzten Mal: wenn Du irgendwann merken solltest, da stimmt etwas nicht oder ist viel-

leicht doch schief, dann können wir das immer noch ändern. (S.: Hm. (zustimmend)) Das ist kein Problem.
S.: (schreibt)
I.: Was schreibst Du denn jetzt auf?
S.: "streng", in Klammern "unmenschlich".
I.: Und das zeigt sich dann in Situationen, in denen er euch anschreit und ihr euch so etwas nicht herausnehmen dürft?
S.: Ja...Und die anderen waren "nicht streng"?
I.: Ja, weiß ich nicht.
S.: (lacht) Ja, ich meine, sie sind wohl streng, sie setzen sich ja auch durch. Sie sind gewissermaßen auch irgendwie, hmja..., streng nicht, aber bei ihnen ist das auch nicht so, daß sie alles durchgehen lassen. Also schreibt man vielleicht besser nur "menschlicher". (aus: Fromm 1987a, S. 276f)

Der Interviewausschnitt zeigt wiederum die Schwierigkeit, Unterscheidungen, die man zunächst einmal recht problemlos treffen kann, dann auch subjektiv befriedigend zu bezeichnen. Er zeigt ebenfalls wieder Möglichkeiten, derartige Verbalisierungsversuche durch Konkretisierung an Beispielen, Rückfragen oder Verbalisierung von Schwierigkeiten zu unterstützen, schließlich aber auch die Schwierigkeiten und Grenzen einer nur formal fördernden Gesprächsführung. So wird am Ende des Ausschnitts z.b. die Gefahr deutlich, sozial erwünschte Aussagen zu produzieren. Und eines dürfte bereits an diesen kurzen Beispielen deutlich sein: Auch wenn das Interviewerverhalten durch klare und begründete Regeln geleitet ist, müssen unzählige Entscheidungen spontan und intuitiv bleiben. So ist es z.b. aussichtslos, klare, erschöpfende und gleichzeitig handhabbare Kriterien dafür zu formulieren, wann eine hinreichende Übereinkunft über einen Begriff zwischen Befragtem und Berater erreicht ist und entsprechend die Verständigungsbemühungen abgebrochen werden können.

Das ist nun allerdings nicht als Plädoyer für eine Reduzierung der Gesprächsanteile bei der Erhebung persönlicher Konstrukte mißzuverstehen, weil das nur bedeutete, Unverstandenes - das dann allerdings objektiver - zu erheben. Hier ist nur festzuhalten, daß die Erhebung persönlicher Konstrukte eine Gemeinschaftsarbeit von Interviewtem und Interviewer ist. Wie dafür Sorge getragen werden kann, daß sich der Interviewte möglichst unbeeinträchtigt äußern kann und der Interviewte die Verständnishilfen erhält, die er benötigt, ist in den Grundzügen dargestellt worden. Speziellere Fragen der Gesprächsführung werden im Zusammenhang mit den entsprechenden methodischen Schritten noch behandelt.

3.2. Die Erhebung von Konstrukten im Detail

Im folgenden sollen die bisher dargestellten Grundlagen der Grid-Methodik in mehreren Zugängen differenziert und vertieft werden. Zunächst wird die Erhebung persönlicher Konstrukte in ihren einzelnen Schritten dargestellt und diskutiert. Sinn dieses Teils ist es, zunächst gebräuchliche Verfahrensweisen, dann mögliche Alternativen darzustellen und ihre Vorzüge und Nachteile zu verdeutlichen, darüber hinaus auch auf erwartbare Probleme bei der Durchführung der jeweiligen Verfahrensschritte aufmerksam zu machen. Daran anschließend soll auf andere erwartbare Schwierigkeiten eingegangen werden, die nicht einzelnen methodischen Schritten zuzuordnen sind oder nicht auf diese beschränkt bleiben. Und schließlich werden dann freiere Variationen des Grundverfahrens dargestellt und diskutiert.

3.2.1. Grid-Themen

Zunächst ist die Frage zu klären, welche Themen überhaupt aussichtsreich mit der Grid-Methodik bearbeitet werden können, bzw. wie Themen so eingegrenzt oder spezifiziert werden, daß ihre Bearbeitung möglich wird.

Beispiele für Fragestellungen, die bereits mit der Grid-Methodik untersucht worden sind, wie sie sich in der Literatur finden, vermitteln den Eindruck, daß man praktisch jede Frage, die sich auf die persönlichen Konstrukte von Personen bezieht, mit der Grid-Methodik sinnvoll angehen kann. Eine besonders eindrucksvolle Übersicht liefern Thomas und Harri-Augstein (1985, S. 350ff), die über 70 Zwecke angeben, für die Grids eingesetzt wurden. Z.B.:

- Analyse einer manuellen Fertigkeit
- Training in der Qualitätskontrolle
- Verbesserung der Beziehungen zu anderen Personen
- Planung der Anlage eines Stadtparks
- Evaluation der Ergebnisse eines Kurses

Es stimmt nun zwar, daß die Grid-Methodik ausgesprochen vielseitig einsetzbar ist. Das setzt aber voraus, daß die Untersuchungsfrage zunächst in eine Form gebracht wird, die eine Bearbeitung mit der Grid-Methodik auch zuläßt. Davon sind Beispiele in der oben formulierten Form noch weit entfernt. Wie derartige Fragen bearbeitbar gemacht werden können, wird im folgenden gezeigt (s.u.).

Vorab zwei Gesichtspunkte für die Auswahl bzw. Eingrenzung von geeigneten Grid-Themen.

1. Die wichtigste Frage ist, ob die Befragten überhaupt soweit mit dem Untersuchungsgegenstand vertraut sind, daß sie ihn konstruieren können. Ein ähnliches Problem präsentieren Themen, die den Befragten nur in Ausschnitten vertraut sind.

2. Wie weit oder eng ein Grid-Thema sinnvoll gefaßt werden kann, läßt sich nicht allgemeinverbindlich sagen, weil es dabei nicht um objektive Größen geht, sondern um subjektive, die davon abhängen, wie differenziert der in Frage stehende Erfahrungsbereich von den Befragten konstruiert wird. So stellt sich z.B. das Thema "Kekse" für Kontrolleure in der Qualitätskontrolle einer Keksfabrik mit Sicherheit deutlich differenzierter und auch ganz anders dar als für den normalen Verbraucher. Für den Normalverbraucher ist dieses Thema so vielleicht handhabbar, für den Qualitätskontrolleur eventuell schon viel zu vielschichtig. Ein anderes Beispiel: Wenn die Grid-Methodik benutzt wird, um Expertenwissen von Spezialisten in der Krebsdiagnostik zu erheben, werden die Themen für einzelne Grids so eng sein können und müssen, daß sie schon für nichtspezialisierte Mediziner so nicht mehr brauchbar wären. D.h., daß in die Eingrenzung des Grid-Themas schon Hypothesen über die Differenziertheit des Konstruktsystems der Befragten hinsichtlich des vorgesehenen Erfahrungsbereichs eingehen (müssen).

Ein zu eng gewähltes Thema führt vermutlich schon bei der Sammlung von Elementen zu Problemen (s.u.), spätestens dann bei der Erhebung von Konstrukten. Ein zu weit gewähltes kann oberflächlich betrachtet durchaus problemlos bleiben, weil der Befragte ja vieles mitzuteilen hat. Häufig zeigen erst die Schwierigkeiten bei der Analyse, daß sich der Befragte subjektiv nicht zu einem Thema, sondern gleich zu mehreren Themen geäußert hat.

Der wahrscheinlichere Fehler zu Beginn der Arbeit mit der Grid-Methodik ist eine zu weite Fragestellung, die dann zu vagen, widersprüchlichen und mitunter kaum interpretierbaren Äußerungen der Befragten führt. Um diese Gefahr ein Stück weit zu reduzieren, sind Probeerhebungen mit möglichst verschiedenartigen Themenstellungen hilfreich, allerdings nur dann, wenn während der Erhebung durchgängig die Chance genutzt wird, sich mit dem Befragten über die Bedeutung seiner Äußerungen zu verständigen (s.o. zur Gesprächsführung Teil 3.1.4., s.u. Teil 3.2.9./3.2.10.) und Veränderungen im Ablauf (z.B. Zögern) zu besprechen.

3.2.2. Vom Problem zu den Elementen: Substituting

Eine der folgenschwersten systematischen Lücken in der Darstellung der Grid-Methodik klafft dort, wo die Frage behandelt werden müßte, wie man denn von einem Forschungsproblem oder dem Problem eines Klienten zu einer konkreten Erhebung persönlicher Konstrukte gelangt (vgl. a. Thomas/Harri-Augstein 1985, S. 43).

In der Literatur zur Grid-Methodik sind nach der Verständigung über den Zweck der Erhebung (s. Abb. 8) die Elemente zur Erhebung der Konstrukte auf irgendeine wundersame Weise immer gleich da. Nicht eben selten beginnt die Darstellung sogar noch später bereits mit der Erhebung der Konstrukte. Und in empirischen Arbeiten geht es nach der Darstellung der Untersuchungsfrage sehr schnell nur noch um die Darstellung der Ergebnisse und ihrer Interpretation.

Das Problem, um das es geht, und an dem viele an der Grid-Methodik Interessierte scheitern, besteht darin, daß die Probleme/Fragen, zu deren Lösung die Grid-Methodik herangezogen wird, zunächst ja nicht in einer Form vorliegen, die zur Anwendung dieser Methodik geeignet wäre. Klienten z.B. in der Beratung stellen sich ja nicht mit Sätzen der folgenden Art vor:

> "Ich würde gerne eine Grid-Erhebung zu meinen sozialen Beziehungen machen. Als Elemente wäre eine Auswahl meiner gegenwärtigen Freunde in Ordnung. Da ich die Selbstidentifikationsform mag, würde ich mich gern selbst als Element einschließen - aber, um es nicht zu intensiv zu machen, nicht in jede Triade."

Ganz alltägliche Klienten präsentieren ihr Problem anders, z.B. so:

"Was macht es für mich so schwierig, eine Aufgabe zu Ende zu führen?"

Ähnliches gilt für Forschungsfragen, die zunächst einmal umgangssprachlich oder in der Sprache eines theoretischen Erklärungskonzepts formuliert sind. Jedenfalls auch nicht so, wie es die Grid-Methodik erfordert. Wenn also die Untersuchungsfrage nicht im Hinblick auf die vorgesehene Methode bereits so formuliert wird, daß sich damit ein geeigneter Elementtyp zur Erhebung von Konstrukten quasi automatisch gleich mit ergibt, muß das Problem/die Frage erst in eine Form übersetzt werden, die die Bearbeitung mit der Grid-Methodik zuläßt (s. Abb. 11).

Von Alltags-Problemen zu Grid-Elementen

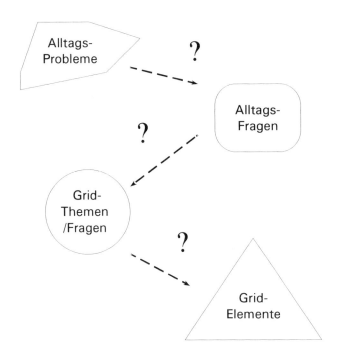

Abb. 11: Offene Fragen auf dem Weg von Alltags-Problemen zu Grid-Elementen

In der Literatur werden dazu keine Hilfen geboten. Dort finden sich neben kurzen Hinweisen darauf, wie wichtig ist es, mit geeigneten Elementen zu arbeiten (vgl. z.B. Stewart/Stewart 1981, S. 145; Thomas/Harri-Augstein 1985, S. 43), bestenfalls Vorschläge für mögliche Elementtypen - bei Thomas und Harri-Augstein (1985, S. 344-352) z.b. etwa 259 Elemente von Küchengerüchen bis zu Situationen in der Studentenberatung. Aber eben keine Anhaltspunkte dafür, wie für eine konkrete Untersuchungsfrage aus den Elementtypen, die prinzipiell möglich wären, begründet die ausgewählt werden können, die in diesem Fall geeignet sind.

In dieser Situation verlassen sich unerfahrene Anwender dann auf Standardlösungen (etwa eine Auswahl von Rollenbeschreibungen Kelly's) oder auf ihre Intuition - wenn sie nicht ganz aufgeben.

Das ist deshalb unbefriedigend, weil so die Möglichkeiten, die ein maßgeschneiderter Einsatz der Grid-Methodik bietet, nicht genutzt werden. Im günstigsten Fall werden mit derartigen Probierstrategien die relevanten Konstrukte des Befragten beiläufig berührt und können dann mit einer Folgeerhebung gezielt angesprochen werden. Das aber kostet Zeit (und Energie), die sinnvoller eingesetzt werden können.

Eine Strategie zur Ermittlung der für eine Problemstellung geeigneten Elementtypen habe ich an anderer Stelle (vgl. Fromm 1994; vgl. a. 1995) unter der Bezeichnung "Substituting" vorgestellt. In der Übersetzung könnte man das Verfahren "Ersatzprobe" nennen. Die folgende Darstellung erläutert das Verfahren am - im Vergleich mit der Aufarbeitung von Forschungsfragen - schwierigeren Fall der Beratung. Schwieriger deshalb, weil hier die Verständigung mit einem Gegenüber erschwerend hinzukommt.

Substituting soll auf der einen Seite dem Klienten helfen, sein Problem zu erkunden und die adäquateste Verbalisierung dafür zu finden, auf der anderen Seite aber auch dem Berater, die Konstrukte des Klienten soweit zu re-konstruieren, wie es notwendig ist, um angemessene Grid-Themen zu finden.

Der Grundgedanke ist der, die Frage des Klienten als eine Reihe von persönlichen Konstrukten zu behandeln, mit denen der Klient seinen Erfahrungen Bedeutung verleiht. Diese Bedeutung wird aber nur teilweise explizit ausgedrückt.

Substituting: Arbeitsschritte

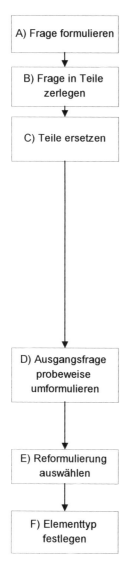

z.B.:
Was macht es für mich so schwierig, eine Aufgabe zu Ende zu führen?

[Was] [macht] es [für mich] so schwierig, [eine Aufgabe] [zu Ende zu führen]?

- Kann "was" durch "wer" ersetzt werden?
  D.h.: Kann das Hindernis personifiziert werden?
- Kann "macht" durch "machte" ersetzt werden?
  D.h.: Ist die Zeit wichtig?
- Kann "für mich" ersetzt werden durch "für Person x"?
  D.h.: Ist der Vergleich mit anderen Personen wichtig?
- Kann "eine Aufgabe" ersetzt werden durch "Aufgabe x"?
  D.h.: Sind Merkmale der Aufgabe wichtig?
- Kann "zu Ende führen" ersetzt werden durch "beginnen"?
  D.h.: Ist die Arbeitsphase wichtig?

- Wie hat sich mein Arbeitsverhalten im Zeitraum x verändert?
- Welche Arbeitstechniken anderer Leute beherrsche ich nicht?
- Welche Merkmale einer Aufgabe erschweren mir die Bearbeitung?

- Wenn Veränderungen in der Zeit wichtig sind: Zeitpunkte.
- Wenn der Vergleich mit anderen Personen wichtig ist: Personen,
- Wenn Merkmale der Aufgabe wichtig sind: Aufgaben.

Abb. 12: Substituting: Arbeitsschritte

Die Äußerung des Klienten kann verstanden werden als "incomplete expression" (Kelly 1955/91a, S. 111/78) oder als eine Folge derartiger unvollständiger Ausdrücke. Dabei wird von den Konstrukten, die den Satz ausmachen, jeweils nur ein Konstruktpol expliziert. So verstanden liegt ein Grund dafür, daß die Bedeutung der Äußerung mit einiger Wahrscheinlichkeit unklar bleibt, darin, daß die impliziten Pole der Konstrukte nicht ausgedrückt werden. Offensichtlich macht es ja einen Unterschied, ob der Begriff "intelligent" benutzt wird, um intelligente von langweiligen oder intelligente von dummen Menschen zu unterscheiden.

Die Minimalstrategie, die Bedeutung der benutzten Worte zu klären, kann dann darin gesehen werden, (zusätzlich) den impliziten Pol auszudrücken (vgl. Kelly 1955/91a, S. 338/252). Das soll durch Substituting erreicht werden, es bietet ein Verfahren, diese impliziten Pole zu erheben, indem Teile der Klientenäußerung/-frage nacheinander ersetzt werden und über die Alternativen gesprochen wird. Auf diese Weise wird klarer, ob ein bestimmter Teil des Satzes wichtig ist oder auch weggelassen werden könnte, ob ein Ausdruck so klar wie möglich ist oder durch einen präziseren ersetzt werden kann.

Bei der Durchführung dieser Schritte sind Klient und Berater jeweils unterschiedlich gefordert. Die Aufgabe des Beraters besteht vor allem darin, zu strukturieren und zu analysieren (B, C, D, F). Die Aufgabe des Klienten ist es, seine Sicht der Dinge zu artikulieren (A), zu erläutern (C) und seine Präferenzen festzulegen (E). Wenn Substituting im Rahmen des Begründungszusammenhangs der Personal Construct Psychology benutzt wird, ist ein entscheidender Punkt, daß der Klient über die beste Reformulierung der Ausgangsfrage entscheidet und diese Reformulierung durch einen Austausch von Konstrukten und Re-Konstruktionen zwischen ihm und dem Berater entwickelt wird (vgl. Fromm 1987a, S. 250ff).

Die Anwendung dieser Grundstrategie kann konkret zu sehr verschiedenen Gesprächen führen. Abhängig vom Beratungszweck, der Beratungssituation, Anzahl und Art der Aspekte, die die Eingangsäußerung des Klienten enthält usw. Substituting kann eine kurze Vorstrukturierungsphase sein, die den Boden für den Einsatz anderer Methoden vorbereitet (z.B. Grids). Es kann aber auch als eine sehr detaillierte Exploration persönlicher Konstrukte und Möglichkeiten der Rekonstruktion durchgeführt werden. In diesem Fall ist es also eher eine eigenständige Beratungsmethode.

Zwei Anwendungsbeispiele

Zwei Beispiele von verschiedenen Beratern sollen die Bandbreite der Variabilität in der Anwendung dieser Strategie verdeutlichen. Das erste stammt aus der Berufsberatung, das zweite aus der Supervision.

Beispiel 1: Berufsberatung

A) Die Frage der Klientin

> Kl.: Es geht mir um die Frage, ob [ich] die [Anstrengung] auf mich nehme, irgendeine [Doktorarbeit] zu konzipieren und zu schreiben, für die ich wahrscheinlich noch einige Jahre brauche oder ob ich jetzt eine Umschulung mache, und zwar zur [Beschäftigungs- und Arbeitstherapeutin], die ich wahrscheinlich in diesem Jahr anfangen könnte, die drei Jahre dauert: zwei Jahre Schule - zum Teil theoretischer, zum Teil praktischer Unterricht - und ein drittes Jahr als Anerkennungsjahr. (B.: Hm.) Wobei ich glaube, daß das ein Beruf ist, der mir [Spaß] machen könnte. Und ich frage mich seit einigen Tagen, wie sehr so persönliche Eitelkeit mich davon abhält zu sagen: "Genau das mach ich!" Also wie weit ich vielleicht doch so eine Doktorarbeit schreiben möchte, um [für mich selbst zu beweisen], [daß ich das kann]. Oder ich weiß nicht, [vor wem ich das beweisen] will.

Diese Anfangsäußerung ist ziemlich komplex, denn sie berührt bereits verschiedene Aspekte des Problems, die oben im Interviewausschnitt durch die Klammern gekennzeichnet sind:

sollte ich	- während andere ... tun?
Anstrengung	- Spaß an der Arbeit?
Doktorarbeit	- Beschäftigungstherapeutin oder...?
mir beweisen	- anderen etwas beweisen?
daß ich das kann	- während es bei anderen schon klar ist?
	oder: daß ich *was* kann?

Andere interessante Aspekte dieser Eingangsäußerung werden indirekter ausgedrückt: Während die Ausbildung zur Beschäftigungstherapeutin detailliert als schon strukturiert dargestellt wird, erscheint die Doktorarbeit als etwas, das erst noch von der Klientin geplant werden muß. Später im Gespräch wird dieser Aspekt dann direkter als die Wahl zwischen Sicherheit und Unsicherheit ausgedrückt.

B/C) Frage in Teile zerlegen/Teile ersetzen

In der folgenden Sequenz versucht der Berater der Klientin zu helfen, ihre Eingangsfrage zu klären und die wichtigsten Aspekte zu präzisieren. Er beginnt mit der Wahl zwischen den genannten Qualifikationsmöglichkeiten:

B.: Hm. Ist für Sie im Moment die Beschäftigungstherapeutin die einzige Alternative zur Doktorarbeit?
Kl.: Die einzige nicht. Ich könnte natürlich versuchen, mit meinem Magisterexamen irgendwo unterzukommen, aber ich sehe da nicht viele Möglichkeiten. Ich bin jetzt auch seit einem Jahr dabei, mich zu bewerben und irgendwie tut sich ja nicht viel.
B.: Ich frage jetzt deshalb - hier haben Sie ja jetzt zwei Möglichkeiten stehen, was Sie demnächst machen können - interessiert Sie jetzt die Frage, was Sie überhaupt als Nächstes machen können und davon sind dann eben Doktorarbeit und Beschäftigungstherapeutin nur zwei Möglichkeiten und daneben gäbe es noch diverse andere. Oder, da war ich mir jetzt nicht ganz sicher, ob Sie gar nicht so sehr diese Umschulung interessiert, sondern mehr die Frage "Warum will ich - oder nicht - promovieren?"
Kl.: Also erst mal gibt es keine anderen Alternativen. Entweder ich mache die Umschulung oder ich studiere irgendwie weiter und versuche mich vielleicht gleichzeitig zu bewerben.
B.: Also jedenfalls keine konkreten, die Sie dann auch machen würden.
Kl.: Nein. Es ist schon die Entscheidung zwischen dem einen und dem anderen. Was war das andere, Ihre zweite Frage? Ach so, ich weiß wieder. Eigentlich bin ich sicher, daß ich das gern machen möchte, die Umschulung. Aber es gibt so Stimmen in meinem Kopf, die dann sagen "Ist das nicht das Aufgeben kurz vor dem Ziel?" oder "Kann es nicht sein, daß ich in fünf Jahren bereue, nicht doch noch eine Doktorarbeit geschrieben zu haben." Also ich möchte eigentlich so sicher sein wie möglich, daß ich jetzt dahinterstehe, hinter der Umschulung. Daß ich mir nicht in ein paar Jahren vorwerfe "Hätte ich das doch anders gemacht." Und dann spielen natürlich ganz viele Faktoren eine Rolle, z.B. auch so ein Sicherheitsbedürfnis. Wenn ich die Doktorarbeit schreibe, heißt das nicht, daß ich dann eine Anstellung bekomme irgendwo. Und es wird so sein, daß ich wahrscheinlich immer freiberuflich arbeite, denn das mit den Stellen an der Uni sieht ja schlecht aus. Und ob ich so ein Leben überhaupt führen kann, diese Ungewißheit. Während Beschäftigungstherapeuten im Moment gesucht werden. Wenn man Stellenanzeigen durchliest, dann stehen pro Woche mindestens drei oder vier Angebote drin. Also es ist ziemlich sicher, daß ich unterkomme. Es ist eigentlich auch eine Arbeit, die mir Spaß machen könnte, weil ganz viel gemacht wird, was mich interessiert.
B.: Wenn ich das jetzt richtig sehe, spitzen sich da ein paar Sachen zu. Also einerseits so etwas "Wie möchte ich gern sein oder mich fühlen?" oder "Was traue ich mir zu?" oder "Womit gefalle ich mir am besten, mit was für einer Art von Job oder Titel?" Dann, wie Sie gerade sagten "Welche Grade von Unsicherheit verpacke ich?" Kommen da noch andere Sachen rein, die für Sie wichtig sind?
Kl.: Also wichtig ist eigentlich, daß ich in meinem Bereich nie sicher war, daß ich wirklich gut bin, daß ich so viele Lücken habe. Ich setze mich eigentlich auch immer selbst unter Druck, daß ich mehr wissen müßte und noch mehr

dafür tun müßte und daß ich nie richtig gut werden kann, so bin ich nicht. Ich kann nicht in dem Bereich nicht irgendwann sagen "Ich bin jetzt echt - zumindest in einem bestimmten Gebiet - gut." Und bei dieser Ergotherapie, dieser Beschäftigungstherapie, glaube ich, daß das ein überschaubarer Bereich ist, wo ich irgendwann an den Punkt komme, daß ich sagen kann "Das hab ich jetzt drauf. Das kann ich und da bin ich gut." Und das erscheint mir eigentlich sehr erstrebenswert, und ist besser für mich. Ich glaub' ich wär ruhiger und zufriedener.

B.: Also ist es auch die Frage, ob es für Sie erstrebenswert ist, dauernd so an einer Leistungsgrenze herumzumanövrieren?

D) Ausgangsfrage reformulieren

Am Ende dieses Gespräches formulierte der Berater probeweise drei Neuformulierungen der Eingangsfrage:
- Welchen Anforderungen eines Berufs will ich mich aussetzen?
- Wieviel materielle Sicherheit brauche ich?
- Wieviel soziale Anerkennung brauche ich?

E) Reformulierung auswählen

Die Klientin hielt für eine tragfähige Entscheidung alle drei Aspekte für gleichermaßen wichtig und wollte sich daher mit allen befassen.

F) Elementtyp

Wegen der begrenzten Zeit schlug der Berater vor, die drei Aspekte in der folgenden Weise in einem Grid-Interview zu kombinieren: Elemente waren 12 Berufe, die aus 4 Untergruppen gebildet wurden. 3 Untergruppen waren so zusammengesetzt, daß sie jeweils Berufe mit hohem, mittlerem, niedrigem Anforderungs- bzw. Sicherheitsniveau und Prestige repräsentierten. Die vierte Gruppe enthielt die Doktorarbeit und zwei Berufe, die während des Gesprächs als Extrembeispiele für Arbeit, die Spaß bzw. keinen Spaß macht, genannt wurden.

Beispiel 2: Supervision

Das Beispiel stammt aus einer Supervisionssitzung mit einer Sozialpädagogin zu ihrer Arbeit mit körperbehinderten Kindern.

Vom Problem zu den Elementen: Substituting

A) Die Frage der Klientin

Die Eingangsfragestellung lautete:
> Kl.: "Ich möchte wissen, wie ich mit den Kindern arbeite."

Diese Frage ist viel kürzer als die oben angeführte und erleichtert so - zumindest am Anfang - ein straffer strukturiertes Vorgehen.

B) Frage aufteilen/Teile ersetzen

Die Beraterin beginnt mit dem Wort "wie":

> B.: Was meinen Sie mit 'wie'? Ist es 'was' Sie mit den Kindern tun?
> Kl.: Ja. Verschiedene Methoden mit therapeutischem Inhalt. Aber dann weiß ich nicht, mit welcher Methode ich arbeiten soll, weil ich mir nicht sicher bin, was dem einzelnen Kind hilft...
> B.: Sie fragten "Wie arbeite ich..." Wie haben Sie mit Kindern gearbeitet?
> Kl.: In der Ausbildung?
> B.: Zum Beispiel.
> Kl.: Anders - es gab nur kurze Praxisphasen. Wir waren nicht so verantwortlich. Da war vieles vorgegeben. Das ist jetzt anders.
> B.: Was ist anders - was hat sich verändert?
> Kl.: Das ist schwer zu sagen. Ich versuche mich zu erinnern, was ich gemacht habe, seit ich hier arbeite ... So vieles war neu... Und über alles muß ich selbst nachdenken...Hier gibt es keine vorgegebenen Konzepte.

Das Gespräch ging weiter mit dem Ersetzen von "Ich" vs. "meine Kollegen" und "Kinder" vs. "Gruppen".

D) Ausgangsfrage umformulieren

Schließlich formulierte die Beraterin die folgenden Reformulierungen der Eingangsäußerung:

- Welche therapeutischen Methoden können für meine Arbeit mit den Kindern nützlich sein?
- Wie hat sich meine Arbeit verändert, seit ich hier bin?
- Was unterscheidet meine Arbeit von der der Beschäftigungstherapeuten?
- Wie kann eine Kooperation mit den therapeutischen Gruppen aussehen?

E) Reformulierung auswählen

Die Klientin beurteilte die zweite Frage als die mit Abstand wichtigste. Das Nachdenken über diese Veränderungen führte zu ausführlichen Darstellungen ihrer Erfahrungen als Berufsanfängerin in diesem Arbeitsbereich und den damit verbundenen Gefühlen von Unsicherheit, Versagensangst usw.

In diesem Fall schlug die Beraterin keine Grid-Erhebung vor, sondern entschied sich für ein klient-zentriertes Gespräch, um der Klientin erst einmal eine Möglichkeit zu bieten, sich mit diesen intensiven Gefühlen zu befassen.

Beide Beispiele illustrieren, wie weit die Probleme, mit denen der Berater konfrontiert ist, von der sauber strukturierten Welt der Grid-Technik, die in der Literatur dargestellt wird, entfernt sind.

Um diese Welten zu verbinden, sind Intuition und Kreativität hilfreich, aber nicht ausreichend. Offensichtlich sind die Chancen, intuitiv die sehr individuelle Bedeutung der oben angeführten Eingangsäußerungen zu erfassen und mit ihnen gezielt umzugehen, nicht sehr groß. Dagegen gibt Substituting dem Prozeß, mit dem eine Verbindung zwischen diesen Welten hergestellt werden kann, eine nachvollziehbare und auf der Basis der PCP begründbare Struktur.

Es gibt allerdings - wie die Beispiele bereits zeigen - eine beachtliche Variabilität in der Anwendung der Grundstrategie und auch Punkte, die noch weiter diskutiert und geklärt werden müssen.

Welche Teile?
Dies ist keine linguistische Analyse. Die Teile, die in der Frage des Klienten psychologisch sinnvoll unterschieden werden können, müssen also keine linguistischen Einheiten sein.

Weiterhin gibt es immer mehrere verschiedene Möglichkeiten, den Satz in Teile zu zerlegen. Dabei geht es nicht um richtig oder falsch: Jede Aufteilung und Ersetzung wird dazu beitragen, dem Klienten zu helfen, sein Problem zu erläutern, und dem Berater, es zu konstruieren.

Problematischer ist die Art, wie das Ersetzen der Teile durchgeführt wird. Hier gelten die Argumente, die auch in der Diskussion zur Vorgabe

Vom Problem zu den Elementen: Substituting

vs. Erhebung von Elementen und Konstrukten wichtig sind (vgl. z.B. Fransella/Bannister 1977), weil die möglichen Alternativen vom Klienten und/oder Berater (wie im zweiten Beispiel) formuliert werden können. Auf der Basis der Personal Construct Psychology sollten Interventionen des Beraters, die die Artikulationsmöglichkeiten des Klienten beeinträchtigen, sehr genau beachtet werden. Ein theoretisch vertretbares und brauchbares Vorgehen (vgl. a. Fromm 1987a) scheint mir darin zu bestehen, Vorschläge des Beraters auf Typen von Alternativen zu beschränken und dem Klienten die spezielle Ausgestaltung zu überlassen. Eine nützliche Strategie kann z.B. bei der Ersetzung von Subjekt/Ursprung, Typ, Ziel/Objekt, Umständen und Zeit des in Frage stehenden Prozesses ansetzen, dem Klienten aber überlassen, wie konkrete Alternativen für einzelne Teile der Äußerung lauten können.

Wann aufhören?
Offensichtlich bieten sich mehr Chancen zur Klärung des Gemeinten, je feiner die Zerlegung der Eingangsfrage ist. Allerdings können auch dann die möglichen Alternativen zu den Äußerungen des Klienten nie ausgeschöpft werden. Es geht hier wieder nicht um richtig oder falsch, sondern um eine begrenzte Weitung des Blickwinkels. Wie differenziert das geschehen sollte, wird insbesondere davon abhängen, welche Funktion Substituting hat - als nur vorbereitender Schritt für andere Methoden oder als eigenständiges Verfahren.

Wie strikt strukturiert?
Mit etwas Übung kann die Substituting-Strategie in der Form eines Gesprächs eingesetzt werden (vgl. Beispiel 1). In den meisten Fällen ist es nicht notwendig, schriftliche Notizen zu machen, sie könnten auch das Gespräch beeinträchtigen. Allein mit den Arbeitsschritten im Kopf läßt sich üblicherweise schon ein deutlich spezifischeres Grid-Interview erreichen.

Wie locker die Strategie gehandhabt werden kann, hängt von einer ganzen Reihe von Faktoren ab (z.B. der Ausdrucksweise des Klienten, Zweck des Gesprächs), so daß es keine generellen Regeln gibt, denen man folgen könnte. Es sollte allerdings bedacht werden, daß der Klient die Fragen nach Alternativen als implizite Kritik auffassen kann, insbesondere wenn sie zu mechanisch nacheinander abgearbeitet werden.

Eine abschließende Bemerkung zu der Methode, die hier unter der Bezeichnung "Substituting" erläutert wurde: Der Ausgangspunkt für die Entwicklung dieser Methode war zwar eine systematische Lücke der Grid-Methodik. Es dürfte aber deutlich geworden sein, daß das Verfahren nicht nur eine Vorstufe für den Einsatz der Grid-Methodik darstellen muß. In sehr detaillierter und ausgedehnter Form angewandt kann es durchaus eine eigenständige Methode sein, 'Klienten nach ihren persönlichen Konstrukten zu fragen' (vgl. Kelly 1955/91a, S. 201/139).

3.2.3. Elemente erheben/vorgeben

Wenn geklärt ist, welche Elementtypen geeignet sind, die Problemstellung der Grid-Erhebung zu bearbeiten, ist die nächste Frage, ob die konkreten Elemente, die dann zur Unterscheidung und Konstruktbildung vorgelegt werden können, vom Forscher/Berater oder vom Befragten formuliert werden.

In der methodischen Diskussion der letzten Jahrzehnte (vgl. dazu z.B. Fransella/Bannister 1977) erscheint die Frage, ob Elemente vorgegeben werden dürfen oder erhoben werden müssen, häufig als Grundsatzentscheidung darüber, wie weit man überzeugter und konsequenter Vertreter der Personal Construct Psychology ist oder nicht. Das gilt noch mehr (s.u.) für die Frage, ob Konstrukte vorgegeben werden dürfen.

Mit den theoretischen Grundlagen der Personal Construct Psychology ist es aber ebenso zu vereinbaren, Elemente vorzugeben, wie sie zu erheben. Der wesentliche Unterschied besteht vielmehr darin, daß der Untersuchungszweck in beiden Fällen unterschiedlich ist. Werden Elemente vorgegeben, erfährt man etwas darüber, wie die Befragten die Elemente konstruieren, die der Forscher für relevant hält. Wenn z.B. von Interesse ist, wie Wähler bestimmte Politiker konstruieren, welche Konstrukte sie bei Kaufentscheidungen auf Automodelle anwenden o.ä., kann dies Vorgehen sinnvoll sein.

Dabei wird also vom Forscher entschieden, worüber geredet werden soll. Das ist auch auf der Basis der Personal Construct Psychology legitim, denn aus der Bereitschaft, das Konstruktsystem jedes Menschen als vielschichtig differenziert und letztlich einzigartig zu sehen, folgt ja nicht die Verpflichtung, sich dann immer und überall für alle Feinheiten der Konstrukte anderer Personen interessieren zu müssen. Spätestens dann, wenn verschiedene Befragungen verglichen werden sollen, wird es zudem notwendig, z.B. durch die Vereinheitlichung der Elemente eine Grundlage für den Vergleich zu schaffen.

Wichtiger und problematischer ist dagegen, daß der Forscher auch darüber entscheidet, an welchen Gegenständen/Elementen dies Thema sinnvoll behandelt werden kann. Es geht hier in gängiger Terminologie um die Inhalts-Validität der Befragung, genauer um das Problem, daß die Elemente, die für den Forscher ein Befragungsthema sinnvoll repräsentieren, für den Befragten eine Sammlung beziehungsloser Stimuli darstellen können.

In weniger krassen und realistischeren Fällen ist damit zu rechnen, daß Forscher und Befragte unterschiedliche Maßstäbe für die Beurteilung der Homogenität (s.u.) eines Themas haben. Wenn z.B. in Erfahrung gebracht werden soll, welche persönlichen Konstrukte beim Kauf eines Automobils wichtig sind, kann es durchaus sein, daß die Modelle, die der Forscher als repräsentativ vorgibt, für die Befragten in definitiv getrennte Untergruppen zerfallen, für deren Beurteilung auch ganz unterschiedliche Konstrukte herangezogen werden. So sind vielleicht bei Fahrzeugen, die als sportlich eingestuft werden, Fragen nach Verbrauch, Versicherungsgruppen, Größe des Kofferraums o.ä. für die Kaufentscheidung nicht relevant, während das für 'Familienautos' durchaus der Fall ist.

Das Problem bei der Vorgabe von Elementen besteht demnach in der Unterstellung, man wisse bereits, wo die Befragten Grenzen zwischen Anwendungsbereichen von Konstrukten ziehen. Dies Problem ist deshalb besonders ernst zu nehmen, weil unzutreffende Unterstellungen nicht notwendigerweise an den Ergebnissen der Befragung deutlich werden. Das kann zwar sein - wenn z.B. immer wieder Konstrukte auf bestimmte Elemente nicht angewendet werden können. Das Problem kann aber auch verdeckt bleiben - wenn nämlich Konstrukte mehr oder weniger eng gefaßt oder sogar mit Mehrfachbedeutungen benutzt werden.

Aus diesen Gründen ist es zumindest ratsam, in Vorversuchen abzusichern, daß die Vorstellungen des Forschers davon, was ein homogenes Thema ist und durch welche Elemente es repräsentiert werden kann, nicht zu stark von denen der Befragten abweichen. Das kann geschehen, indem erst einmal Elemente von ausgewählten Befragten erhoben werden, um daraus einen repräsentativen Satz von Elementen zu bilden, der dann im weiteren einheitlich vorgegeben wird.

Soweit Veröffentlichungen und informelle Mitteilungen es erkennen lassen, wird auf diese Absicherung häufig verzichtet. Nicht eben selten werden Befragten irgendwelche willkürlich zusammenstellten Elementsätze mit bemerkenswerter Sorglosigkeit vorgelegt. Noch bemerkenswerter ist dann allerdings die Ernsthaftigkeit, mit der die Ergebnisse solcher Befragungen noch diskutiert werden.

Neben der Vorgabe und der Erhebung von Elementen gibt es mehrere Zwischen- bzw. Kombinationslösungen. Kelly hat bei seinen methodischen Vorschlägen mehrfach einen Mittelweg zwischen der Vorgabe und der freien Erhebung von Elementen gewählt. Wie im oben dargestellten Urverfahren (s. Teil 3.1.2.), das mit Rollenbeschreibungen arbeitet, benutzt er auch in anderen Fällen Typen oder Klassen von Elementen. Im Situational Resources Grid (s. Teil 3.3.3.1.) z.B. gibt er 22 Situationsbeschreibungen der folgenden Art vor, zu denen dann der Befragte eine konkrete Situation benennen soll:

1. Als Sie unsicher bezüglich der Ausbildungs-/Berufswahl waren
2. Als Sie Schwierigkeiten hatten, das andere Geschlecht zu verstehen
3. Als alles schiefging

Der Grundgedanke hier ist wie im Fall der Rollenbeschreibungen im Role Construct Repertory Test, alle relevanten Typen/Klassen des Phänomens durch eine Beschreibung abzudecken. Im vorliegenden Fall geht es darum, möglichst alle Arten von Situationen, in denen man auf die Unterstützung einer anderen Person angewiesen sein kann, zu erfassen.

Ob dies Verfahren die oben beschriebene Gefahr nennenswert reduziert, hängt davon ab, wie eng wiederum diese Typen formuliert sind und ob z.B. noch Spielraum für den Befragten besteht, fehlende Typen zu ergänzen.

Soweit der Literatur zu entnehmen ist, wird dies Vorgehen selten gewählt. Möglicherweise deshalb, weil es für die einen das Verhalten der Befragten nicht genügend steuert und vereinheitlicht und damit u.a. die Auswertung erschwert und für die anderen nicht offen genug für den individuellen Befragten ist.

Kombinationslösungen geben dem Befragten erst Elemente vor und bieten ihm dann die Möglichkeit, eigene Elemente zu ergänzen oder lassen ihn umgekehrt erst mit eigenen Elementen arbeiten, um dann zusätzliche Elemente vorzugeben (vgl. z.B. Tschudi 1993). Beide Varianten reduzieren die obengenannten Gefahren und können zudem interessante Zusatzinformationen liefern, wie der Befragte mit den eigenen Elementen im Vergleich mit den vorgegebenen umgeht (vgl. dazu Bonarius u.a. 1984, S. 126). Dafür tritt hier ein anderes Problem auf, nämlich, wie den Befragten der Wechsel verständlich und akzeptabel dargestellt werden kann. In beiden Fällen ist es wichtig, ihnen deutlich zu machen, daß **beide** Aspekte der Erhebung wichtig sind und die anfänglichen bzw. angehängten eigenen Elemente nicht nur Alibifunktion haben.

3.2.4. Elementarten

Die umfangreichste Übersicht über Arten von Elementen, die in Grid-Erhebungen bereits benutzt wurden, geben wiederum Thomas und Harri-Augstein (1985, S. 344ff) mit über 250 Beispielen.

Wesentliche Kriterien für Elemente sind vor allem, daß es sich erstens um diskrete, also klar unterschiedene und abgegrenzte Einheiten handelt. Ein Element sollte also nicht Teil/Untermenge eines anderen sein. Zweitens ist es sinnvoll, Elemente nicht zu komplex zu wählen. Also nicht so, daß Konstrukte aus gänzlich unterschiedlichen Konstruktsubsystemen auf sie angewandt werden. Zum Beispiel würde das Element "Schule" als Klammer für Lehr-/Lernprozesse, Personen, soziale Beziehungen, materielle Gegebenheiten, institutionelle Regelungen usw. die Anwendung einer ganzen Reihe sehr unterschiedlicher Konstruktsubsysteme erlauben. Wenn dann Triaden derart vielschichtiger Elemente vorgegeben werden, fällt den Befragten nicht nur die Formulierung von Konstrukten schwer oder sie bieten gleich mehrere an, die ähnlich gut anwendbar sind. Es muß vor allem damit gerechnet werden, daß während der Erhebung die relevanten Konstruktsubsysteme ständig gewechselt werden, wodurch Analyse und Interpretation erheblich erschwert werden.

In der Literatur findet sich als Rat für die Formulierung von Elementen, sie sollten möglichst konkret sein. Ein Grund dafür könnte sein, daß bei sinnlich erfahrbaren konkreten Elementen am ehesten die o.g. Forderung erfüllt ist, als Elemente diskrete Einheiten zu wählen.

Thomas und Harri-Augstein teilen ihre Beispiele in die folgenden Klassen auf:

- Physikalische Einheiten (z.b. Büroartikel, Fehler an einem Produkt)
- Lebende Dinge (z.b. Klienten, Bäume)
- Zeitliche Ereignisse (z.b. Ereignisse in einer Schulklasse, Aufnahmen klassischer Musik)
- Soziale Einheiten (z.b. Walisische Chöre, Gesundheitsfarmen)
- Verhalten und Aktivitäten (z.b. Tischmanieren, Methoden des Brotbackens)
- Abstraktionen und Einschätzungen (z.b. 'Gute Ereignisse' in einem Seminar, Beurteilungskriterien für Studentenessays)
- Emotionen und Empfindungen (z.b. Erfahrungen während der Schwangerschaft, Ereignisse in einer japanischen Teezeremonie)

Ganz offensichtlich, darauf weisen die Autoren aber auch selbst ausdrücklich hin, geht es hier nicht um eindeutige Zuordnungen, sondern um spezifische Zugänge der Autoren zu diesen Elementen. "Ereignisse während einer japanischen Teezeremonie" können also unter dem Aspekt der Emotionalität behandelt werden, wie die Autoren das tun, im Sinne des konstruktiven Alternativismus aber eben auch z.b. als zeitliche Ereignisse, Aktivitäten, soziale Einheiten oder Abstraktionen/Symbolisierungen.

Die Zuordnungen geben also ähnlich wie die Verteilung der Anteile auf die verschiedenen Klassen die spezifischen Zugänge an, die Thomas und Harri-Augstein bevorzugen. So erklärt sich auch, daß die Klassen Abstraktionen/Einschätzungen und Emotionen/Empfindungen insgesamt ein Drittel der Beispiele ausmachen, Elementarten, die im Gespräch ausgesprochen schwierig zu handhaben sind und in der Literatur auch selten erwähnt werden. In der Literatur dominieren dagegen - soweit sich das ohne einschlägige Untersuchungen sagen läßt - Anwendungen, in denen Personen, Gegenstände oder Ereignisse als Elemente benutzt werden.

Eine prominente Ausnahme soll allerdings nicht unerwähnt bleiben: Ryle (1975; 1985; vgl. a. Ryle/Lunghi 1969) benutzt als Elemente Beziehungen zwischen zwei Personen, also etwa "Edith und Klaus" oder "Maria und Karl". Insbesondere in der Partnerberatung haben sich derartige Elemente als nützlich erwiesen.

3.2.5. Homogenität/Heterogenität der Elemente

Die Frage nach der Homogenität bzw. Heterogenität der benutzten Elemente ist oben ja schon kurz angesprochen worden. Worum es geht, läßt sich am besten an einem Beispiel verdeutlichen. Das Grid-Thema "Schule" kann u.a. in die folgenden Elemente aufgelöst werden: Lehrer, Schüler, Unterrichtssituationen, Lerninhalte, Unterrichtsmaterialien, Unterrichtsräume, institutionelle Regelungen usw. Je nach Wahl der Elemente verleiht man ganz offensichtlich dem Thema "Schule" ein andere Bedeutung.

Die Frage, um die es hier geht, ist, ob bzw. wann es sinnvoll ist, verschiedenartige Elemente in einer Erhebung zu mischen, also z.B. Unterrichtsmaterialien, Unterrichtssituationen und Lehrer zusammen zu behandeln. Konkret kann das dann dazu führen, daß dem Befragten eine Triade zur Unterscheidung vorgelegt wird, die z.B. "Lehrbuch Algebra I", "Kontrolle der Hausaufgaben" und "Lehrer Müller" enthält.

Prinzipiell ist es zwar immer, auch bei derart unterschiedlichen Elementen, möglich, eine Unterscheidung der Elemente vorzunehmen - wenn sie nur abstrakt genug ist. Aber dabei geraten viele Befragte nicht nur an die Grenze ihrer kognitiven und verbalen Fähigkeiten, sondern treffen vor allem Unterscheidungen, die keinerlei praktische Relevanz haben. Aus der Erhebung von Konstrukten, mit der eine Person üblicherweise umgeht oder zumindest problemlos umgehen kann, wird unter der Hand ein Training der Diskriminationsfähigkeit.

Zwar ist grundsätzlich nicht auszuschließen, daß die Erhebung persönlicher Konstrukte nicht nur einfach schon vorhandene Konstrukte erfaßt, sondern auch zur Entwicklung und Differenzierung von Konstrukten beiträgt (vgl. z.B. Bonarius u.a. 1984, S. 119) - bis hin zur 'Erfindung' neuer Konstrukte während der Befragung. Die Wahrscheinlichkeit, daß die Befragung die Kreativität der Befragten in dieser Weise fordert, dürfte aber zunehmen, je mehr sie dazu veranlaßt werden, Dinge zueinander in Beziehung zu setzen, die für sie normalerweise in ganz verschiedenen Kontexten stehen. Die vor allem auch mit verschiedenen Konstrukten organisiert werden, so daß der Befragte nicht einfach auf ein Set üblicher Konstrukte zurückgreifen kann, die für alle in Frage stehenden Elemente anwendbar sind ("range of convenience").

Neben der Erfindung neuer Konstrukte oder dem Rückgriff auf abstraktere gibt es eine dritte Möglichkeit, wie der Befragte mit dem Problem umgehen kann, daß seine alltäglichen Konstrukte nicht anwendbar sind: Er kann vorhandene Konstrukte umdeuten bzw. in ihrer Bedeutung ausdehnen. Diese Strategie ist für die Verständigung zwischen Befragtem und Forscher die problematischste, weil der Befragte die Bedeutungsverschiebungen, mit denen er Konstrukte immer wieder neu 'passend macht', kaum einmal ohne ausdrückliche Aufforderung expliziert. Zudem geht es auch bei dieser Strategie eher um die Veränderung des Konstruktsystems als um seine Erfassung.

Die Arbeit mit sehr heterogenen Elementen kann also durchaus nützlich sein, wenn das Ziel darin besteht, bestehende Verarbeitungsmuster zu verändern, neue Möglichkeiten zu erkunden, wie Erfahrungen auch noch und anders Bedeutung verliehen werden kann. Wenn es dagegen darum geht, die persönlichen Konstrukte zu erheben, mit denen der Befragte aktuell seine subjektive Welt schafft, wird es günstiger sein, die Elemente so homogen zu wählen, daß sie möglichst alle im Anwendungsbereich der Konstrukte liegen, die erhoben werden.

Wann eine Sammlung von Elementen homogen genug ist oder wie heterogen sie sein darf, läßt sich wiederum nicht allgemein verbindlich sagen (s.o. zur Eingrenzung des Themas). Das gilt ebenfalls für die Frage, wieviele Elemente im jeweiligen Fall benötigt werden, um das Gesprächsthema für den Befragten subjektiv adäquat abzudecken. Als Grenzwerte kann man allerdings ca. 6 bis 15 Elemente nennen, wobei eine zu geringe Anzahl wegen der geringen Zahl möglicher Triaden problematisch wird, eine zu große Anzahl wegen der Gefahr, daß die Erhebung zur Fließbandarbeit wird.

3.2.6. Präsentation der Elemente

Nachdem eine Sammlung von Elementen vorliegt, besteht nun der zentrale Schritt der Erhebung persönlicher Konstrukte darin, dem Befragten mehrere Elemente zur Unterscheidung vorzulegen und so seine persönlichen Konstrukte zu erfassen. Zur Erinnerung: Persönliche Konstrukte waren ja definiert als die Unterscheidungen, die man zwischen Erfahrungsgegenständen treffen kann.

Präsentation der Elemente

Die übliche Präsentation der Elemente besteht darin, drei Elemente (Triade) zur Unterscheidung vorzugeben. Dies Vorgehen ist so verbreitet, daß es schon fast als selbstverständlich gilt. Das ist nicht so; es gibt zwar gute Gründe für dies Vorgehen, für spezielle Fälle aber auch ausreichende Gründe, von diesem Vorgehen abzuweichen.

Der theoretische Hintergrund für die triadische Präsentation ist Kelly's Vorschlag, persönliche Konstrukte als eine bipolare Unterscheidung zu verstehen, die gleichzeitig eine Feststellung über Ähnlichkeit wie Unähnlichkeit von Erfahrungsgegenständen beinhaltet. Und für diese (zweiseitige) Unterscheidung sind drei Erfahrungsgegenstände/Elemente die Minimalvoraussetzung.

Nun ist zwar einleuchtend, daß die Feststellung einer Ähnlichkeit von Elementen erst dann einen Informationswert hat, wenn es mindestens auch ein Element gibt, das davon verschieden ist. Und es ist erkennbar für das Verständnis der Bedeutung eines Konstrukts wesentlich, diesen anderen Pol zu kennen. Wenn also z.B. ein Klient davon berichtet, daß er sich "kraftlos" fühlt, ist eine im Sinne der PCP sinnvolle diagnostische Überlegung: "kraftlos" im Vergleich womit? Offensichtlich hat die Aussage jeweils eine andere Bedeutung, je nachdem, ob mit früheren Lebensphasen, mit Idealen, mit anderen Personen usw. verglichen wird.

Es gibt aber weder einen theoretischen, noch einen praktischen Zwang, beide Pole eines Konstrukts in einem Arbeitsschritt zu erheben. Und es ist weiterhin nicht zwingend notwendig, sich bei der Vorgabe der Erfahrungsgegenstände auf die Minimalausstattung von drei Elementen zu beschränken.

Bei der von Keen und Bell (vgl. Keen/Bell 1980; Pope/Keen 1981, S. 102ff; Tschudi 1993) entwickelten "DYAD"-Erhebung werden z.B. nur zwei Elemente verglichen und charakterisiert. Die Schritte der Erhebung (s. Abbildung 13 nach Pope/Keen 1981, S. 104):

1. Ein Element wird erhoben/ausgewählt.
2. Ein zweites Element wird erhoben, das sich in irgendeiner wichtigen Weise vom ersten unterscheidet.
3. Element 1 und 2 werden charakterisiert und damit die Pole des ersten Konstrukts formuliert.

4. Ein drittes Element, auf das Konstrukt 1 auch anwendbar ist, wird erhoben.
5. Ein viertes Element wird erhoben, das sich in einer anderen Weise (als durch Konstrukt 1 bezeichnet) von Element 3 unterscheidet.
6. Element 3 und 4 werden charakterisiert und damit die Pole des zweiten Konstrukts formuliert.
7. usw.

Auf diese Art werden also Elemente und Konstrukte zusammen erhoben.

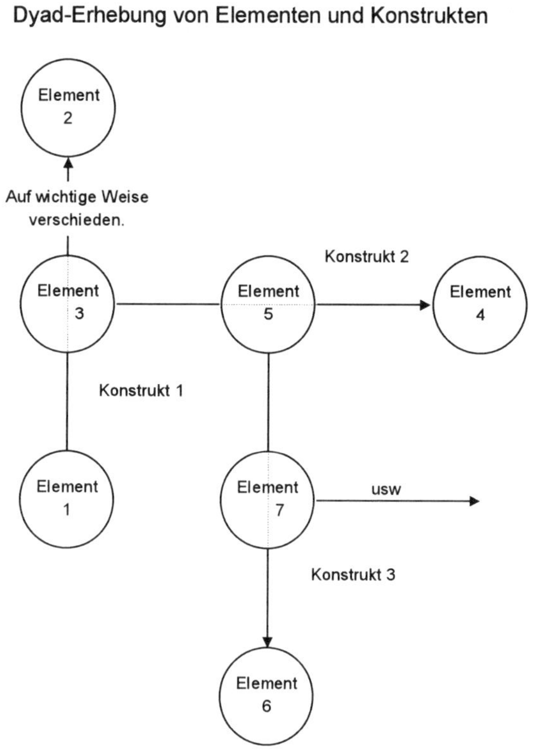

Dyad-Erhebung von Elementen und Konstrukten

Abb. 13: DYAD-Erhebung (nach Keen/Bell 1980)

Für diese Erhebungsvariante spricht ihre einfache Struktur, die sie nach Meinung der Autoren z.B. für die Arbeit mit Kindern geeignet erscheinen läßt.

Allerdings müssen auch zwei Nachteile dieses Vorgehens erwähnt werden: Da die Elemente nach und nach erhoben werden, ergibt sich letztlich eher als bei der Triaden-Erhebung eine relativ heterogene Zusammenstellung der Elemente mit den damit verbundenen Problemen (s.o.). Da die Zusammensetzung der Elemente erst am Ende der Erhebung feststeht - vor allem: nachdem auch die Konstrukte schon erhoben sind -, ist eine Korrektur nicht mehr möglich.

Der zweite Nachteil besteht darin, daß zwar relativ schnell eine ganze Reihe von Konstrukten erhoben wird, diese zunächst aber nur auf die Elemente angewendet werden können, die schon erhoben sind. Nach der Erhebung aller Elemente und Konstrukte steht also die Anwendung der Konstrukte auf die restlichen Elemente noch aus - jedenfalls dann, wenn eine vollständige Erhebung durchgeführt werden soll. Und diese Anwendung wird dann im Kontrast zur Leichtigkeit der Konstrukterhebung zu einer ziemlich langwierigen und auch im Ablauf monotonen Fleißarbeit.

Eine andere Alternative zur Triaden-Erhebung benutzt Ryle bei der Erhebung seiner DYAD-Grids (vgl. z.B. Ryle 1985, S. 191). Trotz Namensgleichheit hat dies Verfahren nichts mit dem von Keen und Bell zu tun. Die Bezeichnung "DYAD" hat hier den Grund, daß als Elemente Beziehungen zwischen zwei Personen (also Dyaden) benutzt werden, z.B. "Beziehung von John zu mir" und "Meine Beziehung zu meinem Vater". Der Verzicht auf Triaden ist pragmatisch motiviert: Da die Elemente in sich schon sehr komplex sind, besteht die Gefahr, die Befragten mit der Vorgabe von Triaden zu überfordern. Das könnte dann auch in anderen Fällen, in denen die Arbeit mit besonders komplexen Elementen sinnvoll und notwendig erscheint, ein Grund sein, auf eine Triaden-Erhebung zu verzichten.

Neben diesen Alternativen zur Triaden-Erhebung gibt es andere, die für bestimmte Zwecke besser geeignet sind als die Triaden-Erhebung oder diese ergänzen können. So kann etwa die Full Context Form in der Fassung Kelly's (1955/91a, S. 224/156) oder in einer abgewandelten Form, bei der alle Elemente zusammen betrachtet und in Gruppen unterschieden werden, die Triaden-Erhebung ergänzen und durch den

Wechsel der Erhebungsform die Erhebungssituation angenehmer gestalten und zusätzliche Konstrukte erheben helfen.

Andere Alternativen zur üblichen Triaden-Erhebung arbeiten zwar mit Triaden, wechseln aber nicht bei jeder Vorgabe alle Elemente der Triade aus. So wird z.B. bei der sequentiellen Erhebung (vgl. Kelly 1955/91a, S. 225/157) jeweils nur ein Element der Triade ausgewechselt. Das macht die Erhebung anstrengend und stellt hohe Anforderungen an den Befragten, erlaubt aber eine feinere Abstufung. Eine im Gegensatz zur sequentiellen Erhebung durchaus verbreitete Variante besteht darin, ein Element der Triade während der gesamten Erhebung beizubehalten und nur die anderen zwei zu variieren. Das ist dann sinnvoll, wenn der Zweck der Erhebung speziell darin besteht, das Verhältnis eines bestimmten Elements zu einer Reihe anderer Elemente zu untersuchen. Wenn z.B. das Verhältnis eines Klienten zu anderen Personen geklärt werden soll, könnte der Klient als Element durchgängig in jede Triade aufgenommen werden.

Neben zweckmäßigen und sinnvollen Alternativen zur Triaden-Erhebung finden sich allerdings in der Literatur auch Vorschläge, bei denen erst noch zu klären wäre, was sie genau erheben. Dazu gehören auch die Vorschläge, die Kelly selbst im Zusammenhang mit der Personal Role Form (1955/91a, S. 225f/157f) macht. Dabei muß der Befragte sich zunächst vorstellen, mit zwei anderen Personen an einem Abend zusammen zu sein. Dann wird er aufgefordert, Merkmale der Situation zu beschreiben. Zum Beispiel zu sagen, wie er selbst und wie die anderen Personen sich verhalten würden. Sicherlich ist dies eine Möglichkeit, Urteile, Einschätzungen, Eindrücke o.ä. zu einer Situation oder allgemeiner zu Erfahrungsgegenständen zu erheben - nicht aber persönliche Konstrukte. Jedenfalls nicht im Sinne seiner eigenen Definition, die das Konstrukt einführt als eine Unterscheidung, die man vornehmen kann. Um Unterscheidungen geht es aber bei dem beschriebenen Vorgehen nicht, die gehen vielmehr nur implizit in die Bezeichnung von (Einzel-)Erfahrungen ein.

Da die Frage der inhaltlichen Steuerung, die mit der Präsentation der Elemente, ob in Triaden-Form oder nicht, verbunden ist, bereits im Zusammenhang mit der Diskussion des Role Construct Repertory Test angesprochen wurde, soll sie hier aus gegebenem Anlaß nur noch einmal in Erinnerung gebracht werden: Ebensowenig wie Kelly seine Triaden zufällig vorgibt, stellt Ryle seine Dyaden zufällig zusammen. Bei Kelly bleibt der Hintergrund für die Kombinationen unklar, Ryle verweist auf ein psychoanalytisches Konzept, das seine Zusammenstellung der Dyaden fundiert.

Wann welche inhaltliche Vorgabe sinnvoll ist, kann hier nicht geklärt werden. Wichtig im Sinn der Personal Construct Theory ist aber, daß, unabhängig davon, welche konkrete Vorgabe warum gemacht wird, bewußt bleibt, daß es sich bei der Bedeutung der Vorgaben um Zuschreibungen des Forschers handelt, die mit denen der befragten Person nicht übereinstimmen müssen.

3.2.7. Formulierung der Unterscheidungsaufgabe

Wie oben bereits angesprochen, gibt es verschiedene Versionen der Instruktion, mit der den Befragten Elemente zur Unterscheidung vorgelegt werden. Abgesehen von kleineren sprachlichen Variationen und Änderungen, die durch spezielle Erhebungsformen notwendig werden (wie z.B. bei der DYAD-Erhebung), sind vor allem zwei grundsätzlich verschiedene Formen zu nennen. Die eine fragt nach dem Unterschied ("difference method"), die andere nach dem Gegensatz ("opposite method") der vorgelegten Elemente (vgl. z.B. Epting u.a. 1971).

Kelly arbeitete mit der Unterschiedsmethode und fragte z.B. (1955/91a, S. 222/154):

> "In what important way are two of them alike but different from the third?"

Das Problem bei dieser Form der Fragestellung besteht darin, daß man möglicherweise ein Konstrukt erhält, dessen Pole Unterschiede bezeichnen, sich aber nicht ausschließen, so daß Elemente in unterschiedlichem Maße sowohl durch den einen als auch den anderen Pol des Konstrukts charakterisiert werden können. Das kann durch die Anwendung der Gegensatzmethode, die erst nach der Ähnlichkeit zweier Elemente und dann nach dem Gegensatz fragt, zuverlässiger vermieden werden, so daß nach dem gegenwärtigen Kenntnisstand dieser Methode der Vorzug zu geben ist (vgl. Bonarius u.a. 1984; Riemann 1987; 1990).

3.2.8. Konstrukte vorgeben/erheben

Die Frage, ob man Konstrukte vorgeben oder erheben sollte, mag zunächst abwegig erscheinen, vor allem dann, wenn die Grid-Methodik im Begründungszusammenhang der Personal Construct Theory gesehen wird. Denn die Grid-Methodik soll ja gerade ein Instrumentarium bereitstellen, offen und sensibel die subjektive Sicht von Personen zu untersuchen. Davon bleibt wenig übrig, wenn Konstrukte vorgegeben werden. Untersucht wird dann eben nur noch, wie der Befragte diese Konstrukte auf selbstgewählte oder ebenfalls vorgegebene Elemente anwendet.

Eine Beschränkung der Äußerungsmöglichkeiten des Befragten kann aber durchaus sinnvoll oder sogar notwendig sein. Einmal, wenn gerade von Interesse ist, wie die Befragten mit fremden, z.B. öffentlichen Konstrukten umgehen. Vielleicht auch, wie sie mit eigenen im Vergleich mit fremden Konstrukten umgehen.

Zum anderen kann die Vorgabe von Konstrukten sinnvoll sein, um die Vergleichbarkeit von Erhebungen zu verbessern. Wenn z.B. zur Therapieprozeßkontrolle untersucht werden soll, ob der Klient zentrale Konstrukte im Verlauf der Therapie anders anwendet, können ihm bei Wiederholungsbefragungen die Konstrukte erneut vorgelegt werden, die er zu Beginn der Therapie formuliert hat.

Ebenso kann der Vergleich zwischen Personen erleichtert werden, wenn ihnen die gleichen Konstrukte vorgegeben werden. Der wichtige Punkt dabei ist offensichtlich, wie diese vorgegebenen Konstrukte zustande kommen und wie weit man, z.B. durch entsprechende Voruntersuchungen, sicher sein kann, daß sie für die Befragten anwendbar und relevant sind - weil zu sinnlosen und irrelevanten Vorgaben eben auch nur ebensolche Befragungsergebnisse zu erwarten sind.

Wie bei den Elementen gibt es auch im Fall der Konstrukte sinnvolle Kombinationen von erhobenen und vorgegebenen Konstrukten. Entweder, indem erhobene und vorgegebene Konstrukte in einer Befragung kombiniert werden oder aber in verschiedenen Arbeitsschritten zur Anwendung kommen. So etwa in der Partnerberatung, wenn die Partner zunächst einzeln ihre Konstrukte auf einen gemeinsamen Satz von Elementen (z.B. alltägliche Situationen) anwenden, um dann im zweiten Schritt den Versuch zu machen, die Konstrukte ihres Partners anzuwenden.

Ebenso gilt wiederum - wie für die Vorgabe von Elementen: Es gibt - auch auf der Basis der Personal Construct Theory - keine Verpflichtung, immerzu offen für jede Feinheit der persönlichen Konstrukte der Befragten zu sein. Man darf auch weniger wissen wollen. Es wäre allerdings wünschenswert, wenn es dafür dann bessere Gründe als schlichte Bequemlichkeit gäbe.

3.2.9. Die Entstehung eines Konstrukts

In der Literatur geschieht während der Konstrukterhebung kaum etwas, das der Erwähnung wert wäre. Nur wenig überspitzt: Kaum hat man eine Liste von Elementen erstellt, sind die Konstrukte irgendwie auch schon da, Ratings für die Elemente gleich dazu - und so kann man zügig an die Auswertung gehen.

Was bei Darstellungen dieser Art unerwähnt bleibt, ist oben schon zum Teil angesprochen und an Beispielen verdeutlicht worden (s. Teil 3.1.1., 3.1.4.). Dieser erste, allgemeine Zugang soll an dieser Stelle um spezielle Schwierigkeiten ergänzt werden, die bei der Erhebung von Konstrukten erwartbar sind.

Erwartbar ist zunächst, daß Befragte öfter einmal Verbalisierungsschwierigkeiten haben - seltener auch umgekehrt für den Moment zu viel mitzuteilen haben.

Verbalisierungsschwierigkeiten

Bei der Erhebung persönlicher Konstrukte ist es normal, wenn es den Befragten zwar relativ leicht fällt, die vorgegebenen Elemente zu unterscheiden, die Bezeichnung der Ähnlichkeit und des Unterschieds dann aber erhebliche Probleme bereitet. Dabei ist die Bezeichnung der Gemeinsamkeit der zwei Elemente meistens einfacher, während der Gegensatz häufig nur mit viel Mühe und nach längerer Zeit formulierbar ist, und auch dann häufig nur mit Einschränkungen.

Das ist für den Forscher/Berater nicht verwunderlich und auch theoretisch erklärbar (s. Teil 2.), für die Befragten aber subjektiv belastend und z.T. auch deshalb schwer verständlich, weil die Unterscheidungsaufgabe auf den ersten Blick recht einfach erscheint. Erwartbar sind entsprechend verschiedenartige Bemühungen, diesen unbefriedigenden Zustand abzukürzen. Diese reichen von Versuchen, sich selbst zu trösten oder zu ermutigen über kurzentschlossene Verbalisierungsangebote bis zu mehr oder weniger verdeckten und nachdrücklichen Aufforderungen an den Forscher, bei der Verbalisierung zu helfen, unter vorgeschlagenen Verbalisierungen eine auszuwählen, den Versuch abzubrechen und zur nächsten Triade überzugehen usw.

Die Versuchung für den Interviewer, solchem Drängen nachzugeben, ist groß, denn die Situation ist nicht nur für beide Beteiligten belastend, sondern stellt eventuell auch die Kooperationsbereitschaft des Befragten in Frage. Ungünstig im Sinne unserer Überlegungen zur Gesprächsführung (s.o.) sind in dieser Situation Formulierungsangebote, auch wenn sie nur darin bestehen, aus mehreren Angeboten des Befragten eines auszuwählen. Denn es geht ja um die subjektive Sicht des Befragten, die herausgearbeitet werden soll, nicht um die des Forschers/Beraters.

Unproblematisch sind dagegen Hilfen, die die Situation für den Befragten weniger belastend machen und ihm die Verbalisierung durch formale Unterstützung erleichtern. Zur Minderung der Belastung gehört u.a., dem Befragten deutlich zu machen, daß eben derartige Verbalisierungen mitunter schwierig sind und ihre Zeit brauchen. Dazu gehören auch Verbalisierungen z.B. im Sinne der klient-zentrierten Gesprächsführung (vgl. Rogers 1972, 1973; Kelly 1955/91a, S. 373/277, 1955/91b, S. 586f/22), die die Unsicherheit während der Verbalisierung akzeptierend ansprechen.

Formale Unterstützung kann z.B. darin bestehen, den Befragten zum lauten Denken aufzufordern, ihn mit alternativen Zuordnungen experimentieren zu lassen, Geschichten erzählen, Beispiele und Gegenbeispiele formulieren zu lassen.

Schließlich ist es auch denkbar, die Triade erst einmal auf die Seite zu legen und mit einer anderen fortzufahren - wenn die Reihenfolge der Triaden für den Untersuchungszweck unerheblich ist. Wichtig ist dann vor allem, dem Befragten deutlich zu machen, daß es dabei schlicht um einen Wechsel des Zugangs geht, der eben individuell unterschiedlich sein kann, und nicht um ein Versagen.

Wiederholung von Konstrukten

Wenn ein Konstrukt nicht hochspezialisiert verwendet wird, ist abzusehen, daß es zur Unterscheidung einer größeren Anzahl von Elementen benutzt werden kann. Entsprechend wiederholen sich während einer Erhebung ab und zu Konstrukte. Das kann ganz einfach daran liegen, daß es sich eben um ein besonders vielseitig anwendbares Konstrukt handelt. Häufige Wiederholungen können auch daran liegen, daß der Befragte für den untersuchten Erfahrungsbereich mit relativ wenigen Konstrukten auskommt. Und schließlich wiederholen sich am Ende der Erhebungen Konstrukte vermehrt, wenn alle relevanten Unterscheidungen genannt sind. Befragte erleben solche Wiederholungen aber z.T. deshalb als belastend, weil sie an sich selbst den Anspruch haben, weitere Unterscheidungen zu benennen. Damit dies nicht zur Erfindung von 'Gefälligkeitskonstrukten' für den Forscher führt, die dann im Zweifelsfall keinerlei praktische Relevanz haben und auch nicht sinnvoll angewandt werden können, ist der Hinweis für die Befragten wichtig, daß Wiederholungen vollständig normal sind und eben nur die vielfältige Anwendbarkeit einer Unterscheidung zeigen. Es ist aber wenig sinnvoll, sie mehrfach auf die Elemente anzuwenden und zu skalieren (s.u.). Aus diesem Grund sollte gefragt werden, ob der Befragte noch andere wichtige Unterscheidungsmöglichkeiten sieht.

Eine Triade - mehrere Konstrukte

Umgekehrt kommt es ebenfalls häufiger vor, daß die Befragten die vorgegebene Triade auf mehrere verschiedene Arten unterscheiden können. Das ist durchaus nicht verwunderlich, macht aber dann Probleme, wenn der Erhebungsmodus Sonderwünschen nicht angepaßt werden kann. Das ist z.B. der Fall, wenn der Untersuchungszweck einen einheitlichen Ablauf mehrerer Erhebungen notwendig macht, wenn Formblätter mit festgelegten Wahlen benutzt oder Konstrukte im Computerdialog erhoben werden.

In diesen Fällen kann dann nur ein Konstrukt pro Triade zugelassen werden. Das wird in den meisten Fällen auch ohne Nachteile für die Erhebung sein, weil die Befragten ja in immer wieder neuen Unterscheidungen die Möglichkeit haben, das auszudrücken, was ihnen wichtig ist. Eine Gefahr an dieser Stelle ist aber, daß der Befragte versucht, mehrere Konstrukte - durch die beschränkten Ausdrucksmöglichkeiten notwendig verkürzt und entstellt - auf einmal auszudrücken. Das geschieht, indem mehrere nicht klar getrennte Konstrukte unter einer 'Mehrzweckformulierung' zusammengefaßt werden, die dann im Lauf des Interviews ständig wechselnde Bedeutungen ausdrückt. Das erschwert nicht nur Verständnis und Auswertung des Interviews, sondern macht auch für den Befragten das Interview unnötig verwirrend und anstrengend. Wenn mehrere Konstrukte zu einer Triade nicht flexibel mit aufgenommen werden können, ist es daher wichtig, den Befragten vorab erstens darauf hinzuweisen, daß ihm vielleicht manchmal mehrere Konstrukte zu einer Triade einfallen werden, und ihn zweitens zu bitten, dann das Konstrukt auszuwählen, das ihm spontan am wichtigsten erscheint.

Ändern von Formulierungen

Wenn die Erhebung Raum dafür läßt, wird es vorkommen, daß die Befragten Konstrukte umformulieren oder später ändern wollen. Das ist für die erste Bezeichnung eines Konstrukts (s.o.), aber auch für die Rückschau verständlich, denn durch den Kontext anderer Konstrukte, der erst im Laufe des Interviews hergestellt wird, kann sich auch die Bedeutung eines zu Beginn formulierten Konstrukts verschieben. Wenn diese Verschiebung so stark ist, daß der Befragte eine Änderung rückblickend für notwendig hält, sollte diesem Wunsch - wo der Erhebungsmodus und der Untersuchungszweck dafür den Raum lassen - entsprochen werden, weil sonst wieder die Gefahr besteht, daß unterschwellige Umdeutungen stattfinden oder der Befragte gezwungen wird, zu subjektiv sinnlosen Konstrukten Stellung zu nehmen.

Besondere/problematische Konstrukte

Kelly äußert sich zur Gesprächsführung während der Konstrukterhebung - wie bereits angesprochen - nur höchst beiläufig. An einer der wenigen einschlägigen Stellen empfiehlt er, während der Erhebung auf folgende Arten von Konstrukten zu achten und in der angegebenen Weise damit umzugehen:

1. Situationale Konstrukte
Wenn der Befragte z.B. zwei Personen als ähnlich zusammenfaßt, weil sie aus der gleichen Stadt kommen. In diesem Fall solle dann der Interviewer diese Unterscheidung zwar notieren, aber dann weiter fragen:

"Das ist *eine* Art, in der sie sich ähnlich sind. Können Sie mir sagen, wie ihre Herkunft aus einer Stadt sie ähnlich macht, oder können sie mir irgend eine *andere* Art nennen, in der sie sich ähnlich sind?" (Kelly 1955/91a, S. 222/155).

2. Exzessiv durchlässige (weite) Konstrukte
Wenn der Befragte z.b. zwei Personen als ähnlich bezeichnet, weil beide Frauen sind. In diesem Fall solle der Interviewer ähnlich wie unter 1. verfahren.

3. Exzessiv undurchlässige (enge) Konstrukte
Hier geht es um hochspezialisierte Konstrukte, etwa, wenn der Befragte feststellt: "Diese zwei sind Werkzeugmacher, der andere stellt Gußformen her." (ebd. S. 223) Auch in diesem Fall solle der Interviewer wie unter 1. verfahren.

4. Oberflächliche Konstrukte
Liegen z.B. vor, wenn der Befragte sagt "Sie haben die gleiche Augenfarbe."

5. Vage Konstrukte
Z.B. "Beide sind O.K." Der Interviewer solle den Befragten dann bitten, das Gesagte weiter zu erklären und andere Beispiele für Leute, die O.K. sind, anzugeben.

Das Problem bei diesen Vorschlägen besteht darin, daß sie die Zielsetzung des Interviews implizit neu definieren. Es geht nicht mehr nur darum, Konstrukte zu erheben, wie sie nun einmal von dieser Person angewandt werden, sondern darum, 'gute' Konstrukte zu erheben.

Als Begründung für dies Vorgehen führt Kelly an, diese Konstrukte seien: "difficult to handle systematically" (1955/91a, S. 222/155). Was das bedeutet, bleibt ebenso unklar wie die präzisen Unterschiede zwischen den einzelnen obengenannten Konstruktarten.

Mir scheint es wichtig, die folgenden Aspekte auseinanderzuhalten. Wenn es darum geht, die Konstrukte zu erheben, die eine Person auf einen bestimmten Erfahrungsbereich anwendet, gibt es keine 'guten' oder 'schlechten' Konstrukte. Die Erhebung muß dann sensibel und offen sein für alle Arten von Konstrukten, auch solche der Art "Beide sind O.K." Nachträglich können sie natürlich analysiert und beurteilt werden. Für die Beratung z.B. mögen dann Kategorisierungen der oben beschriebenen Art nützlich sein, etwa die Identifizierung exzessiv undurchlässiger Konstrukte (vgl. Kelly 1955/91a, S. 232/163).

Dennoch ist es sinnvoll, in den beschriebenen Fällen nachzufragen bzw. um weitere/andere Konstrukte zu bitten. Bis auf den dritten Punkt, der aus anderen Gründen angesprochen werden sollte, bieten nämlich diese Konstrukte dem Interviewer nur wenig Hilfen zum Verständnis des Gemeinten. Wenn es also darum geht, die Konstrukte einer Person nicht nur zu erheben, sondern sie auch möglichst genau zu verstehen, wird es notwendig sein, Konstrukte der Art "Beide sind O.K." erstens zu akzeptieren, dann aber zweitens erläutern zu lassen, um sie drittens angemessener analysieren und beurteilen zu können.

Im Fall der undurchlässigen Konstrukte gibt es einen anderen Grund für Nachfragen und Bitten um weitere Konstrukte: Undurchlässige Konstrukte werden auf die anderen Elemente, die nicht zur Erhebungstriade gehören, nicht oder nur z.T. anwendbar sein. Wenn z.B. die Personen einer Triade in Rothaarige und Schwarzhaarige unterschieden werden, ist absehbar, daß dies Konstrukt auf Personen mit blonden oder braunen Haaren nicht anwendbar sein wird. Solche Konstrukte können einfach zustandekommen, weil der Befragte nur für die jeweilige Triade formuliert und die Anwendbarkeit auf die übrigen Elemente nicht berücksichtigt. In solchen Fällen wird eine besser anwendbare und subjektiv ebenso relevante Triade i.d.R. ohne Probleme zu formulieren sein. Das wird nicht der Fall sein, wo das Konstrukt durchaus treffend die begrenzten Verarbeitungsmöglichkeiten der jeweiligen Erfahrungen zum Ausdruck bringt.

Im Zusammenhang mit den verschiedenen Möglichkeiten der Analyse von Repertory Grids nennt Kelly einen weiteren Fall, für den er spezielle Nach- und Prüffragen bereits während des Interviews für sinnvoll hält. Dann nämlich, wenn der (erfahrene) Berater den Eindruck hat, daß verschiedene Konstrukte ähnlich benutzt werden. Er gibt das Beispiel der Konstrukte "ehrlich-unehrlich" und "vertrauenswürdig - nicht vertrauenswürdig". Kelly schlägt dann eine Prüfung in vier Schritten vor: Zunächst wird nach den zwei ehrlichsten Personen gefragt, dann nach den zwei vertrauenswürdigsten. Dann wird gefragt, ob jemand, der ehrlich ist, fast immer auch vertrauenswürdig ist, und umgekehrt jemand, der vertrauenswürdig ist, fast immer ehrlich. Wenn dabei als ehrlichste und vertrauenswürdigste dieselben Personen bezeichnet und auch die beiden anderen Beziehungen bestätigt werden sollten, werden die Konstrukte als gleich eingestuft.

Die Erwartungen, die damit an Kompetenz und Erfahrung des Beraters geknüpft werden, sind aber leider deutlich zu optimistisch. Kelly's Kriterium für das Eingreifen des Beraters ist der Eindruck, daß zwei Konstrukte die gleiche Funktion erfüllen. Die Betonung liegt also auf der Funktion, nicht auf der verbalen Bezeichnung - ähnlich klingende Konstrukte können also sehr unterschiedliche Bedeutung und Funktion haben, unähnliche vergleichbare. Der Berater müßte also in der Lage sein, die Anwendung verschiedener Konstrukte auf die Elemente miteinander zu vergleichen - unabhängig von den jeweiligen verbalen Bezeichnungen. Dazu ist aber auch ein erfahrener Berater wegen der Fülle und der Differenziertheit der Daten während der Erhebung (s.a. Teil 3.1.4. zur Gesprächsführung) nicht in der Lage. Dazu ist selbst mit Distanz und Computerunterstützung mehr Zeit notwendig als sie während der Erhebung zur Verfügung steht.

Deshalb ist es auch nicht verwunderlich, wenn Kelly an dieser Stelle als Beispiel zwei Konstrukte anführt, bei denen nach Alltagserfahrung Verbindungen in der Anwendung erwartbar sind. Wichtig ist dabei: Die Nachfrage basiert nicht auf Ähnlichkeiten der Anwendung, sondern auf Konstruktbezeichnungen und den damit verbundenen Hypothesen.

Auf der Basis der Personal Construct Theory ist diese stillschweigende Gleichsetzung begrifflicher Ähnlichkeiten mit der Funktion der so bezeichneten Konstrukte unzulässig. Es wäre danach vielmehr gerade wichtig, den individuell variierenden Begriffsgebrauch nicht zu unterschätzen und sich in diesem Fall nicht durch ähnlich klingende Begriffe dazu verführen zu lassen, nun auch gleiche Funktion des Bezeichneten anzunehmen.

Konkret heißt das: Der Berater sollte **durchgängig** darum bemüht sein, die Zuverlässigkeit der Übersetzung zwischen seiner eigenen Begrifflichkeit und der des Klienten zu überprüfen. Anlaß für solche Nachfragen und Prüfungen sollte gerade nicht nur sein, daß ihm etwas als erklärungsbedürftig auffällt, sondern eben auch die ungetrübte Übereinstimmung. Beides kann nur stichprobenartig geschehen, dann aber möglichst offen für Konstrukte und Begriffe, die von den eigenen abweichen.

3.2.10. Skalierung

Die Vorgabe von Elementen in einer Triade oder Dyade führt zunächst nur zu einer Unterscheidung/einem Konstrukt. Darüber, wie der Befragte mit diesem Konstrukt umgeht, erfährt man damit kaum etwas - außer der dichotomisierten Zuordnung der Elemente, die zur Unterscheidung vorlagen.

Um mehr über die Anwendung der erhobenen Konstrukte zu erfahren, hat bereits Kelly das Grid-Format eingeführt, bei dem die Konstrukte nicht nur auf die Elemente der Erhebungstriade, sondern auch auf die übrigen Elemente angewandt werden. In den folgenden Jahrzehnten sind darüber hinaus verschiedene Skalierungen benutzt worden, um differenzierter zu erheben, wie die Befragten ihre Konstrukte anwenden: Rangskalen, Ratingskalen mit 3 bis 13 Skalenpunkten mit und ohne Nullpunkt, freie Zuordnungen.

In den meisten Fällen werden heute 5- oder 7-stufige Ratingskalen benutzt. Es gibt aber wiederum keine allgemeinverbindliche Antwort auf die Frage, welche Skalierung man denn wählen sollte. Denn wieder hängt u.a. von den Befragten - von der Differenziertheit ihrer Konstruktionen und ihrer Selbsteinschätzung - ab, welche Skalierung sinnvoll ist. Eine extrem differenzierte Skalierung (etwa 13stufige Ratingskala) kann auch von differenzierten Personen als Überforderung erlebt werden, eine dichotome Skalierung wird vielleicht auch von denen als Unterforderung und implizite Abwertung erlebt, die in vielen Fällen mit den Möglichkeiten dieser Skalierung gut auskämen.

Es ist weiter zu berücksichtigen - darauf macht Lohaus (1983) zu Recht aufmerksam -, daß die subjektiv als angemessen empfundene Skalierung für eine Person nicht immer und überall, für alle Elemente und Konstrukte, gleich ist. Manche Konstrukte werden z.B. sehr differenziert angewandt, andere nur in schwarz-weiß-Unterscheidungen. Auf manche Elemente werden Konstrukte nur dichotomisierend angewandt, bei anderen wird die gesamte verfügbare Skalenbreite ausgenutzt.

Danach erscheint die freie individuelle Skalierung als sicherste Lösung. Wie so etwas aussehen könnte, zeigt Hargreaves (1979) mit seiner Pfeilskala. Er benutzt für die einzelnen Elemente Pfeilkarten und für jedes Konstrukt einen Papierstreifen, an dessen Ende die Konstruktpole liegen bzw. eingetragen werden.

Skalierung

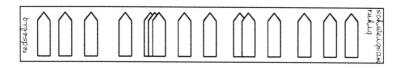

Abb. 14: Freie Skalierung (nach Hargreaves 1979, S. 159)

Durch Anordnung der Pfeilkarten auf diesem Konstruktstreifen kann der Befragte die Beziehungen zwischen den Elementen beliebig fein oder grob darstellen.

Dies Verfahren hat keine Verbreitung gefunden. Möglicherweise deshalb, weil gängige Auswertungsmethoden es notwendig machen würden, die Zuordnungen des Klienten nachträglich in Stufen einer gebräuchlichen Skala zu transformieren. Damit würde dann zumindest für die Auswertung die so gewonnene Information ohnehin nicht voll genutzt. Je nach Erhebungszweck kann es aber dennoch sinnvoll sein, mit dieser Skala zu arbeiten, wenn z.B. die Betonung auf die begleitete Selbsterfahrung während der Erhebung gelegt wird.

Auch für das andere Extrem, die dichotome Zuordnung, gilt, daß nicht nur von den Befragten, sondern auch vom Erhebungszweck abhängt, ob diese Skalierung sinnvoll ist. Die dichotome Skala ist also nicht nur für die Arbeit mit Kindern oder Erwachsenen, denen differenziertere Urteile nicht zugetraut werden können, sinnvoll. Denn für viele Zwecke reicht - zumindest im ersten Zugang - eine grobe Unterscheidung aus. Um z.B. in der Beratung zwei (oder mehr) Personen über ein Thema ins Gespräch zu bringen, reichen als erster Impuls grobe Zuordnungen vollkommen aus, differenzierte Skalierungen wären hier nur verwirrend. Verfahren, die speziell für diesen Zweck gedacht sind - z.B. die "Reptest Interaction Technique" (RIT) (Eland u.a. 1979) oder "shared grids" (vgl. Stewart/Stewart 1981, S. 186ff) - begnügen sich daher mit dichotomen Zuordnungen. Was mit diesen Zuordnungen genauer gemeint ist, kann dann ja im Gespräch geklärt werden.

Wenn es keine der genannten oder andere Gründe gibt, sich mit Dichotomien zufrieden zu geben, ist nach den Befunden von Lohaus (1983) die 5-stufige Ratingskala wohl die, die den Ansprüchen der Befragten an angemessene Ausdrucksmöglichkeiten im Schnitt recht gut entspricht.

Rangskalen dürften zwar der Genauigkeit der Zuordnungen der Befragten in den meisten Fällen adäquater sein, werden aber wenig benutzt. Ein Grund dafür kann die mangelnde Akzeptanz durch die Befragten sein, die häufiger den Zwang, eine Rangreihe der Elemente (bezogen auf die Pole eines Konstrukts) bilden zu müssen, als Verfälschung dessen, was sie eigentlich zum Ausdruck bringen wollen, kritisieren. Ein anderer Grund dürfte schlicht sein, daß die statistische Auswertung von Rangdaten vergleichsweise aufwendig und wenig variantenreich ist.

Während der Skalierung

Ein wesentlicher Aspekt der Skalierung, der wiederum in der Literatur nicht vorkommt, sind die Chancen und Gefahren der Gesprächsführung während dieses Schritts der Erhebung. Das mag daran liegen, daß häufig überhaupt kein Gespräch stattfindet. Bei Riemann (1991, S. 17) z.B. ist nur die Rede von der Bearbeitungszeit für die Zuordnung der Elemente, die die Gesamtbearbeitungszeit nur unwesentlich erhöhe - weshalb man auch problemlos noch ein paar Elemente mehr einschätzen lassen könne. Wird aber die Erhebung persönlicher Konstrukte als soziale Situation verstanden, bieten sich während der Skalierung einerseits die besten Möglichkeiten, das mit den Konstruktpolen Bezeichnete zu erläutern und sich darüber zu verständigen, andererseits treten hier auch Probleme der Erhebung und der Verständigung offen zu Tage, die vorab nicht erkennbar waren.

Möglichkeiten

Besonders günstige Möglichkeiten zur Klärung der Bedeutung von Konstrukten bieten sich während der Skalierung dann, wenn nicht nur mit einem Formblatt gearbeitet, sondern Elementkarten, Konstruktkarten und eine Skala als Hilfsmittel benutzt werden. Erstens wird für viele Befragte dadurch eine subjektiv stimmige Zuordnung der Elemente zu den Konstrukten erleichtert, weil sie zusätzlich visuelle Orientierungshilfen haben und alternative Zuordnungen nicht nur gedanklich und mit sprachlichen

Symbolen, sondern auch konkret visuell nachvollziehbar mit 'faßbaren' Symbolen auszuprobieren.

Zweitens erhält damit aber auch der Interviewer zusätzlich Informationen über Vorgänge beim Befragten. Unterschiedliche Entschlossenheit in der Zuordnung kann sich dann z.b. auch darin ausdrücken, wie schnell, fließend und betont die Bewegung ist, mit der eine Karte plaziert wird, ob und wie sie dann noch forschend betrachtet wird oder die Aufmerksamkeit gleich zu einer anderen Aufgabe übergeht.

Während der Zuordnung gibt es also zahlreiche Gesprächsanlässe in einer zudem üblicherweise recht gelockerten Atmosphäre. Das macht die Situation geeignet für Verständigungsbemühungen, indem man sich Geschichten zu Zuordnungen erzählen läßt, nachfragt, Gegenbeispiele prüft usw. (s. Teil 3.1.4. zur Gesprächsführung).

Paralinguistische Hinweise, Gesten oder Mimik sollten dabei aber nicht voreilig inhaltlich klassifiziert werden, indem z.B. von bestimmten Augenbewegungen in Verbindung mit begleitenden Gesten auf bestimmte Kognitionen geschlossen wird. Im Sinne der Personal Construct Theory wäre es vielmehr sinnvoll, auch das nonverbale Verhalten der Befragten als persönliche Konstrukte zu verstehen, mit denen Erfahrungen unterschieden werden. Interessant sind dann zunächst Unterschiede, die die Person nonverbal macht, Wechsel in ihrem nonverbalen Verhalten. Ob sich diese Unterschiede auch verbal ausdrücken lassen und welche Bedeutung dann den unterschiedlichen Erfahrungsgegenständen zugesprochen wird, kann Gegenstand des Gesprächs während der Skalierung sein.

Probleme

Das Hauptproblem bei der Skalierung besteht in der z.T. nur begrenzten Anwendbarkeit einzelner Konstrukte. Da die Gründe dafür sehr unterschiedlich sein können, sind auch unterschiedliche Interventionen sinnvoll. Die wichtigsten fünf:

'Vermeidbare' undurchlässige Konstrukte: Damit sind solche Konstrukte gemeint, die nur auf die Erhebungstriade bezogen formuliert und dann auf die übrigen Elemente nicht anwendbar sind, die aber vom Befragten auch ohne Probleme durch besser anwendbare Konstrukte ersetzt werden könnten. Wenn also ein Befragter die Personen einer

Triade unterscheidet nach "wohnt in Essen" und "wohnen in München", sind eben alle Personen, die nicht in Essen oder München wohnen, nicht mehr einzuordnen. Hier geht es um mangelnde Voraussicht vor allem des Interviewers. Eine Korrektur ist aber durch Wahl eines anderen Konstrukts i.d.R. leicht möglich.

Undurchlässige Konstrukte: Davon zu unterscheiden sind nur begrenzt anwendbare Konstrukte, die für den Befragten wichtig sind und eben nicht einfach durch andere ersetzt werden können. In diesen Fällen ist in der Gesprächsführung ein schwieriger Balanceakt notwendig. Einerseits ist zwar zu klären, ob das Konstrukt tatsächlich auf bestimmte Elemente nicht anwendbar ist. Auf der anderen Seite ist aber auch zu vermeiden, daß diese Klärungsbemühungen einen zu starken Druck ausüben, das Konstrukt unter der Hand umzudeuten und 'passend zu machen', nur um alle Elementkarten unterzubringen, dem Interviewer einen Gefallen zu tun o.ä.

Heterogene Elemente: Erweisen sich immer wieder neu Konstrukte bei der Skalierung als nur begrenzt anwendbar, und lassen sich dabei Gruppen von Elementen identifizieren, auf die Konstrukte gemeinsam anwendbar oder nicht anwendbar sind, deutet dies eher darauf hin, daß die Elementauswahl zu heterogen ist. In diesem Fall ist eine Fortsetzung des Gesprächs wenig sinnvoll.

'Mehrzweckformulierungen': Weniger offensichtlich sind Anwendungsschwierigkeiten, die darauf zurückzuführen sind, daß ein Konstrukt in verschiedenen Bedeutungsvarianten benutzt wird. So mag z.B. die Unterscheidung "fair-unfair" zwar auf Freunde und Kollegen anwendbar sein, aber nur mit unterschiedlicher Bedeutung. Solche Verschiebungen können am besten kontrolliert werden, wenn während der Zuordnung immer wieder über die Bedeutung der Zuordnungen gesprochen wird.

Ängste: Dieser Begriff ist eine lose Klammer für Befürchtungen, die Befragung könne Konstrukte (zu) deutlich machen, die subjektiv bedrohlich sind. Diese Befürchtungen können sich auch relativ losgelöst vom jeweiligen Gesprächsgegenstand auf die Bewältigung des Interviews beziehen. So ist es z.B. für viele Befragte erst überraschend und dann schwer zu akzeptieren, wenn sie feststellen, daß sie eine 5-stufige Ratingskala 'nur' dichotomisierend gebraucht haben. Das gilt ähnlich für andere (subjektive) Einsichten, die Befragte während der Erhebung in ihre Art des Konstruierens gewinnen. Sie stellen z.B. fest, daß sie Extremratings vermeiden oder zu unausgewogen zuordnen, zu bestimmten wichtigen Mitmenschen keine rechte Meinung haben usw. Die Skalierung drückt dies für die Befragten oft klarer aus als sie es zulassen können. Das kann dann zu Problemen bei der Zuordnung von Elementen führen und zu Versuchen, eine Zuordnung zu finden, die subjektiv weniger bedrohlich ist. Und mitunter münden diese Versuche auch in eine Methodenkritik, in der dann z.b. die Skalierung für eine Verfremdung des Gemeinten verantwortlich gemacht wird. Dieser erwartbaren subjektiven Belastung der Befragten kann durch eine akzeptierende Gesprächsführung im Sinne der klient-zentrierten Beratung Rechnung getragen werden, die im Bedarfsfall auch explizit deutlich macht, daß es nicht um 'gute' Konstrukte oder Zuordnungen geht, sondern um die, die für den Befragten eben relevant sind.

3.2.11. Beendigung der Erhebung

Wie flexibel die Beendigung der Erhebung gehandhabt werden kann, hängt davon ab, ob für den Untersuchungszweck eine bestimmte Anzahl von Konstrukten erhoben werden muß. Das wird i.d.R. bei allen Erhebungen der Fall sein, bei denen die Vergleichbarkeit von Einzelerhebungen wichtig ist. Um sicher zu gehen, daß die Befragten nicht überfordert werden oder letztlich nur noch 'Gefälligkeitskonstrukte' formulieren, ist es dabei wichtig, unter den von Kelly ursprünglich einmal vorgeschlagenen ca. 25 Wahlen zu bleiben. Auf der anderen Seite besteht das Risiko einer zu geringen Anzahl von Wahlen darin, daß evtl. relevante Konstrukte nicht erfaßt werden. Ein Höchstwert von 10 bis 15 Wahlen kann heute wohl als üblich gelten, um beiden Risiken befriedigend Rechnung zu tragen. Um genauer einzuschätzen, welches Risiko man bei welcher Themenstellung und einer bestimmten Gruppe von Befragten eingeht, sind in jedem Fall Vorerhebungen ratsam - und zwar mit mehreren Versuchspersonen, weil die Variationsbreite bei der Anzahl der formulierten Konstrukte ganz erheblich sein kann.

Wenn die Beendigung flexibel gehandhabt werden kann, sind zunehmende Wiederholungen von Konstrukten mögliche Anhaltspunkte dafür, daß der Befragte seine relevanten Konstrukte genannt hat. Um das noch etwas genauer zu überprüfen, kann, wie im Schaubild von Pope und Keen

(1981, S. 48) (s. Abb. 9) vorgesehen, ein Wechsel der Erhebungsform stattfinden - dort zur Full Context Form.

3.2.12. Nachbesprechung

An die Erhebung der Konstrukte schließt sich die Auswertung und Interpretation der Grid-Daten an. Die Analyse ordnet und klärt aber nicht nur, sondern arbeitet auch Lücken heraus, die in der Erhebung nicht beachtet wurden, bietet neue Gesichtspunkte und Anschlußfragen. Danach kann es dann sinnvoll oder sogar notwendig sein, in einer Nachbesprechung die Erhebung zu korrigieren und zu ergänzen - so z.B. in der Beratung, dem ursprünglichen Anwendungsgebiet der Grid-Methodik.

Vor ein paar Jahren sind in der Diskussion Qualitativer Verfahren solche Nachbesprechungen gern und häufig unter der Überschrift "kommunikative Validierung" diskutiert und gefordert worden - bisweilen allerdings mit etwas wolkigen Vorstellungen von möglichem Ertrag und geeignetem methodischen Vorgehen (vgl. dazu Fromm 1987a, S. 297ff; 1987b). Deshalb zur Klärung: Auf der Basis der Personal Construct Theory kann es bei einer solchen Nachbesprechung nicht sinnvoll darum gehen, die 'richtige' Lesart zu finden, die beschreibt, wie der Befragte seine Erfahrungen wirklich konstruiert. Aus konstruktivistischer Sicht geht es vielmehr um eine Verständigung darüber, was man für eine brauchbare Darstellung dieser Konstrukte hält.

Neben dem Zweck, das bis dahin erreichte Verständnis der Konstrukte des Befragten zu überprüfen und zu vertiefen (vgl. Fromm 1987a, S. 297ff), kann eine Nachbesprechung zusätzlich oder sogar vor allem den Zweck haben, mit dem Klienten Möglichkeiten der persönlichen Entwicklung herauszuarbeiten. Thomas und Harri-Augstein (1985, S. 77ff) diskutieren solche Nachbesprechungen - sie sprechen von "talkback" - ausführlich.

Ergänzend zu den allgemeinen Anforderungen an die Gesprächsführung scheinen mir für die Durchführung einer Nachbesprechung die folgenden Punkte wichtig:

1. Anspruch und Zielsetzung des Gesprächs sollten explizit geklärt werden: Auch wenn dies für die ursprüngliche Erhebung bereits geschehen ist, besteht nach der Auswertung die Gefahr, daß jetzt der For-

scher/Berater als der eigentliche Experte für die persönlichen Konstrukte des Befragten erscheint.
2. Damit der Befragte in dieser Nachbesprechung tatsächlich eine Möglichkeit hat, die Auswertung zu prüfen und zu korrigieren oder auf ihrer Basis über Entwicklungsmöglichkeiten nachzudenken, ist es notwendig, die Ergebnisse (u.a. sprachlich) so darzustellen, daß sie für den Befragten auch ohne ausgedehnte Schulung verständlich sind. Das bedeutet einmal, auf viele Details, Spezialauswertungen, Computerausdrucke usw. zu verzichten, die in dieser Situation keine andere Funktion haben können als den Expertenstatus des Beraters zu unterstreichen, und zum anderen positiv, Beispiele und Übersetzungshilfen zu bieten, die es dem Klienten erleichtern, die Ergebnisse auf das Erhebungsgespräch zu beziehen und ihre Darstellung als subjektiv sinnvoll zu rekonstruieren.

Thomas und Harri-Augstein (1985, S. 81ff) schlagen ein Vorgehen vor, bei dem der Befragte eine fokussierte Darstellung der Gesprächsdaten erhält. Dabei werden Konstrukte, Elemente und Ratings so in ein Formblatt eingetragen, daß jeweils ähnlich konstruierte Elemente und Konstrukte, die in ähnlicher Weise auf Elemente angewandt werden, benachbart angeordnet sind (s. dazu Teil 4.2.2.). Mit Hilfe dieser Darstellung soll sich der Befragte dann zunächst den Ablauf des Gesprächs in Erinnerung rufen. Im Anschluß daran werden dann die einzelnen Konstrukte und dann die Beziehungen zwischen Konstrukten und Elementen durchgesprochen.

Grundlage für eine Nachbesprechung kann auch ein Feed-Back-Papier sein (vgl. Fromm 1987a, S. 297ff), das die Ergebnisse des Gesprächs in den wesentlichen Zügen darstellt und mit Beispielen aus dem Gespräch illustriert. Im Gespräch über die einzelnen Teile des Papiers werden dann ebenfalls Abläufe der Erhebung in Erinnerung gerufen, Konstrukte durchgesprochen und erläutert, Bezüge geprüft und korrigiert.

Ein wesentlicher Unterschied zum Vorschlag von Thomas und Harri-Augstein besteht darin, daß dies Papier den Befragten schon einige Zeit vorab zum Selbststudium gegeben werden kann, so daß sie die Möglichkeit haben, es in Ruhe zu prüfen. Die Gefahr des Vorgehens von Thomas, daß die Befragten das Gespräch deshalb nicht recht nutzen können, weil sie von der Komplexität der Daten überfordert sind, wird damit reduziert.

Auf der anderen Seite basiert das Feed-Back-Papier auf einer weitergehenden Bearbeitung - und Interpretation - der Daten. Die Vorgabe der fokussierten Auswertung vermeidet diese mögliche Verzerrung.

3.3. Spezielle Verfahren

Die Darstellung des letzten Kapitels war darauf ausgerichtet, die Grundschritte der Erhebung persönlicher Konstrukte einzeln darzustellen und auf Probleme und sinnvolle Variationen dieses Grundaufbaus aufmerksam zu machen. Ergänzungen und freiere Variationen blieben dabei weitgehend ausgespart.

Die Literatur bietet solche Alternativen in Fülle. Manche sind dann allerdings vor allem kreativ und interessant und lassen sich nur mit einiger Phantasie wenigstens in eine lose Beziehung zur Personal Construct Psychology oder der Grid-Methodik bringen. Ein Beispiel soll das illustrieren: In ihrem Buch "Der Mensch als Forscher" stellen Bannister und Fransella (1981) unter der Bezeichnung "McFalls mystisches Tonband" folgendes vor:

> "Man nehme eine Person (er oder sie ist jedoch keine 'Versuchsperson', sondern auch 'Experimentator', also 'Versuchsleiter') und lasse ihn oder sie mit einem Tonbandgerät und einer Reihe von Vorschlägen allein. Die Vorschläge sind, daß sie das Gerät in Gang setzt und anfängt, aufs Band zu sprechen - einfach alles sagt, was ihr in den Kopf kommt. Nach etwa zwanzig Minuten soll sie das Band zurückspulen und sich anhören, was sie gesagt hat. Dann soll sie von vorn beginnen und eine Stunde lang oder so lange, wie sie will, aufs Band sprechen. Dann soll sie das Band wieder zurückspulen und abspielen, was sie diesmal gesagt hat. Wenn sie will, kann sie es auch zwei- oder dreimal abhören; der springende Punkt an der ganzen Sache ist jedoch, daß sie, wenn sie damit fertig ist, das Band *vollständig* löschen muß, so daß keine Aufzeichnung übrigbleibt." (S. 181f)

Das ist nun sicher erfrischend im Vergleich mit vielen anderen psychologischen Versuchsanordnungen, wie Bannister und Fransella zu Recht feststellen. Es kann sicherlich mit etwas gutem Willen auch in Beziehung gebracht werden zu anderen 'Kommunikationssituationen', in denen das Gegenüber kein Mensch, sondern eine Maschine ist. Was dieser Versuch aber mit Personal Construct Psychology oder Grid-Methodik zu tun hat, ist nicht erkennbar (übrigens stellen auch Bannister und Fransella diese Beziehung nicht her). Und das gilt dann ebenso für andere methodische Vorschläge in der Literatur zur Personal Construct Psychology.

Die folgende Darstellung will nun weder derartige kreative Schübe im Umfeld der Personal Construct Psychology vollständig dokumentieren, noch die methodologisch am besten fundierten oder erfolgreichsten oder von direkten Kelly-Schülern erdachten Verfahren vorstellen.

Der gemeinsame Nenner der folgenden Varianten ist vielmehr, daß es **aus meiner Sicht** - und für die einzelnen Verfahren aus unterschiedlichen Gründen - lohnt, über diese Vorschläge genauer nachzudenken, sie auszuprobieren, drastisch abzuwandeln - jedenfalls etwas mit ihnen zu machen.

3.3.1. Beziehungen zwischen Konstrukten

Der gemeinsame Ausgangspunkt für die folgenden Verfahren - übrigens von direkten Kelly-Schülern entwickelt - ist das Organisations-Korollarium Kelly's, in dem er davon ausgeht, daß Konstrukte innerhalb eines Konstruktsystems in ordinalen Über- Unterordnungsverhältnissen organisiert sind (vgl. Kelly 1955/91a, S. 56ff/39ff).

Über- und untergeordnete Konstrukte sind nun aber oberflächlich betrachtet nicht zu unterscheiden. Ebenso sind ja auch Konstrukte und Elemente - wie Bonarius u.a. (1984, S. 120) richtig feststellen - nicht an der Form ihrer Darstellung zu unterscheiden. Ob irgendetwas Element oder Konstrukt ist, hat vielmehr nur etwas mit der jeweiligen Funktion zu tun: Das Objekt einer Unterscheidung ist für diesen Fall das Element, die Unterscheidung das Konstrukt - in einem anderen Zusammenhang kann das Verhältnis durchaus umgekehrt sein. Ebenso gibt es keine an ihrer Darstellungsweise erkennbaren über- oder untergeordneten Konstrukte. Je nach Kontext kann wiederum ein sonst übergeordnetes Konstrukt auch untergeordnet sein.

Das führt zu der Schwierigkeit, daß die Konstrukte, die in einer normalen Erhebung formuliert werden, zunächst einmal hierarchisch auf der gleichen Ebene angesiedelt werden müssen - weil sich eben an der sprachlichen Form nicht erkennen läßt, welches Konstrukt welchem über- oder untergeordnet ist.

Die folgenden Verfahren versuchen auf unterschiedliche Weise den Aufbau des Konstruktsystems und die Stellung bereits erhobener Konstrukte innerhalb dieses Systems genauer zu erkunden.

3.3.1.1. Leitern

Das mit Abstand bekannteste Verfahren stammt von Hinkle (1965). Er führt es ein als "hierarchische Methode zur Erhebung übergeordneter Konstrukte" (S. 3) - und als vorbereitenden Schritt für das unten noch dargestellte "implication grid". In der Literatur erscheint diese Methode üblicherweise als "laddering" (vgl. z.B. Fransella/Bannister 1977, S. 16f). Hinkle entwickelt diese Methode u.a., um die Annahme Kelly's überprüfen zu können, daß übergeordnete Konstrukte gegenüber Veränderungen resistenter sind als untergeordnete.

Das Vorgehen

1. Erheben untergeordneter Konstrukte
Diese Erhebung findet in üblicher Weise (z.B. durch Vorgabe von Triaden) statt. Untergeordnet sind diese Konstrukte insofern, als von ihnen ausgehend übergeordnete formuliert werden. Allerdings können auch die im ersten Schritt erhobenen Konstrukte schon untereinander in einem Über- Unterordnungsverhältnis stehen (s.o.).

2. Bezeichnen der bevorzugten Konstruktpole
Der Befragte wird dann aufgefordert anzugeben, welche Seite der Konstrukte er jeweils vorzieht, z.B., wie er lieber sein möchte. Ist das für einzelne Konstrukte nicht möglich, werden sie durch andere Konstrukte ersetzt.

3. Formulieren übergeordneter Konstrukte
Nach der Bezeichnung der bevorzugten Pole wird das erste der ursprünglichen Konstrukte mit der folgenden Instruktion vorgelegt:

> "Bei diesem Konstrukt habe Sie diese Seite der anderen vorgezogen. Was ich jetzt verstehen möchte, ist, warum Sie lieber hier wären als (hinzeigend) dort. Was sind aus Ihrer Sicht die Vorteile dieser Seite im Gegensatz zu den Nachteilen der anderen Seite?" (S. 32f)

Diese Instruktion soll das erste übergeordnete Konstrukt hervorbringen, der Befragte soll also erst den einen Pol des übergeordneten Konstrukts und dann den anderen Pol dieses Konstrukts nennen. Als Beispiel nennt Hinkle das Ausgangskonstrukt "reserviert-emotional", bei dem die Versuchsperson "reserviert" vorzieht.

Beziehungen zwischen Konstrukten: Leitern

Leiterbildung im Anschluß an Hinkle (1965)

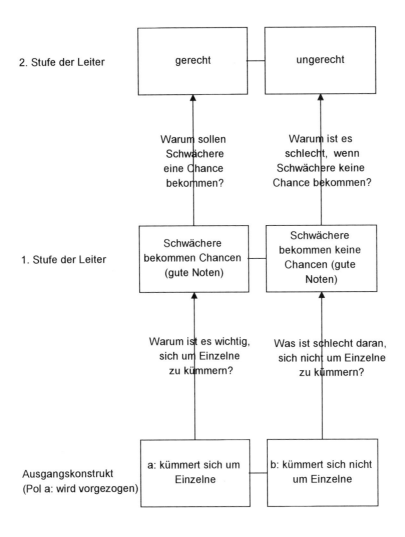

Abb. 15: Leiterbildung: Erhebung (Fromm 1987a, S. 295)

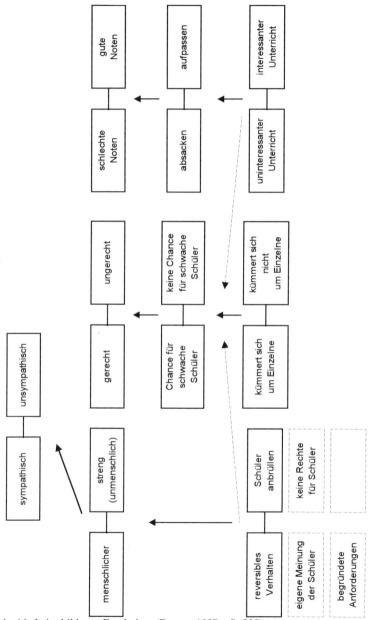

Abb. 16: Leiterbildung: Ergebnisse (Fromm 1987a, S. 295)

Sie möchte lieber "reserviert" sein, weil das für sie impliziert, "entspannt" zu sein, während "emotional" zu sein "Nervosität" impliziert. So ergibt sich als übergeordnetes Konstrukt "entspannt-nervös".
Diese Erhebung wird vom ersten übergeordneten Konstrukt aus auf die gleiche Weise fortgeführt. Im diesem Fall wäre jetzt also die Frage, warum diese Person lieber "entspannt" sein möchte usw. (s. a. Abb. 15).
Hinkle beendet die Erhebung, wenn die Person kein neues Konstrukt mehr formulieren kann, ansonsten nach zehn erhobenen Konstrukten.
Die Erhebung wird danach mit den anderen ursprünglichen, untergeordneten Konstrukten in gleicher Weise fortgesetzt.
Da sich im Verlauf einer solchen Erhebung Konstrukte wiederholen, also von verschiedenen untergeordneten Konstrukten ausgehend dasselbe übergeordnete Konstrukt genannt wird, entstehen Verknüpfungen, die sich schließlich in einem Schaubild darstellen lassen, das die erhobenen und darüber hinaus hypothetische andere Über- Unterordnungsverhältnisse darstellt (s. Abb. 16).

Leiterbildung abwärts?

In der Literatur wird überwiegend die Leiterbildung mit der Frage nach übergeordneten Konstrukten, der Hinkle nachgeht, identifiziert, während die Pyramidenbildung (s.u.) als das Verfahren gesehen wird, das in umgekehrter Richtung nach untergeordneten Konstrukten fragt. Fransella und Bannister (1977, S. 17) sprechen allerdings auch davon, die Leiter abwärts zu beschreiben und so untergeordnete Konstrukte zu erheben, indem man die Person z.B. fragt:

"Woran merken Sie, daß eine Person x ist?"
oder:
"Was wäre ein Anzeichen dafür, daß eine Person x ist?"

Stewart und Stewart (1981, S. 22) unterscheiden ähnlich die "Warum-Frage" zur Ermittlung übergeordneter Konstrukte von der "Wie-Frage" zur Ermittlung untergeordneter Konstrukte, also z.B.: "Können Sie mir mehr dazu sagen, wie x und y sich unterscheiden?" oder "Können Sie mir ein paar Beispiele mehr dafür nennen, wie x nicht dasselbe wie y ist?"

Beide Fragestrategien - nach übergeordneten **und** untergeordneten Konstrukten - sind nützlich, um einen Eindruck von der relativen Wichtigkeit der einzelnen Konstrukte für die befragte Person zu erhalten. Insbesondere in der Beratung ist die Unterscheidung übergeordneter von untergeordneten Konstrukten deshalb wichtig, weil diese Unterscheidung hilft, mögliche Veränderungsrichtungen für den Klienten zu identifizieren. Die Frage nach untergeordneten Konstrukten hat zudem innerhalb des Erhebungsgesprächs eine ganz wichtige Funktion bei Verbalisierungsschwierigkeiten, speziell auch zu Beginn der Interviews. Beispiele und konkrete Anhaltspunkte zu nennen, fällt den Befragten leicht; Beispiele geben dem Interviewer Verständnishilfen, bieten Ansatzpunkte für Nachfragen und tragen zur Auflockerung der Situation bei.

Drei Probleme der Leiterbildung sollten allerdings nicht unterschätzt werden:

1. Die Fragestrategie ist theoretisch nicht schlüssig
Die oben wiedergegebene Instruktion Hinkle's geht davon aus, daß den (gegensätzlichen) Polen eines Ausgangskonstrukts die (wiederum gegensätzlichen) Pole eines übergeordneten Konstrukts zugeordnet werden. Hinkle geht also von Beziehungen aus, wie sie in Abbildung 17 oben dargestellt sind. Vor dem theoretischen Hintergrund der Personal Construct Psychology ist das aber nur eine Möglichkeit, ebenso denkbar (und wahrscheinlicher) sind Beziehungen, wie in Abbildung 17 unten dargestellt: Die Warum-Frage zu den entgegengesetzten Polen eines Konstrukts führt möglicherweise zu Polen zweier verschiedener übergeordneter Konstrukte. Die von Hinkle unterstellten Beziehungen (s. oberste Darstellung) setzen für die Formulierung des Gegenpols zwei Prüfungen voraus (und nicht nur eine), und dabei müssen die Warum-Frage **und** die Frage nach dem Gegensatz von "entspannt" beide zum Gegenpol "nervös" führen. Erfolgt dagegen nur eine Prüfung, läßt sich nicht ausschließen, daß die Beziehungen so aussehen, wie unter Alternative 1 und 2 skizziert.

Aus diesem Grund ist die Pyramidenstrategie auch nicht einfach die Umkehrung der Leiterbildung: Bei der Pyramidenstrategie wird nämlich dieses Problem beachtet (s.u.). Ein schlüssigeres Vorgehen würde also entweder darin bestehen, beide Prüfungen vorzunehmen oder aber die Leiterbildung im Ablauf der Pyramidentechnik anzupassen.

Beziehungen zwischen über- und untergeordneten Konstrukten

A. Bei der Leiterbildung unterstellte Beziehungen

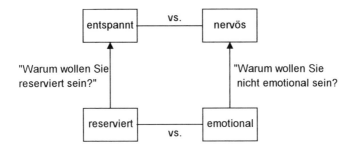

B. Alternative 1

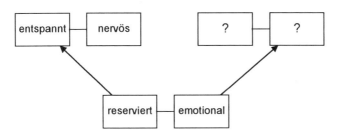

C. Alternative 2

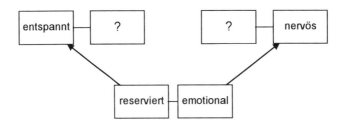

Abb. 17: Beziehungen zwischen Konstruktpolen über- und untergeordneter Konstrukte

2. Das Verfahren ist anstrengend und psychisch belastend

Nach Hinkle's Angaben können die Befragten üblicherweise zwischen 8 und 12 übergeordnete Konstrukte formulieren, bevor sie die Spitze der Hierarchie erreichen (vgl. 1965, S. 33).

Erstens hängt das sehr von den untersuchten Personen, dem Gesprächsthema und vor allem davon ab, auf welcher Stufe der Hierarchie das Ausgangskonstrukt angesiedelt ist - es ist ja durchaus möglich, daß eins der ursprünglich erhobenen Konstrukte bereits einen übergeordneten Status hat.

Zweitens muß betont werden, daß man so etwas mit Versuchspersonen machen kann, wie Hinkle sie benutzte: Psychologiestudenten, die ihre Pflichtstunden als Versuchspersonen auf diese Art ableisteten. Etwas weniger willigen Befragten ist dieses Vorgehen so aber nicht zuzumuten - das gilt ähnlich für Hinkle's Implikationsnetze (s. u.).

Das Vorgehen ist für die Befragten anstrengend und stellt einige Anforderungen an ihre verbalen Ausdrucksmöglichkeiten. Es gibt gerade bei der Leiterbildung zahlreiche Stockungen und Unterbrechungen und nicht zuletzt Verständigungsschwierigkeiten und Mißverständnisse zwischen Befragten und Berater/Forscher (vgl. a. Fransella/Bannister 1977, S. 17) und damit auch eine erhöhte Gefahr, die Äußerungen des Befragten inhaltlich zu steuern.

Davon vermittelt der folgende Interviewausschnitt, mit dem Stewart und Stewart (1981, S. 23) illustrieren wollen, wie eine Leiterbildung abläuft, keinen zutreffenden Eindruck:

> Interviewer: John und Joe und Jill - können Sie mir sagen, was zwei von denen gemeinsam haben, das sie von der dritten Person unterscheidet, hinsichtlich der Art, wie sie arbeiten?
> Jill: Joe und ich sind ziemlich gründlich, aber John tendiert etwas dazu, sprunghaft zu sein.
> Interviewer: Wenn wir diese drei für den Moment vergessen, können Sie mir sagen, ob Sie es im Allgemeinen vorziehen mit Leuten zu arbeiten, die gründlich sind oder mit welchen, die sprunghaft sind?
> Jill: Ich müßte sagen: Mit den Sprunghaften.
> Interviewer: Warum ist das so, können Sie mir das sagen?
> Jill: Ich denke, daß sie eher Inspirationen haben.
> Interviewer: Und Sie ziehen es vor, mit Leuten zu arbeiten, die Inspirationen haben?
> Jill: Ja.
> Interviewer: Warum?
> Jill: Es ist aufregender, mit ihnen zusammen zu sein.
> Interviewer: Warum ist das wichtig für Sie?
> Jill: Na ja, aufregende Leute sind - na ja, eben aufregend.

Interviewer: Warum ist Aufregung wichtig für Sie?
Jill: Sie ist der Gegensatz von Routine, und Routine ist fürchterlich.
Interviewer: Warum mögen Sie Routine nicht?
Jill: Ich ziehe Veränderung und Aufregung vor, das ist alles. So bin ich eben, denke ich 'mal.

So stellt man sich vielleicht nach Lektüre der einschlägigen Literatur eine Leiterbildung vor, und so kann sie mit willigen und sprachgewandten Klienten manchmal und für kurze Zeit auch tatsächlich ablaufen. Dazu gehören dann aber mindestens auch lange Pausen und Sprachlosigkeit, extrem plakative/konventionelle und auf der anderen Seite kaum verständliche individualisierte Äußerungen. Solche Abläufe wären allerdings wegen ihrer nonverbalen und paralinguistischen Anteile kaum angemessen zu transkribieren und in ihrer transkribierter Form dann auch praktisch unverständlich.

Um zu erfahren, wie weit der oben dokumentierte Ablauf von dem normal zu erwartenden abweicht, kann auch hier wieder nur dringend dazu geraten werden, zunächst im Selbstversuch und dann in kleineren Übungen mit belastbaren und aufrichtig-kritischen Versuchspersonen das Vorgehen auszuprobieren.

Insbesondere die durch diesen Interviewausschnitt geförderte Vorstellung, man könne einfach eine Warum-Frage an die andere hängen und bekomme dann kurze Antworten des Befragten, ist abwegig. Es kommt z.B. immer wieder vor, daß insbesondere Erwachsene derartige Warum-Fragen als Aufforderung verstehen, ihre Aussagen zu rechtfertigen; in der Tat gibt es ja bei der Erhebung moralischer Urteile ähnliche Verfahrensweisen - und ähnliche Probleme (vgl. Garz 1983, S. 184). Das Gespräch kann auch deshalb sehr leicht für die Befragten belastend werden, weil es zunehmend für sie um sehr wichtige Unterscheidungen geht. Es ist daher gerade bei der Leiterbildung wichtig, die oben formulierten Regeln für die Gesprächsführung zu beachten und ganz besonderen Wert auf die Gewährleistung einer entspannten und akzeptierenden Atmosphäre zu legen (vgl. a. Fransella/Bannister 1977, S. 107f).

3. Die Einordnung der erhobenen Konstrukte ist unsicher
Das wichtigste Problem schließlich besteht darin, daß die oben angegebenen Fragen keineswegs einfach übergeordnete Konstrukte hervorbringen. In welchem (hierarchischen) Verhältnis das neue Konstrukt zum alten steht, ist vielmehr in vielen Fällen unklar (vgl. Bonarius u.a. 1984, S. 122)

Die Frage "Warum ist es wichtig, "x" zu sein?" führt also nicht zuverlässig zu einem übergeordneten Konstrukt, sondern z.T. umgekehrt zu untergeordneten, z.T. ist auch eher ein Nebenordnungsverhältnis zum Ausgangskonstrukt plausibel.

Fransella und Bannister (1977, S. 17) schlagen für diese (erwartbaren) Verständnisprobleme während der Leiterbildung drei Strategien vor:

1. Unterscheidung noch einmal formulieren lassen
2. Übergeordnetes Konstrukt über seinen Gegenpol präzisieren
3. Übergeordnetes Konstrukt durch Gegenbeispiel präzisieren

Vorschlag 2 und 3 arbeiten also damit, die Bedeutung des Gemeinten durch verschiedene Konstrastbildungen zu präzisieren, während 1 schlicht auf eine verständlichere Darstellung in der Wiederholung hofft.

Mir scheint es effektiver, zumindest ergänzend sinnvoll, gezielt zu prüfen, ob man denn mit seiner Frage zu einem übergeordneten Konstrukt vorgedrungen ist. Konkret: Wenn vom neu erhobenen Konstrukt die Leiter abwärts beschritten und nach Fällen und Beispielen - und damit untergeordneten Konstrukten - von x gefragt wird, müßte man eigentlich wieder zum Ausgangskonstrukt zurückgelangen. Am Beispiel Hinkle's: Wenn "entspannt-nervös" tatsächlich ein übergeordnetes Konstrukt ist, müßte auf die Frage, wie man denn merken kann, daß jemand entspannt ist, u.a. die Antwort möglich sein: "Daran, daß jemand sich reserviert verhält."

Eine Erklärung für diese merkwürdigen Schwierigkeiten bei der Leiterbildung kann möglicherweise bei der Aufgabenstellung durch Hinkle ansetzen. Seine Aufforderung lautet ja:

> "Was ich jetzt verstehen möchte, ist, warum Sie lieber hier wären als (hinzeigend) dort."
> "Was sind aus Ihrer Sicht die Vorteile dieser Seite im Gegensatz zu den Nachteilen der anderen Seite?"

Möglicherweise sind dies für die Befragten ganz unterschiedliche Fragen und nicht zwei Formulierungen derselben Frage. Die erste Frage wird vermutlich als Frage nach Motiven, zugrundeliegenden Einstellungen o.ä. verstanden, die quasi hinter der Wahl stehen und sie legitimieren. Die zweite kann dagegen verstanden werden als Frage nach konkreten Vorteilen, die es mit sich bringt, wenn man x tut, ist usw.. Es geht dann also um die beispielhafte Verdeutlichung des Ertrags, den man sich für die Zukunft erhofft, wenn man x ist oder tut. In den Begriffen, die Schütz (1974) benutzt, ginge es damit möglicherweise um den Unterschied zwischen "Weil-Motiven" und "Um zu-Motiven" (S. 115ff).

Das Problem wird allerdings nicht dadurch behoben, daß man die Frageformulierung ändert. Auch dann, wenn nicht die eventuell mißverständliche Instruktion Hinkle's benutzt, sondern einfach danach gefragt wird, warum die Person eine Seite des Ausgangskonstrukts vorzieht, verstehen die Befragten diese Frage unterschiedlich. Die Notwendigkeit zur Kontrolle (s.o.) bleibt demnach weiter bestehen.

3.3.1.2. Pyramiden

Die Pyramidenprozedur (zunächst "Triangle Test" genannt) entwickelte Landfield (1971, S. 135) primär zur Erhebung von Konstrukten, nicht so sehr, um den Aufbau des Konstruktsystems genauer zu untersuchen. Ihm ging es darum, ein weniger streng formalisiertes Verfahren als die ursprüngliche Grid-Erhebung zu finden, das insbesondere in Beratung und Therapie den Ausdruck emotionaler Konstrukte fördert. Landfield grenzt sich dabei gegen eine Form der Grid-Erhebung ab, die hier auch schon mehrfach diskutiert und kritisiert worden ist, eine Erhebung, bei der die Befragten auf einem Formblatt eine Triade nach der anderen abarbeiten. Diese starre Form will Landfield vermeiden und betont demgegenüber ein flexibles Vorgehen, das den Klienten ermutigt, alles zu sagen, was ihm in den Sinn kommt - auch wenn es umständlich ist, schon einmal gesagt wurde usw. (ebd. S. 135).

Das Vorgehen

Landfield bittet den Klienten zunächst, eine bekannte Person auszuwählen. Normalerweise wird nach dem Bekannten gefragt, mit dem der Klient am liebsten zusammen ist. Abweichend davon kann aber auch nach Bekannten mit ganz bestimmten Merkmalen gefragt werden (z.B. ähnlich den Rollenbeschreibungen Kelly's), etwa nach einer Person, die man bewundert.

1. Erheben des Ausgangskonstrukts

a) Erster Pol

Der Klient wird dann gebeten, das wichtigste Merkmal dieses Bekannten zu bezeichnen. Der Klient antwortet z.B.: "Er ist offen."

b) Zweiter Pol

Der Klient wird dann gefragt: "Was für eine Art von Person ist nicht offen?" Er antwortet z.B.: "Eine verschlossene."

2. Erheben des ersten untergeordneten Konstrukts

a) Erster Pol

Die Erhebung des ersten untergeordneten Konstrukts geht aus vom ersten Pol des Ausgangskonstrukts (s. Abb. 18) und wird eingeleitet mit der Frage: "Was für eine Art von Person ist eine 'offene' Person?"
Sollte der Klient mit dieser Frage nichts anzufangen wissen, schlägt Landfield folgende Nachfragen vor: "Was können Sie mir noch über eine 'offene' Person sagen?" oder: "Wie fühlt, denkt, handelt jemand, der 'offen' ist?" Der Klient sagt z.B., daß eine "offene" Person bereit ist zuzuhören.

b) Zweiter Pol

Die Frage nach dem anderen Pol lautet dann: "Welche Art von Leuten hört Ihnen nicht zu?"

3. Erheben des zweiten untergeordneten Konstrukts

a) erster Pol

Die Erhebung des zweiten untergeordneten Konstrukts geht aus vom zweiten Pol des Ausgangskonstrukts (s. Abb. 18) und wird in diesem Fall eingeleitet mit der Frage: "Was für eine Art von Person ist eine 'verschlossene' Person?"

Beziehungen zwischen Konstrukten: Pyramiden

Pyramidenbildung nach Landfield (1971)

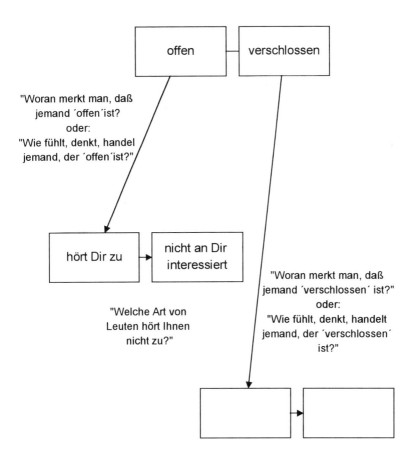

Abb. 18: Pyramidenbildung (nach Landfield 1971)

Aufbau einer Pyramidenerhebung im Überblick

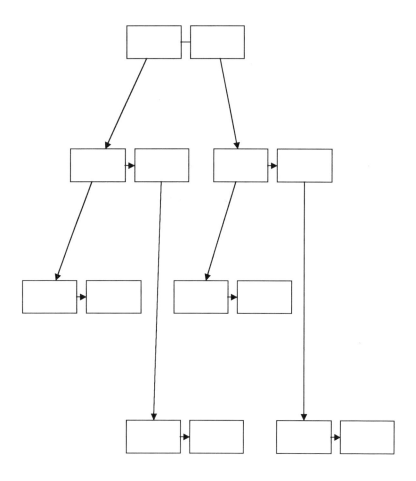

Abb. 19: Aufbau einer vollständigen Pyramide

Dieser Erhebung folgt dann die des zweiten Pols usw. wie oben bereits für das erste untergeordnete Konstrukt beschrieben.

Eine vollständige Pyramide, für die nach Landfield's Angabe ca. 30 Minuten benötigt werden, sieht dann im Überblick so aus, wie in Abbildung 19 dargestellt.

Wenn die Pyramidenprozedur für den Zweck benutzt wird, den Landfield vor allem im Sinn hatte, die Erhebung von Konstrukten, sind die folgenden Besonderheiten des Verfahrens zu beachten:
- Das Verfahren ist tatsächlich gut geeignet, Konstrukte in einer relativ lockeren Atmosphäre zu erheben. Die Frage nach Konkretisierungen und Beispielen ist von den Befragten relativ leicht zu beantworten und fördert eine Erhebung in einem Gespräch, das dem Befragten Äußerungsfreiheit und dem Berater Verständnishilfen bieten kann. Voraussetzung ist hier natürlich - umgekehrt zur Leiterbildung -, daß das Ausgangskonstrukt nicht bereits auf einem sehr konkreten untergeordneten Niveau liegt.
- Ergebnis dieser Erhebung sind aber nicht, wie in einer normalen Grid-Erhebung, Konstrukte und die Anwendung dieser Konstrukte auf Elemente, sondern zunächst einmal nur Konstrukte. Der Klient wird sich zwar bei der Formulierung seiner Konstrukte auf Elemente beziehen, auf welche er sich aber bezieht, wird in der Erhebung nicht angesprochen. Entsprechend erfährt man durch diese Erhebung nichts darüber, auf welche Elemente die erhobenen Konstrukte anwendbar sind und wie der Klient mit diesen Konstrukten umgeht. Fransella und Bannister (1977, S. 18) weisen zwar beiläufig auf die Möglichkeit hin, die Ergebnisse einer derartigen Erhebung nachträglich in ein Grid-Format zu bringen. Dann ist allerdings mit den Problemen zu rechnen, die oben schon für die DYAD-Erhebung von Bell und Keen angesprochen wurden: Bei beiden Vorgehensweisen werden die Konstrukte erst einmal nur auf zwei Elemente (Dyade) bzw. ein Element (Pyramide) bezogen. Ob die Konstrukte dann auch auf die übrigen Elemente angewandt werden können, die der Befragte bei der Dyade nach und nach formuliert und bei der Pyramidenprozedur unausgesprochen als Bezugsgrößen verwendet, bleibt dabei dem Zufall überlassen.

Wenn die Pyramidenprozedur eingesetzt wird, um etwas über den Aufbau des Konstruktsystems und die hierarchische Stellung einzelner Konstrukte in Erfahrung zu bringen, ist zunächst im Vergleich mit der Leiterbildung positiv hervorzuheben, daß die Prozedur die Pole der Konstrukte jeweils einzeln berücksichtigt. Das Ergebnis ist eine theoretisch stimmigere, im Aufbau allerdings auch kompliziertere Erhebung, die spätestens dann, wenn allen Verzweigungen nachgegangen werden soll, für die Befragten auch zunehmend anstrengend und belastend wird. Landfield befürwortet eine flexible Handhabung der Pyramiden, die durchaus selektiv einzelnen Verzweigungen nachgeht und andere vernachlässigt, wenn dies in der konkreten Gesprächssituation zur Verständigung zwischen Klient und Berater sinnvoll erscheint. Solange die Pyramidenprozedur in dieser sensiblen Weise und mit bescheidenem Anspruch genutzt und nicht als Technik zur Vermessung von Konstruktsystemen mißverstanden und überbewertet wird - die perfekten Beispielpyramiden bei Landfield deuten diese Gefahr an -, ist die Strategie sicherlich sehr nützlich. Allerdings ist auch für diesen Zweck eine reflektiertere Formulierung der Instruktionen wünschenswert. Die Frage nach dem zweiten Pol - "Welche Art von Leuten hört Ihnen nicht zu?" - kann als Frage nach einem Unterschied oder auch nach einem Gegensatz verstanden werden. Das läßt sich klarer ausdrücken. Die Fragen, die zu den untergeordneten Konstrukten führen sollen, laden wegen ihrer deutlich unterschiedlichen Formulierung möglicherweise zur Formulierung unterschiedlicher Konstrukte ein:

"Was für eine Art von Person ist eine 'offene' Person?"
"Was können Sie mir noch über eine 'offene' Person sagen?"
"Wie fühlt, denkt, handelt jemand, der 'offen' ist?"

Die offenste Formulierung ist wohl die zweite, die erste legt tendenziell Aussagen über Eigenschaften/Charakterzüge nahe, die dritte solche über konkrete Lebensäußerungen der Personen. Um Verfälschungen durch den Interviewer zu vermeiden, wäre hier wohl eine Vereinheitlichung der Formulierung günstiger. In Abbildung 18 ist dafür die Formulierung "Woran merkt man/merken Sie, daß jemand x ist?" vorgeschlagen.

3.3.1.3. Implikationen

Hinkle geht es in seiner Dissertation - wie der Titel "The Change of Personal Constructs from the Viewpoint of a Theory of Construct Implications" (1965) schon erkennen läßt - vor allem um die Veränderung von persönlichen Konstrukten. Genauer darum zu untersuchen, wie die Resistenz gegenüber Veränderung mit der hierarchischen Stellung der Konstrukte im Rahmen des Konstruktsystems zusammenhängt.

Eine Methode, die er in dieser Arbeit zur Bestimmung der hierarchischen Stellung eines Konstrukts entwickelt, ist die von ihm "hierarchische Methode" genannte, die oben als Leiterbildung schon zur Sprache gekommen ist.

Eine weitere Methode stellt er als "implication grid" vor. "Implikation" wird dabei als gleichbedeutend mit Vorhersage, Antizipation und Erwartung (S. 2) verstanden. Wenn also die Rede davon ist, daß ein Konstrukt Implikationen für andere Konstrukte besitzt, ist damit bezogen auf die für Hinkle interessanten Veränderungen von Konstrukten gemeint, wie weit der Veränderung eines Konstrukts (erwartbare, antizipierbare) Veränderungen anderer Konstrukte folgen.

Im Implikations-Grid wird dann die Anzahl der Implikationen, die ein Konstrukt für andere (untergeordnete) Konstrukte besitzt, als ein Maß für das Niveau seiner Überordnung verstanden (Hinkle 1965, S. 17). Ein übergeordnetes Konstrukt zeichnet sich dann dadurch aus, daß seine Veränderung zahlreiche Veränderungen bei anderen Konstrukten nach sich zieht, während die Veränderung eines untergeordneten Konstrukts im Vergleich relativ folgenlos bleibt.

Im Implikations-Grid sind diese Veränderungen von Konstrukten auf den Wechsel zwischen Polen ("slot change") begrenzt. Untersucht wird also, zu wievielen Folge-Polwechseln bei anderen Konstrukten der Wechsel des Pols bei einem Konstrukt führt.

Das Vorgehen

Nachdem vorab bereits 20 Konstrukte erhoben worden sind - 10 durch Triaden und 10 durch Leiterbildung -, wird die Versuchsperson so instruiert:

"Beschäftigen Sie Sich einen Moment mit diesem Konstrukt (Konstrukt 1). Was wäre wenn Sie von einer Seite zur anderen und wieder zurück wechselten?

D.h.: Wenn Sie einen Morgen aufwachten und feststellten, daß Sie am besten durch eine Seite des Konstrukts charakterisiert wären, während Sie am Tag zuvor am besten durch die entgegengesetzte Seite charakterisiert waren? Wenn sie also feststellten, daß Sie in dieser *einen* Hinsicht verändert wären, welche von den übrigen Konstrukten würden sich *wahrscheinlich* durch die Veränderung in diesem einen Konstrukt auch ändern? Wenn Sie sich nur bei diesem einen Konstrukt hin und her verändern, zu welchen Veränderungen in anderen Konstrukten wird Sie das wahrscheinlich veranlassen? Bedenken Sie: Die Veränderung in diesem einen Konstrukt ist die Ursache, während die Veränderungen bei den anderen Konstrukten die Effekte sind, die durch den Seitenwechsel bei diesem einen Konstrukt impliziert sind. Was ich herausfinden möchte ist: Bei welchen Konstrukten erwarten Sie eine wahrscheinliche Veränderung als Ergebnis Ihres Wissens, daß Sie sich bei diesem einen Konstrukt verändert haben. Ihr Wissen um Ihre Position bei einem Konstrukt könnte möglicherweise benutzt werden, um ihre Position bei welchen anderen von den übrigen Konstrukten zu bestimmen?" (Hinkle 1965, S. 37f)

Die Versuchsperson gibt dann für jedes der übrigen 19 Konstrukte an, ob aus der Veränderung in Konstrukt 1 ein entsprechender Wechsel des Pols folgt oder nicht.

Diese Erhebung wird fortgesetzt: Bei jedem der übrigen 19 Konstrukte wird ebenfalls hypothetisch der Pol gewechselt und jeweils nach den Konsequenzen für die übrigen Konstrukte gefragt.

Dabei kommt dann in der kompletten Erhebung jedes Konstrukt zweimal vor, einmal als das Konstrukt, das verändert wird, einmal als Konstrukt, auf das sich diese Veränderung auswirkt.

Das Gesamtergebnis läßt sich schließlich wie in Abbildung 20 zusammengefaßt darstellen - das Netz ist übrigens nicht, wie die Angabe bei Fransella und Bannister (1977, S. 44) annehmen läßt, von Hinkle (1965) übernommen, folgt aber seinen methodischen Vorgaben.

Zum Verständnis der Abbildung: Die Haken deuten Veränderungen an, die zusätzlich mit einem "R" gekennzeichneten Haken reziproke Veränderungen. Ein Wechsel des Pols im Konstrukt "Sympathetic-Hard" zieht also einen Wechsel im Konstrukt "Considerate of other's feelings-Inconsiderate" nach sich, und das gilt umgekehrt ebenfalls. Diese reziproken Implikationen kommen im Formblatt entsprechend zweimal vor, in diesem Fall als 1-2 und 2-1.

Nach dem Ende der Erhebung läßt sich dann, wie in der Abbildung geschehen, die Anzahl der Implikationen für jedes einzelne Konstrukt berechnen.

Beziehungen zwischen Konstrukten: Implikationen

Constructs
1 Sympathetic – Hard
2 Considerate of others' feelings – Inconsiderate
3 Sincere – Insincere
4 Clear-thinker – Muddled
5 Forthright – Reticent
6 Prejudiced – Tolerant
7 Neurotic – Balanced
8 Reliable – Unreliable
9 Intelligent – A fool
10 Sure of themselves – Insecure
11 Understanding – Self-centred
12 Kind – Unkind
13 Learn more about people – Every man is an island
14 Understand things intellectually – Do not understand intellectually
15 Human society develops – Society stagnates or is in conflict
16 Honest with oneself – Kid oneself
17 Thinking is easier – Thinking is difficult
18 Can communicate better – Communicate poorly
19 They understand what you are conveying – They think you are a fool
20 Assume the right to give an opinion regardless of the effect – Do not assume this (superior) right

Abb. 20: Implikations-Grid (nach Fransella/Bannister 1977, S. 44)

Reihenweise gelesen informiert das Ergebnis darüber, zu wievielen Veränderungen ein Konstrukt führt - hier hat Konstrukt 11 den deutlichsten Einfluß -, spaltenweise gelesen ergibt sich die Information, wie oft ein Konstrukt sich als Konsequenz einer Veränderung in einem anderen Konstrukt ändert - in diesem Fall ist Konstrukt 15 das am häufigsten von einer Veränderung beeinflußte.

Hinkle berichtet davon, daß seine Versuchspersonen (Anfangssemester im Fach Psychologie) erstaunlich gut mit der gestellten Aufgabe zurecht kamen und auch in nachträglichen Befragungen die Erhebung sehr positiv beurteilten - als zwar anstrengend, aber auch interessant und persönlich hilfreich.

Fransella (1972) berichtet dagegen von erheblichen Problemen bei der Durchführung dieses Verfahrens mit Stotterern (zudem noch aus verschiedenen Ländern). Nach ihren Erfahrungen war für ihre Versuchsgruppe die Aufgabenstellung zu komplex, so daß sie es für notwendig hielt, das Vorgehen entschieden abzuwandeln und zu vereinfachen (vgl. dazu auch Fransella/Bannister 1977, S. 49ff).

In der Literatur wird selten vom Einsatz des Implikations-Grids berichtet, so daß von daher keine rechte Basis zur Beurteilung dieser doch sehr divergenten Berichte vorhanden ist. Soviel aber ist erkennbar: Die von Hinkle durchgeführte Untersuchung ist nach den Erfahrungen, die man aus anderen Erhebungen und Zusatzerhebungen (z.B. mit Leiterbildungen) haben kann, eine Überforderung der Versuchspersonen. Nach seinen Zeitangaben wurden in knapp drei bis knapp fünf Stunden nicht nur Konstrukte erhoben, sondern auch noch Leitern gebildet, das Implikations-Grid durchgeführt und schließlich noch ein Resistance-to-Change-Grid (s.u.) erhoben. Das ist in dieser Zeit nur mit besonders willigen Versuchspersonen und auch dann nur als eilige Fließbandarbeit nahe der Erschöpfungsgrenze möglich. Um auch praktisch einen Eindruck davon zu gewinnen, wie komplex die Entscheidungen sind, die Hinkle seinen Versuchspersonen in Serie abverlangt, ist es hier wieder einmal sinnvoll, diese Entscheidungen selbst probeweise durchzuführen. Danach sind Probleme, wie sie Fransella wohl erfahren mußte, wesentlich wahrscheinlicher als der glatte Ablauf, von dem Hinkle berichtet.

Selbst wenn eine Durchführung in der von Hinkle beschriebenen Weise auch mit alltäglicheren Klienten möglich sein sollte, bleibt zu fragen, ob das, was möglich ist, auch Sinn ergibt. Das ist insofern nicht der Fall, als hier durchgängig Unverstandenes bzw. in seiner Bedeutung Ungeklärtes erfaßt wird - das aber methodisch differenziert und vollständig. Dafür, sich mit den Befragten darüber zu verständigen, was sie mit ihren Konstruktbezeichnungen ausdrücken wollen, zu prüfen, was bei der Leiterbildung passiert (s.o.), und sich schließlich über die angegebenen Implikationen zu unterhalten, bleibt schlicht keine Zeit.

Der problematische Durchführungsmodus, den Hinkle in seiner Dissertation vorstellt, schmälert allerdings nicht den Wert seiner methodischen Anregungen. Für die Diagnose der hierarchischen Stellung von Konstrukten, die z.B. für die Bestimmung möglicher Veränderungsrichtungen in der Beratungsarbeit ausgesprochen wichtig sein kann, bietet er nützliche Hilfestellungen.

Dafür sind allerdings Korrekturen an der Durchführung notwendig. Und die sollten gleich bei der Instruktion beginnen, die in der Hinkle'schen Fassung unnötig umständlich und unverständlich ist. Bei der Durchführung wäre stärker Sorge dafür zu tragen, daß die Bedeutung der getroffenen Unterscheidungen klar wird, und nicht allein, daß möglichst viele Unterscheidungen getroffen werden.

Wie die Entscheidungen für die Befragten weniger komplex gestaltet werden können, ist eine weitere wichtige Frage. Fransella (1972) entwikkelt für ihre Versuchspersonen das sogenannte "Bipolare Implikations-Grid" (vgl. a. Fransella/Bannister 1977, S. 49ff). Dabei werden die Pole der Konstrukte einzeln behandelt. Zur Erhebung der Implikationen wird dem Befragten jeweils eine Karte mit einem Pol vorgelegt, z.B. "gefühllos". Die Frage lautet dann, welche der Charakteristika, die auf den übrigen Karten (mit jeweils einem Konstruktpol) angegeben sind, er bei einer gefühllosen Person erwarten würde.

Da bei diesem Vorschlag allerdings gleich mehrere schwerwiegende Änderungen gegenüber dem Verfahren bei Hinkle vorgenommen werden, wäre noch zu diskutieren, ob hiermit noch dasselbe erhoben wird: Bei Hinkle werden die Konstrukte auf die eigene Person, nicht auf eine andere bezogen, bei Hinkle stehen immer alle Konstrukte zur Entscheidung an, bei Fransella werden jeweils nur ein paar ausgewählt, die relevant sind. Vor allem aber sind die Fragen unterschiedlich. Zur Gegenüberstellung umformuliert:

Bei Hinkle:

Wenn jemand plötzlich nicht mehr x, sondern y ist, worin verändert er sich dann wahrscheinlich auch noch?
oder:
Wenn jemand nicht mehr x ist, was kann er dann wahrscheinlich auch nicht mehr sein?

Bei Fransella:

Wenn jemand x ist, was ist er dann wahrscheinlich auch noch?

Der erste Punkt ist, ob es einen Unterschied macht, wenn Hinkle negativ und Fransella positiv fragt. Der zweite, was sich verändert, wenn Hinkle's Befragte sich Veränderungen vorstellen sollen, Fransella's Befragte Gegebenes. Drittens spricht bei genauerer Betrachtung einiges dafür, daß Hinkle zwei Fragen stellt, wo Fransella nur eine stellt: Hinkle fragt nicht nur (wie Fransella) danach, mit welcher Wahrscheinlichkeit Merkmale zusammen oder nicht zusammen auftreten, sondern gleichzeitig auch, als wie wahrscheinlich man die Änderung eines Merkmals einschätzt. Beides geht bei Hinkle untrennbar verbunden in die Entscheidung der Befragten ein: Der Befragte kann z.B. durchaus der Meinung sein, daß sich auch Konstrukt "k" ändern müßte, wenn sich Konstrukt "a" ändert, dennoch aber angeben, daß er eine Veränderung nicht erwartet, weil er dieses Konstrukt für relativ änderungsresistent hält.

Wieweit diese Unterschiede relevant sind oder vernachlässigt werden können, soll hier nicht weiter diskutiert werden. Ebenso nicht, wie die angesprochenen Verfahren weiterentwickelt und verbessert werden können. Das geschieht sinnvoller im Bezug auf konkrete Anwendungszwecke. Erkennbar dürfte immerhin sein, daß z.T. schon durch kleine Änderungen - andere Instruktionen, Nachfragen bei Zuordnungen usw. - Verbesserungen möglich sind.

Abschließend zu den hier angesprochenen Verfahren, die speziell die Beziehungen zwischen Konstrukten untersuchen: Schon bei der Erhebung von Konstrukten besteht immer wieder die Gefahr, Konstruktbezeichnungen mit Konstrukten zu verwechseln und aus der Verständigung über persönliche Konstrukte ein Abfragen von Begriffspaaren zu machen. Auch Hinkle (1965) weist darauf nicht ohne Grund wiederholt hin, denn beim Versuch, Beziehungen zwischen Konstrukten zu untersuchen, verstärkt sich diese Gefahr. Auf höherem Abstraktionsniveau - es geht jetzt um Konstrukte über Konstrukte - werden eventuell nur noch unverstandene Begriffe immer wieder neu und immer aufwendiger relationiert. Die schwer beantwortbare Frage dabei ist, wann genau der Punkt erreicht wird, an dem man ebensogut die sinnlosen Silben, mit denen Ebbinghaus seine Gedächtnisexperimente machte, relationieren und das Ergebnis ausdeuten könnte.

Befragte sind nur sehr begrenzt dazu in der Lage, außer ihren Konstrukten abstrahierend auch noch Konstrukte über ihre Konstrukte zu formulieren - es sei denn, man schult sie erst dafür (vgl. Lechler 1982). Entsprechend wichtig ist es, daß der Forscher, der diese Aufgabe übernimmt, vorab die Bedeutung der von den Befragten angewandten Konstrukte möglichst genau verstanden hat.

3.3.2. Veränderung von Konstruktsystemen

Da die Repertory Grid Technique als Hilfsmittel für den Einsatz in der Beratung entwickelt wurde, ist es nicht verwunderlich, daß von Beginn an die Veränderung von Konstrukten große Aufmerksamkeit gefunden hat, aber auch, wie Hindernisse einer Veränderung erkannt werden können. Zwei Strategien, die sich speziell damit befassen, werden im folgenden vorgestellt.

3.3.2.1. Widerstand gegenüber Veränderung: Resistance to Change Grid

Oben wurde ja bereits darauf hingewiesen, daß Hinkle sich in seiner Dissertation vor allem für die Veränderung von Konstrukten interessiert. Und für die Beurteilung der Veränderlichkeit von Konstrukten sind die Leiterbildung und das Implikations-Grid insofern Vorarbeiten, als sie helfen sollen, die hierarchische Stellung der Konstrukte und darüber dann die Veränderungswahrscheinlichkeit genauer zu bestimmen.

Die Strategie, mit der Hinkle (1965, S. 35) den "relativen Widerstand der erhobenen Konstrukte gegenüber einem Wechsel der Pole ("slot change")" untersuchen will - in der Literatur ist üblicherweise vom

"Resistance-to-Change-Grid" die Rede -, verfährt direkter und fragt einfach den Klienten, ob und wie er sich ändern will.

Das Vorgehen

Zunächst müssen Konstrukte erhoben werden, die der Befragte auf sich selbst anwenden kann, außerdem seine Präferenz für einen der Konstruktpole. Jedes Konstrukt wird auf eine Karte geschrieben, der bevorzugte Pol wird markiert. Hinkle erhebt 10 Konstrukte durch Triaden und 10 durch Leiterbildung.

Danach werden jeweils zwei Konstruktkarten mit der folgenden Instruktion vorgelegt:

"Betrachten Sie bitte diese zwei Konstrukte. Die Markierungen geben die Seiten an, von denen Sie gesagt haben, daß Sie sie vorziehen würden. Lassen Sie uns jetzt einmal annehmen, daß Sie von der bevorzugten Seite zur nicht bevorzugten Seite eines der beiden Konstrukte wechseln müßten, beim anderen Konstrukt aber die bevorzugte und nicht bevorzugte Seite so beibehalten könnten. Bei welchem der beiden Konstrukte würden Sie lieber die Seite beibehalten? Denken Sie bitte daran, daß Sie bei dem anderen die Seite wechseln müssen.

Was wir hier herauszufinden versuchen ist: wenn sie etwas ändern müßten, welche der beiden Veränderungen wäre weniger wünschenswert in ihrer Sicht? Es wäre mir lieb, wenn Sie eine Wahl treffen würden, wenn immer das möglich ist. In zwei Fällen wird es aber für Sie nicht möglich sein, diese Wahl zu treffen. Der erste Fall ist dann gegeben, wenn beide Veränderungen für Sie exakt in gleichem Maße unerwünscht wären. In den meisten Fällen wird es Ihnen allerdings möglich sein, irgendeinen Unterschied zwischen beiden Veränderungen zu entdecken, der ihnen eine Wahl ermöglicht. Der zweite Fall tritt dann ein, wenn es logisch nicht möglich ist, auf einem Konstrukt die Seiten zu wechseln und gleichzeitig beim anderen Konstrukt die Seiten beizubehalten. Wenn also der Wechsel auf einem Konstrukt den Wechsel auf einem anderen logisch mit einschließt. Sagen Sie mir bitte, wenn einer dieser Fälle vorliegt. Haben Sie jetzt noch Fragen?" (Hinkle 1965, S. 36)

Das geschieht mit immer neuen Paaren entsprechend der Matrix in Abbildung 21, bis jedes Konstrukt mit jedem anderen kombiniert worden ist. Allerdings abweichend vom Implikations-Grid nur jeweils einmal. Konstrukt 1 wird mit allen übrigen 19 kombiniert und dann entfernt, dann wird Konstrukt 2 mit allen restlichen 18 Konstrukten kombiniert und dann entfernt usw.

	Constructs																			
	1	2	3	4	5	6	7	8	9	10	11	12	13	14	15	16	17	18	19	20
1			x			x		x	x		x	x	x	x	x			x		x
2						e		e				I								–
3						x		x	x			x		x	x					x
4					x	x	x	x	x	x	x	x	x	x	x	x	x	x	x	x
5						x		x	x		x	x	x	x	x	x			x	x
6								x				x	I	I	I					x
7								x	x		x	x	x	x	x	x		x	x	x
8												x								x
9												x	x		x				I	x
10											x	x	x	x	x	x	x	x	x	x
11												x	x	x	x				x	x
12																				–
13														I	x					x
14																				x
15																				x
16																		x		x
17																		x	x	x
18																			x	x
19																				x
resistance-to-change scores	8	14	11	0	5	12	3	16	11	1	8	17	11	12	13	6	2	6	7	17
rank orders	11.5	4	9	20	16	6.5	17	3	9	19	11.5	1.5	9	6.5	5	14.5	18	14.5	13	1.5

Abb. 21: Resistance-to-Change Grid (nach Fransella/Bannister 1977, S. 46)

Notiert wird, welches Konstrukt unverändert bleiben sollte; Hinkle markiert "x", wenn das eine Konstrukt unverändert bleiben sollte, läßt eine Leerstelle, wenn das andere unverändert sein sollte, notiert "I", wenn eine logisch unabhängige Veränderung nicht möglich war, und "e", wenn beide Veränderungen gleich unbefriedigend waren.

Abschließend wird ausgezählt, wie häufig ein Konstrukt unverändert geblieben ist, und die Rohwerte werden in Rangdaten transformiert.

In der Beratung eingesetzt kann ein solches Grid bereits während der Erhebung zahlreiche Gesprächsanlässe zwischen Klient und Berater bieten, Ansatzpunkte für Nachfragen und erklärende Beispiele und Gegenbeispiele.

Die nachträgliche inhaltsanalytische Auswertung, wie sie Fransella und Bannister (1977, S. 47f) skizzieren, kann darüber hinaus Anhaltspunkte auf typische Hindernisse für eine Veränderung bieten. Allerdings gibt es dafür einstweilen keine klar explizierten Auswertungsregeln, sondern Fragen an die Daten und Suchstrategien, die zunächst einmal von dem ausgehen, was auf der Basis alltäglichen und professionellen Wissens erwartbar ist, und auf diese Weise Extreme und ungewöhnliche Kombinationen identifizieren, die dann zu gezielterer Inspektion der Daten führen. Auch für diese Methode gilt, daß sie auf vielfältige Weise weiterentwickelt werden kann - und sollte. Überlegungen zu einer strukturierteren inhaltsanalytischen Auswertung sind dafür nur ein Beispiel.

3.3.2.2. Vor- und Nachteile von Veränderung: ABC Methode

Tschudi's (1977) ABC Methode ist eine Strategie, die untersuchen soll, was einen Klienten davon abhält, sich zu verändern, warum Veränderungsprozesse nicht in Gang kommen oder schleppend verlaufen, oder die vorab klären soll, mit welchen Hindernissen Veränderungsversuche rechnen müssen.

Untersucht wird quasi die 'Kehrseite der Medaille', indem danach gefragt wird, welche positiven Aspekte ein Symptom für einen Klienten hat, bzw. welche unangenehmen Begleiterscheinungen eine ansonsten positiv bewertete Veränderung für ihn hat.

ABC Methode

Das Vorgehen

Zunächst werden in einer üblichen Erhebung (mit Triaden und Leitern) Konstrukte erhoben (Tschudi 1977, S. 323). Dabei ist der Klient selbst jeweils eins der Elemente. Die Pole der Konstrukte werden als wünschenswert/nicht wünschenswert charakterisiert.

Die eigentliche ABC-Methode setzt nun bei den Konstrukten an, wo sich der Klient dem nicht wünschenswerten Pol zugeordnet:

Ein Konstrukt, **Konstrukt A**, wird vorgelegt. Es beschreibt das Problem bzw. die Dimension, in der sich die Person bewegen will.

1. Schritt: Gefragt wird nach Vorzügen des positiv bewerteten Pols und Nachteilen des negativ bewerteten Pols (s. Abb. 22).

"Was sind die Vorzüge von a2?" oder "Warum ziehen Sie a2 vor?"
und:
"Was sind die Nachteile von a1?" oder "Warum wollen Sie a1 vermeiden?"

Die Antworten auf diese Fragen ergeben das **Konstrukt B**, das angibt, warum die Person sich verändern will.

2. Schritt: Gefragt wird nach Nachteilen des positiv bewerteten Pols und Vorteilen des negativ bewerteten Pols (Formulierungen s.o.). Die Antworten auf diese Fragen ergeben dann das **Konstrukt C**, das angibt, was die Person davon abhält, sich zu ändern.

ABC-Modell nach Tschudi (1977)

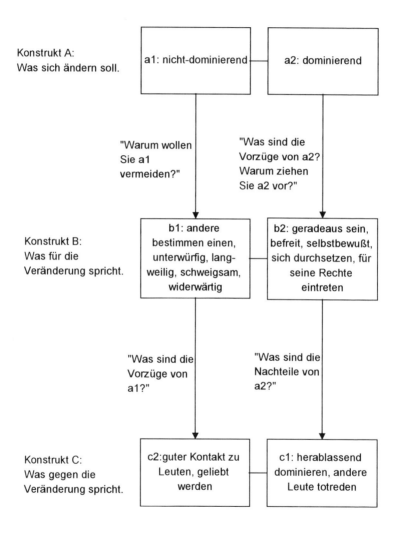

Abb. 22: ABC Methode (nach Tschudi 1977)

ABC Methode

Ein weiteres Beispiel (nach Tschudi 1977, S. 326f) soll das Vorgehen verdeutlichen:

a_1 nicht besonders ehrlich

b_1
1. Führt zu peinlicher Konfrontation und späterem Rückzug.
2. Die Arbeit kann nachlässig werden.
3. Man muß aufpassen, die eigenen Märchen zu erinnern.

c_2
1. Man kann Dinge attraktiver machen.
2. Erlaubt Ausdehnung und erschließt Chancen.
3. Macht anderen keine Schwierigkeiten.
4. Macht das Leben leicht.

a_2 ehrlich (wahrhaftig)

b_2
1. Verhindert peinliche Konfrontation und Demütigung.
2. Produziert bessere Arbeit.
3. Man muß nicht wachsam sein.

c_1
1. Keine Nuancen: Dinge erscheinen schwarz/weiß.
2. Verhindert Ausdehnung und das Ergreifen von Chancen.
3. Kann andere verletzen, wenn man das Ideal erwartet.
4. Macht das Leben beschwerlicher.

Zunächst als Methode für Beratung und Therapie entwickelt, hat sich dies Vorgehen inzwischen auch in der Sozialarbeit als nützlich erwiesen, um Veränderungsmöglichkeiten und -hindernisse transparenter zu machen und gezielter angehen zu können. So wird das Verfahren z.B. seit Jahren in der Resozialisierung jugendlicher Straftäter eingesetzt. Andere Einsatzmöglichkeiten und modifizierte Anwendungen, etwa in der Teamentwicklung oder allgemein in der Planungsarbeit zur Antizipierung externer Widerstände, sind gut vorstellbar.

Ein Vorzug der Methode besteht darin, daß sie mit der schwierigen Situation, in der der Befragte sich befindet - sein Scheitern/Versagen liefert ja den Anlaß für die Erhebung -, differenziert und behutsam umgeht. Sie arbeitet strukturiert die verschiedenen Facetten der persönlichen Entscheidungen des Klienten heraus, entlastet diese Problemklärung aber weitgehend von Rechtfertigungsdruck. Dazu trägt wesentlich bei, daß von vornherein als normal unterstellt wird, daß es natürlich auch Gründe gibt, sich nicht zu verändern. Und das Verfahren hilft dabei herauszufinden, welche anderen Möglichkeiten als a1 zu c2 führen oder welche Möglichkeiten es gibt, a2 und c2 zu verbinden.

Dennoch bleibt das Gespräch für den Befragten potentiell belastend und bedrohlich. Insofern ist es wichtig, daß Tschudi auf eine entspannte Gesprächsatmosphäre Wert legt, in der die einzelnen Konstruktionsmöglichkeiten durchaus humorvoll besprochen werden können. Zu dieser entspannten Atmosphäre gehört für Tschudi, daß auch der Berater Konstruktpole anbietet, die der Klient dann akzeptieren oder ablehnen kann (ebd. S. 324). Da aber eine relativ angstfreie Atmosphäre auch ohne diese inhaltliche Steuerung auskommt, sollte darauf besser verzichtet werden.

Ein weiteres Problem dieser Methode wurde in anderem Zusammenhang schon angesprochen: Wie bei der Leiterbildung wird hier unterstellt, daß man von den zwei Polen eines Konstrukts ausgehend wieder zu den zwei Polen eines anderen Konstrukts gelangt (s. Abb. 17). Diese Unterstellung erzwingt möglicherweise Konstrukte, die für die Befragten nur annähernd stimmig und anwendbar sind. Hier wäre es sinnvoll, nach methodischen Varianten zu suchen, die in dieser Hinsicht offener sind - wie dies z.B. die Pyramidenerhebung im Vergleich mit der Leiterbildung ist.

3.3.3. Besondere Konstrukte

Eine besondere Stärke der Grid-Methodik liegt in ihrer Flexibilität. Häufig wird diese Flexibilität nur in der Form genutzt, daß eben entsprechend der Fragestellung andere Elemente (z.B. nicht Personen, sondern Vasen) oder eine leicht veränderte Skalierung (etwa eine 7-stufige anstelle einer 5-stufigen Ratingskala) gewählt werden. Damit werden die Möglichkeiten einer maßgeschneiderten Anwendung der Grid-Methodik in den meisten Fällen nicht genutzt. Das andere Extrem stellen dann Anwendungen dar, die so freizügig variieren und experimentieren, daß Grundelemente der Grid-Methodik nur noch mit viel Phantasie und Mühe erkennbar sind.

Die im folgenden dargestellten Methoden sind 'Maßanfertigungen', sie entwickeln auf der Grundlage der Grid-Methodik Anwendungen, die Antworten auf ganz spezielle Fragen liefern sollen. Sie sind entsprechend nur für wenige Problemstellungen sinnvoll einsetzbar. Vorgestellt werden sie hier, um beispielhaft Anregungen für individuelle Variationen der Grid-Methodik zu geben.

3.3.3.1. Abhängigkeiten: Situational Resources Grid

Zunächst zur Vermeidung von Mißverständnissen: In der ursprünglichen Fassung Kelly's ist der "Situational Resources Repertory Test" (1955/91a, S. 312ff/233ff) kein Verfahren zur Erhebung oder Anwendung persönlicher Konstrukte. Es untersucht vielmehr die Abhängigkeiten, in denen sich eine Person befindet - deshalb wird das Verfahren in der Literatur auch vorzugsweise "Dependency Grid" genannt (vgl. z.B. Fransella/Bannister 1977, S. 52ff; Beail/Beail 1985; Davis 1985).

Kelly will mit diesem Verfahren erfassen, wovon oder von wem Personen abhängig sind bzw. genauer: wovon oder von wem sie sich abhängig machen. Es geht also, im Sinne der Personal Construct Theory, nicht um objektive Abhängigkeit oder Freiheit (vgl. Kelly 1955/91a, S. 19ff/14ff), sondern darum, wie die Person mit Abhängigkeiten umgeht, wie sie es konkret anstellt, durch ihre persönliche Konstruktion der Welt Zonen von Freiheit und Abhängigkeit zu schaffen und zu organisieren.

In der Beratung kann nach diesem Verständnis eine wichtige Aufgabe darin bestehen, dem Klienten zu helfen, seine Abhängigkeiten neu zu organisieren, denn: "Jeder ist abhängig (von irgendetwas); das Problem besteht darin, eine angemessene Verteilung seiner Abhängigkeiten vorzunehmen" (Kelly 1955/91a, S. 312/232f). Als Hilfsmittel dafür ist der "Situational Resources Repertory Test" gedacht. Er soll darüber Auskunft geben, an welche Personen sich der Klient in welchen schwierigen Lebenssituationen um Hilfe wenden würde.

Dafür werden Situationen verschiedener Art benutzt, von denen angenommen werden kann, daß der Klient sie als schwierig erfahren hat. Erhoben werden diese Situationen mit Situationsbeschreibungen - ähnlich den Rollenbeschreibungen, mit denen die Personen im Role Construct Repertory Test erhoben werden.

Die Situationsbeschreibungen

1. Als Sie unsicher bezüglich der Ausbildungs-/Berufswahl waren.
2. Als Sie Schwierigkeiten hatten, das andere Geschlecht zu verstehen.
3. Als alles schiefging.
4. Als Sie in Geldnot waren.
5. Als Sie krank waren.
6. Als jemand ihre Unwissenheit ausnutzte.

7. Als Sie einen Ihrer größten Fehler machten.
8. Als Sie etwas nicht erreicht haben, um das Sie sich sehr bemüht haben.
9. Als Sie sich sehr einsam gefühlt haben.
10. Als Sie sich entmutigt gefühlt haben.
11. Als Sie sich gefragt haben, ob Sie nicht besser tot wären.
12. Als Sie sich mißverstanden gefühlt haben
13. Als Sie die Kontrolle verloren haben/wütend geworden sind.
14. Als Sie jemand anders so verletzt haben, wie sie/er es nicht verdiente.
15. Als Sie sich sehr geschämt haben.
16. Als Sie sich große Sorgen darüber gemacht haben, was aus Ihnen weiter wird.
17. Als Sie sich in den letzten Jahren kindisch benommen haben
18. Als Sie sehr eifersüchtig waren.
19. Als Sie insgesamt sehr durcheinander waren.
20. Als Sie großen Ärger mit Ihren Eltern hatten.
21. Als Sie großen Ärger mit Geschwistern oder anderen nahen Verwandten hatten.
22. Als Sie großen Ärger mit Ehepartner oder Freund/in hatten. (nach Kelly 1955/91a, S. 314f/234)

Das Vorgehen

1. Erheben von potentiellen Helfern

Zunächst wird eine Liste von Personen erstellt, an die man sich üblicherweise in schwierigen Situationen wendet. Grundlage für die Erstellung dieser Liste können z.B. die Rollenbeschreibungen aus dem Role Construct Repertory Test, aber auch andere Rollenbeschreibungen sein. Die potentiellen Helfer werden oben in das Formblatt (s. Abb. 23) eingetragen, wie sonst die Elemente.

2. Erheben von Abhängigkeiten in bestimmten Situationen

Danach wird dem Klienten die erste Situationsbeschreibung (hier: Unsicherheit bei der Berufswahl) mit der Aufforderung vorgegeben, eine konkrete Situation mit Ort und Datum zu nennen. Diese Situation wird im Formblatt dort eingetragen, wo sonst die Konstrukte stehen. (In Abbildung 23 werden Situationen benutzt, die von den oben genannten abweichen.)

Situational Resources Grid

Dann wird zu dieser Situation die Frage gestellt:

"Stellen Sie sich vor, daß alle oben angegebenen Personen zu dieser Zeit anwesend gewesen wären. Was meinen Sie, an wen Sie sich - wenn überhaupt - um Hilfe gewandt haben könnten?"

Die jeweiligen Personen werden markiert ("X"). Das Vorgehen wird solange wiederholt, bis alle schwierigen Situationen bearbeitet sind.

3. Kennzeichnen der schwierigsten Situationen

Abschließend werden dann noch die fünf Situationen mit einem Haken markiert, die dem Klienten in seinem Leben den größten Kummer bereitet haben (das ist in Abbildung 23 noch nicht geschehen).

Trouble with	Date, place	1 Mate	2 Father	3 Mother	4 Sister	5 Brother	6 Boss	7 Noncomm. Officer	8 Com. Officer	9 Minister	10 Relative	11 Neighbour	12 Buddy	13 Confidant	14 Physician	15 Advisor	16 Self
A. Finances		·	X	X	·	·	·	·	·	X	·	·	X	·	X	·
B. Mate		·	·	X	X	·	·	·	·	·	·	·	·	X	·	X	·
C. Police		OMITTED
D. Neighbour		OMITTED
E. Jealousy		OMITTED
F. Parents		X	·	·	X	·	X	·	·	·	·	·	·	X	·	X	·
G. Sibling		OMITTED
H. Loneliness		X	·	·	X	·	X	·	·	·	·	·	·	X	·	X	·
I. Anger		X	X	X	X	·	·	·	·	·	X	·	·	X	·	X	·
J. Fear of death		OMITTED
K. Shame		·	·	X	·	·	X	·	·	·	·	·	·	X	·	X	·
L. Persecution		·	X	X	·	·	X	·	·	·	·	·	·	X	·	X	·
M. Discouragement		X	X	X	·	·	X	·	·	·	·	·	·	X	·	X	·
N. Sickness		OMITTED
O. Suicidal thoughts		OMITTED
P. Misunderstood		·	·	·	·	·	X	·	·	·	·	·	·	X	·	X	·
Q. Effeminacy		·	·	·	·	·	X	·	·	·	·	·	·	X	·	X	·
R. Cowardliness		OMITTED
S. Stupidity		X	·	X	·	·	X	·	·	·	·	·	·	X	·	X	·
T. Hurting someone		·	X	·	X	·	X	·	·	·	·	·	·	X	·	X	·
U. Gullibility		·	X	·	X	·	X	·	·	·	·	·	·	X	·	X	·
V. Confusion		X	·	·	·	X	·	X	·	·	·	·	·	X	·	X	·
W. Failure		·	·	·	·	X	·	X	·	·	·	·	·	X	·	X	·
X. Women		OMITTED
Y. Passivity		·	·	·	X	·	X	·	·	·	·	·	·	X	·	X	·
Z. Needed help		OMITTED

Abb. 23: Protokoll eines Situational Resources Repertory Test (Kelly 1955/91a, S. 316/235)

Als Ertrag einer derartigen Erhebung ergeben sich dann nach Kelly (1955/91a, S. 313/233) z.B. Informationen darüber, in welchen schwierigen Situationen der Klient subjektiv allein steht, auf welche Personen er sich bei jeder Schwierigkeit verläßt, und (auf der Basis faktorenanalytischer Auswertungen) wie er subjektiv Gruppierungen von schwierigen Situationen oder auch von potentiellen Helfern vornimmt.

Wenn man einmal davon absieht, daß eben Kelly mit seinen Studenten dies Verfahren entwickelt hat, ist der Bezug zur Personal Construct Psychology und zur Grid-Methodik nicht besonders deutlich ausgeprägt. Es ist eher ein Beispiel für viele methodische Ideen aus dem Kontext der Personal Construct Psychology, die in der praktischen Arbeit, etwa in Beratung und Therapie, durchaus sehr nützlich sein mögen, aber oft nur die Beziehung zur Personal Construct Psychology haben, daß sie quasi anläßlich der Beschäftigung mit ihr entstanden oder von einem Autor entwickelt sind, der ansonsten auf dem Gebiet der Personal Construct Psychology arbeitet.

Wie der Situational Resources Repertory Test weiterentwickelt und konsequenter auf die Personal Construct Psychology bezogen werden kann, zeigen z.B. Beail und Beail (1985) und Davis (1985). Der größte Mangel der Originalfassung besteht darin, daß kein Versuch gemacht wird, die subjektive Bedeutung der erhobenen Abhängigkeiten zu erfassen. Ergebnis ist nur, daß sich der Befragte in einer bestimmten schwierigen Situation an die Person x, y oder z um Hilfe wenden würde, nicht, wie er diese Schwierigkeit verarbeitet, wie er die potentiellen Helfer sieht und warum er sich an sie wenden würde. Das aber wären auf der Basis der Personal Construct Psychology die eigentlich interessanten und notwendigen Fragen.

Beail und Beail (1985, S. 214ff) schließen an die Erhebung des Abhängigkeits-Grid, die ähnlich wie die oben schon beschriebene Erhebung Kelly's verläuft, die folgenden Schritte an:

1. Konstruieren der potentiellen Helfer (Ressourcen)

Zunächst werden alle potentiellen Helfer einzeln auf Karten geschrieben, dann entsprechend den Antworten zu einer bestimmten Situation in zwei Gruppen zusammengefaßt. Die eine Gruppe von Personen umfaßt dann also alle, an die sich der Klient in dieser schwierigen Situation wenden würde, die andere Gruppe dagegen die Personen, an die er sich nicht wenden würde. Der Klient wird dann gefragt:

> "Warum ziehen Sie es in dieser Situation vor, lieber zu diesen Personen als zu diesen zu gehen?

Zur Erhebung der Konstrukte, die der Klient auf die potentiellen Helfer anwendet, werden hier also als Elemente nicht die einzelnen Helfer, sondern die Gruppen der Helfer verwendet (vgl. Kelly 1970, S. 13f).

Dies Vorgehen wird mit anderen schwierigen Situationen und den jeweils zugehörigen Gruppen potentieller Helfer wiederholt.

2. Leiterbildung

Im Anschluß daran wird dann von den erhobenen Konstrukten aus in der oben (s. Teil 3.3.1.1.) schon beschriebenen Weise gefragt, warum der Klient die eine Seite des Konstrukts vorzieht und die andere ablehnt. Der hierzu abgedruckte Interviewausschnitt taugt allerdings wieder nur zur Illustration, wie eine Leiterbildung **nicht** durchgeführt werden sollte (s. dazu ausführlich Teil 3.3.1.1.):

Die Passage beginnt mit der Frage, warum Tom es vorzieht, zu Personen zu gehen, die nicht "unangenehm" sind.

> Tom: Weniger Ärger, ich will mir keine Moralpredigten anhören.
> NB: Was für Leute moralisieren denn?
> Tom: Leute, die versuchen, sich mir aufzudrängen, mich in ihre Welt zu zerren und einzusperren.
> NB: Warum ziehen Sie Leute, die nicht moralisieren vor - Leute, die Ihnen weniger Ärger machen?
> Tom: Sie ermutigen einen, man selbst zu sein und Dinge auf eine nette Art zu lernen, so daß mir die Entdeckung keine Angst macht.
> NB: Warum ziehen Sie Leute vor, die sie ermutigen, Sie selbst zu sein?
> Tom: Wenn ich mich verändere, will ich es tun, weil ich das so will, und nicht aus Furcht.
> NB: Warum?
> Tom: Es ist echter.
> (nach Beail/Baeil 1985, S. 215)

3. Pyramidenbildung

Zusätzlich schließen die Autoren eine Pyramidenbildung - hier mit der Frage "Was können Sie mir sonst noch über jemanden sagen, der 'vertrauenswürdig' ist?" - an, um zu untergeordneten Konstrukten zu gelangen (s. Teil 3.3.1.2.).

Mit diesen Ergänzungen des zunächst von Kelly vorgeschlagenen Verfahrens bekommt das Verfahren eine Ausrichtung, die auf der Basis der Personal Construct Psychology sinnvoll ist: Es erhebt detailliert die persönlichen Konstrukte der Klienten, die sich speziell auf die Problematik beziehen, mit seinen Abhängigkeiten in subjektiv befriedigender Weise umzugehen.

Zwei nicht ganz unwichtige Korrekturen am Originalverfahren sind nachzutragen, damit Klienten nicht dazu gezwungen werden, zu subjektiv unzutreffenden oder irrelevanten Vorgaben Stellung zu nehmen. Da es ja immerhin sein kann, daß eine Person die angeführten Schwierigkeiten noch nicht konkret erfahren hat, schlagen Fransella und Bannister (1977, S. 54) die Formulierung vor: *Wenn* dies Unglück sich ereignete, ... (sie nennen das: "if" dependency grid).

Die andere Korrektur betrifft die potentiellen Helfer (oder Ressourcen). Fransella und Bannister (1977) weisen hier auf die Schwierigkeit hin, daß sich nicht nur die einzelnen Personen, sondern auch der Befragte und die Beziehung des Befragten zu diesen Personen über die Jahre erheblich ändern können, so daß es ausgesprochen schwierig sein kann, die Frage zu beantworten, ob man sich an eine bestimmte Person um Hilfe wenden würde. "Eine Person, auf die man baute als man 18 Jahre alt war, mag sich verändert haben, so daß man 20 Jahre später nicht mehr auf sie bauen würde, weil man selbst sich verändert hat" (S. 54). Es geht hier wieder um die Frage der Heterogenität/Homogenität von Themen und Elementen, die oben (s. Teil 3.2.1., 3.2.5.) schon angesprochen wurde. Für das Abhängigkeits-Grid empfehlen Fransella und Bannister zur Vermeidung dieser Schwierigkeiten die Wahl enger eingegrenzter Lebensabschnitte.

Neben diesen Korrekturen und Erweiterungen, die erst einmal das Abhängigkeits-Grid zu einem Verfahren machen, das in einem klar erkennbaren Zusammenhang zur Personal Construct Psychology und Grid-Methodik steht, gibt es natürlich wiederum zahlreiche andere Möglichkeiten, das Verfahren weiterzuentwickeln und zu variieren. So schlägt z.B. bereits Hinkle vor (vgl. Fransella/Bannister 1977, S. 54), ergänzend die Fragerichtung umzukehren und danach zu fragen, welche Personen sich in welche Abhängigkeiten zum Befragten bringen. Davis (1985, S. 323) schlägt alternative Quellen zur Gewinnung schwieriger Situationen vor, etwa Beratungsgespräche oder Tagebucheintragungen. Beail und Beail (1985, S. 209) schließlich schlagen alternativ zur dichotomen Entscheidung (Ich würde mich wahrscheinlich/wahrscheinlich nicht an diese Person wenden.) den Einsatz 5- bis 7-stufiger Ratingskalen vor.

3.3.3.2. Beziehungen: Dyad Grid

Ryle's Arbeiten haben in der Diskussion zur Grid-Methodik theoretisch und methodisch eine gewisse Sonderstellung. Theoretisch deshalb, weil Ryle in seiner therapeutischen Arbeit entschieden von psychoanalytischen Erklärungsmodellen ausgeht und der Personal Construct Theory z.T. recht kritisch gegenübersteht (vgl. Ryle 1985). Wenn er mit der Grid-Methodik arbeitet, dann also nicht auf der Basis der Personal Construct Theory, sondern so, daß er vor allem die methodischen Anregungen der Personal Construct Psychology für psychoanalytische Fragestellungen fruchtbar machen will. Methodisch geht er mit einer speziellen Form der Grid-Erhebung, dem Dyad Grid, ebenfalls eigene Wege.

Als Begründung für die Entwicklung des Dyad Grid geben Ryle und Lunghi (1970, S. 323; vgl. a. Ryle 1985, S. 191) an, daß die konventionelle Grid-Erhebung für die Untersuchung der persönlichen Konstrukte, die auf soziale Beziehungen angewandt werden, zu undifferenziert vorgehe. Für den Bereich von Beratung und Therapie, der Ryle und seine Mitarbeiter vor allem interessiert, reicht es nach seiner Einschätzung nicht aus, wenn eine Person als Element generell z.B. als "verständnisvoll" eingeschätzt wird. Das Dyad Grid soll feinere abgestufte Urteile zulassen, indem als Elemente jeweils Beziehungen zwischen zwei Personen benutzt werden, so daß es möglich ist, eine Person z.B. als sehr verständnisvoll in ihren Beziehungen zu den Personen a, b und c, aber auf der anderen Seite als verständnislos in ihrer Beziehung zu den Personen x und y zu charakterisieren.

Das Vorgehen

1. Erheben signifikanter Personen

Zunächst werden, wie bei anderen Grid-Erhebungen auch, Personen gesammelt, die für den Befragten aus irgendeinem Grund wichtig sind.

2. Bilden von Dyaden

Dann werden die Einzelpersonen zu Paarbeziehungen zusammengefaßt, wobei jede Beziehung zwei Elemente ergibt, z.b. "Ich zu Person x" und "Person x zu Mir". Für die Bildung der Paare sind mehrere Gesichtspunkte von Bedeutung. Da es in der Beratung i.d.R. um die Beziehung des Klienten zu anderen Personen geht, werden zunächst ein paar Beziehungen gebildet, in denen der Klient selbst vorkommt. Andere Beziehungen werden entsprechend dem jeweiligen Beratungs-/Therapiemodell gebildet. Bei Ryle ist das ein psychodynamisches Modell, für das z.B. die Beziehung "Mutter zu Vater" bzw. "Vater zu Mutter" von besonderem Interesse ist. Je nach aktuellem Befragungszweck können dann weitere Beziehungen hinzukommen, etwa "Selbst zu Selbst" oder "Selbst zu Selbstideal" usw.

3. Erheben von Konstrukten

Nach Zufall werden zwei Beziehungen ausgewählt und dem Klienten mit der Frage vorgelegt:

> "Sagen Sie mir bitte, in welcher Weise John's Beziehung zu Jill der Beziehung ihrer Mutter zu Ihnen ähnlich oder unähnlich ist." (nach Ryle/Lunghi 1970, S. 323)

An das zu erhebende Konstrukt stellt Ryle (1985, S. 191) die Anforderung, daß es Interaktion beschreiben muß, z.B. "ist abhängig von" oder "hat etwas auszusetzen an".

Neben der Vorgabe von zwei Beziehungen (s.o.) hält Ryle zwar grundsätzlich auch eine triadische Erhebung für möglich (1985, S. 191), aber für unnötig kompliziert.

Ryle zieht es vor, nur einen Pol eines Konstrukts zu erheben, also zunächst einmal eine Charakterisierung der Ähnlichkeit **oder** Unähnlichkeit der vorgelegten Beziehungen - dazu unten mehr.

4. Rating der Elemente

Nach Erhebung aller (unipolaren) Konstrukte werden dann die Konstrukte auf alle Elemente (Beziehungen) angewandt, entsprechend der Vorgabe in Abbildung 24 zwischen "1 = stimmt überhaupt nicht" bis "5 = stimmt vollständig"

5 = Very true 4 = True 3 = ± 2 = Not true 1 = Not true at all Rate each relationship on each description with a number, scoring thus according to the degree to which the description applies. No: Date:	Mother to Father	Father to Mother	Self to Father at age:	Father to Self	Self to Mother at age:	Mother to Self	Self to (1)	(1) to Self	Self to (2)	(2) to Self	Self to (3)	(3) to Self	Self to (4)	(4) to Self	Self to (5)	(5) to Self	Self to (6)	(6) to Self
1. Looks after																		
2. Is forgiving to																		
3. Respects																		
4. Controls																		
5. Feels guilty to																		
6. Is dependent on																		
7. Gets cross with																		
8. Blames																		
9. Gives in to																		
10. Confuses																		
11.																		
12.																		
13.																		
14.																		
15.																		
16.																		

Abb. 24: Erhebungsbogen für Ryle's Dyad Grid (Ryle 1985, S. 194f)

Varianten

Erhebung ohne Berater

In einer neueren Arbeit druckt Ryle eine Instruktion für Klienten ab, mit der es nach seiner Einschätzung den meisten möglich ist, das Dyad Grid allein auszufüllen. Allerdings geht RYLE davon aus, daß Anleitung während der Erhebung zu 'reichhaltigeren' Ergebnissen führt (1985, S. 192).

Der Text dieser Instruktion:

"Der Zweck dieses Fragebogens ist es, Ihnen zu helfen, die Muster Ihrer Beziehungen zu anderen zu verstehen. Er ist Bestandteil eines laufenden Forschungsprojektes und hat sich in ähnlicher Form als nützlich erwiesen, Schwierigkeiten zu identifizieren und die Ziele der Behandlung zu klären. Sie werden gebeten, eine Anzahl von Beziehungen mit einer Reihe von Beschreibungen einzuschätzen; einige Beschreibungen sind vorgegeben und einige Beziehungen benannt, aber es gibt freie Felder, damit Sie Ihre eigenen ergänzen können. Entscheiden Sie zuerst, welche Beziehungen Sie ergänzen wollen. Tragen Sie diese Personen in die numerierten Felder mit ihren Initialen, ihrem Geschlecht und ihrer Beziehung ein, z.B. Freund; weibliche Mitbewohnerin, verhaßter männlicher Lehrer; Schwester usw.

	Initialen	Geschlecht	Rolle in Ihrem Leben
1.			
2.			
3.			
4.			
5.			
6.			

Wählen Sie jetzt nach Zufall zwei davon aus und schreiben Sie auf Notizpapier Beschreibungen, was diese Personen Ihnen gegenüber fühlen und wie sie sich Ihnen gegenüber verhalten, und was Sie diesen Personen gegenüber fühlen und wie Sie sich zu ihnen verhalten. Schreiben Sie sowohl Ähnlichkeiten als auch Unterschiede auf. Wiederholen Sie das mit verschiedenen Beziehungen, bis Sie das Gefühl haben, daß alle wichtigen Beschreibungen aufgezeichnet sind. Wenden Sie sich jetzt dem Formblatt (hier: Abb. 24; M.F.) zu. Sie sehen, daß 10 Beschreibungen vorgegeben und weitere 6 Felder freigelassen sind. Schreiben Sie in diese Felder die wichtigsten Ihrer eigenen Beschreibungen und lassen Sie dabei die weg, die schon vorgegeben sind. Am Kopf des Bogens sehen Sie die numerierten Beziehungen, deren Nummern mit Ihrer Liste oben übereinstimmen. Jede Beziehung wird mit jeder Beschreibung eingeschätzt, indem ihr ein Wert zwischen 5 (stimmt vollständig) und 1 (stimmt überhaupt nicht) zugeordnet wird. Füllen Sie das Formblatt zügig aus, indem Sie der Reihe nach jede Beziehung mit jeder Beschreibung einschätzen (d.h. füllen Sie Reihe für Reihe aus, nicht Spalte für Spalte). Nach der Auswertung werden wir dann besprechen, was aus dem Test abgeleitet werden kann." (nach Ryle 1985, S. 192f)

Standardisierte/teilstandardisierte Grids

Ryle (1975; 1985) tritt zwar für eine Erhebung ein, die dem Klienten soviel Äußerungsfreiheit einräumt, daß er seine spezifische Sicht der Dinge darstellen kann, hält aber andererseits eine gewisse Standardisierung der Erhebung für sinnvoll, um den Vergleich zwischen Klienten, aber auch zwischen verschiedenen Grids eines Klienten zu erleichtern. Er kombiniert daher die standardisierte Vorgabe eines bestimmten Sets von Konstrukten und Elementen mit erhobenen Konstrukten/Elementen, die den Freiraum bereitstellen sollen, das auszudrücken, was mit den Vorgaben des Beraters nicht möglich ist.

Ob im vorliegenden Fall der Verlust an Sensibilität für den Einzelfall durch die verbesserte Vergleichbarkeit von Erhebungen aufgewogen wird, soll hier nicht weiter diskutiert werden. Zu Ryle's Vorschlag, das Dyad Grid per Formblatt zu erheben, muß hier auch nicht mehr viel gesagt werden (s. Teil 3.1.4.): Wenn nicht nur Selbsterfahrung, sondern auch Fremdverstehen durch den Berater möglich sein soll, ist eine Erhebung isolierter Begriffe per Formblatt allein wenig sinnvoll - jedenfalls nicht auf der Basis der Personal Construct Psychology.

Diskutiert werden sollen dagegen zwei methodische Besonderheiten des Dyad Grids, die Ryle als Vorzüge gegenüber üblichen Grid-Erhebungen hervorhebt. Die erste Besonderheit sind die Dyaden, mit denen Ryle Konstrukte erhebt. Diese Dyaden haben nicht nur dem Verfahren den Namen gegeben, sondern es auch als besondere Grid-Variante bekannt gemacht. Die zweite Besonderheit ist der Einsatz unipolarer Konstrukte.

Die Begründung Ryle's für den Einsatz von Dyaden als Elementen ist ja, daß herkömmliche Grids nur generelle Einschätzungen sozialer Beziehungen zulassen und damit für Beratungszwecke häufig zu undifferenziert bleiben, weil Karl eben nicht immer und überall "humorvoll" ist, sondern nur manchmal und in bestimmten Beziehungen.

Wichtig ist zunächst, daß es überhaupt nicht der primäre Zweck von Repertory Grids ist, möglichst differenzierte Urteile über irgendwelche Gegenstände/Elemente zu erheben. Zweck ist vielmehr die Erhebung der persönlichen Konstrukte, die eine Person auf einen bestimmten Erfahrungsbereich anwendet. Entsprechend ist der Zweck dann erreicht, wenn eine Person ihre subjektiv relevanten Konstrukte genannt hat. Ob die Elemente, mit denen diese Konstrukte 'hervorgelockt', an denen sie gewonnen werden, differenziert oder richtig dargestellt werden, ist im Sinne dieser Zielsetzung sekundär (vgl. Bannister 1965, S. 981). Ob Karl also tatsächlich humorvoll ist oder ob er so humorvoll wie dargestellt ist, spielt dabei keine Rolle.

Nun können Grid-Erhebungen allerdings durchaus auch mit einer doppelten Zwecksetzung durchgeführt werden, und das geschieht auch häufiger. Einmal, um die relevanten Konstrukte für einen Erfahrungsbereich zu erheben, zum anderen um zu untersuchen, wie bestimmte Erfahrungsgegenstände von den Befragten konstruiert werden. So mag es z.b. in der Stadtentwicklungsplanung interessant sein, einmal in Erfahrung zu bringen, worauf die von diesen Planungen Betroffenen Wert legen, zum anderen, wie sie welche Maßnahmen beurteilen.

Mit einer derartigen doppelten Fragerichtung kann es dann in der Tat sinnvoll sein, sehr fein differenzierte Elemente zu benutzen. Wenn es dabei speziell um die Konstruktion von Beziehungen geht, können Ryle's Dyaden nützlich sein, ansonsten gibt es zahlreiche andere Möglichkeiten, differenziertere Konstrukte über Elemente zu erhalten, die mit weniger komplexen Unterscheidungsaufgaben arbeiten. Eine Strategie besteht darin, feiner differenzierte Elemente zu benutzen, z.B. eine Person zu verschiedenen Zeiten. Eine andere wäre, die Unterscheidungsaufgabe spezifischer zu formulieren (vgl. z.B. Stewart/Stewart 1981). Also nicht nur zu fragen, welche wichtigen Ähnlichkeiten/Unterschiede die Elemente haben, sondern spezifischer, welche Ähnlichkeiten/Unterschiede sie z.B. unter dem Aspekt ihrer Zuverlässigkeit während der Arbeit haben.

Die zweite Besonderheit des Dyad-Grids in der von Ryle angewandten Form sind die sogenannten unipolaren Konstrukte. Deren Einsatz begründet Ryle so:

> Konstrukte können in bipolarer Form angewandt werden. In diesem Fall muß der Kontrastpol auch erhoben werden. Aber nach meiner Sicht ist es am besten, den Kontrastpol eines Konstrukts abzuleiten, indem man herausfindet, welche Konstrukte im vollständigen, analysierten Grid die höchste negative Korrelation mit diesem Konstrukt haben. Der semantische Gegensatz zu *kontrolliert* ist z.B. für die meisten Leute *unterwirft sich* oder *gibt nach*. In Grids dagegen, die unipolare Konstrukte benutzen, bei denen der Befragte nacheinander angibt, wie sehr jedes Konstrukt für jede Beziehung gilt, ist es üblich, positive Korrelationen zwischen *kontrolliert* und *unterwirft sich* zu finden. Das ist ein Befund, der durch die Tendenz der Befragten, semantische Gegensätze anzubieten, verdeckt werden könnte (nach Ryle 1985, S. 191)

Das Problem, das Ryle hier beschreibt, ist bekannt (vgl. z.B. Epting u.a. 1971) und oben ja auch schon angesprochen worden (s. Teil 3.2.7.). Es läßt sich auch mit der expliziten Aufforderung, den Gegensatz eines Pols zu bezeichnen, nur abschwächen, nicht aber grundsätzlich beheben.

Ob allerdings die von Ryle gewählte Vorgehensweise Abhilfe schafft, ist fraglich. Erstens liefert ja auch die Wahl des Kontrastpols nach der stärksten negativen Korrelation im Normalfall keine numerisch perfekten Gegensätze. Zweitens wäre zu diskutieren, ob überhaupt eins der anderen unipolaren Konstrukte sinnvoll als Kontrastpol benutzt werden kann, weil ja nicht unterstellt werden kann, daß der Gegensatzpol unter den anderen Konstrukten zu finden ist. Ein subjektiv passender Gegenpol kann im Extrem jeweils schon mit den einzelnen (unipolaren) Konstrukten mitgedacht sein, so daß die anderen Konstrukte als Kontrastpole keinen rechten Sinn ergeben - sondern nur hohe (negative) Korrelationen. Drittens ist das Resultat bestenfalls, daß x mit y hoch negativ korreliert, was x und y aber bedeuten, höchst unklar bleibt. Denn Ryle erhält nur zwei isolierte Begriffe, die nach seiner eigenen Einschätzung häufig individuelle Bedeutungen haben und spätestens auf der Basis der Personal Construct Psychology nicht ohne Prüfung einfach so behandelt werden dürften, als besäßen sie dieselbe Bedeutung, die der Forscher mit ihnen verbindet. Schon bei der Entscheidung, welches der übrigen Konstrukte ein möglicher Kontrastpol sein könnte (wenn er denn überhaupt unter diesen Konstrukten zu finden ist), muß Ryle vielfältige Ausdeutungen und Unterstellungen vornehmen: Wenn mehrere Konstrukte ähnlich stark (negativ) miteinander korrelieren, ist eine Entscheidung allein auf der Basis minimaler numerischer Unterschiede kaum sinnvoll. Eine inhaltliche Entscheidung muß sich dann aber - in Unkenntnis dessen, was der Befragte mit diesen Begriffen meint - auf die Konstruktionen des Beraters stützen.

Was an diesem Vorgehen präziser sein soll als die Erhebung der Gegenpole durch Befragung des Klienten, ist nicht recht erkennbar. In der von Ryle beschriebenen Form wird vielmehr Unverstandenes genau verrechnet und dann durch Zuschreibungen 'präzisiert'. Die aufwendige statistische Auswertung hat hier problematische Beruhigungseffekte, weil unter der Hand genaue Verrechnung zum genauen Verständnis umgedeutet wird.

3.3.3.3. Selbstbild in Interaktionen: Self Role Repertory Grid

Unter dem Titel "Parent Role and Self Role Analyses" haben Mancuso und Jaccard (1988) ein Erhebungs- und Auswertungssystem für den Einsatz auf Computern vorgestellt. Es handelt sich dabei um zwei vollkommen selbständige Systeme mit unterschiedlicher Fragestellung. Sie werden deshalb von den Autoren zusammen vorgestellt, weil die Erhebungs- und Auswertungsroutinen in beiden Fällen weitgehend übereinstimmen - sie könnten darüber hinaus auch für andere Fragestellungen genutzt werden. Ein wesentlicher Unterschied zwischen den beiden Prozeduren besteht darin, daß im "Parent Role Repertory Grid (PAREP)" 'Konstrukte' vorgegeben werden: Erziehungsziele, die in Voruntersuchungen von Eltern als wichtig genannt wurden. Die folgende Darstellung konzentriert sich auf das offenere Verfahren, das "Self Role Repertory Grid (SELFGRID)". Auf die Besonderheiten der Erhebung als Computererhebung wird dabei nicht eingegangen, da dies an anderer Stelle (s. Teil 3.3.4.3.) noch ausführlicher geschieht.

SELFGRID soll untersuchen, wie der Befragte sich selbst in seinen sozialen Interaktionen mit anderen Personen konstruiert. Und zwar geschieht das unter 3 Fragestellungen:

1. Wie er sich in Interaktionen verhält.
2. Wie Andere sein Verhalten sehen sollen.
3. Wie er Interaktionen erlebt.

Das Vorgehen

Der Umfang der Erhebung ist nur (technisch) nach oben auf 43 Elemente und 43 Konstrukte begrenzt. Unterhalb dieser Grenzen ist also die Grid-Größe frei variierbar. Die gewünschte Größe wird vor Beginn der Erhebung angegeben. Die Autoren empfehlen allerdings eine Mindestgröße von 25 Rollenbeschreibungen und 30 Konstrukten, um ausreichend verläßliche Ergebnisse zu erzielen (vgl. S. 19, 21).

1. Erheben von Elementen

Zunächst wird der Befragte aufgefordert, eine Liste von Personen zu erstellen, mit denen er im Laufe der Jahre in Kontakt gekommen ist.

Self Role Repertory Grid

Für die Erstellung dieser Liste werden Rollenbeschreibungen ähnlich denen im ursprünglichen "Role Construct Repertory Test" benutzt. Der Befragte soll dann jeweils den Namen/die Initialen einer Person angeben, auf die diese Rollenbeschreibung am besten paßt. Beispiele für die (insgesamt 45) Rollenbeschreibungen sind:

01. Mutter.
02. Vater.
09. Die interessanteste ältere Person, die Sie regelmäßig treffen.
11. Eine Figur in einem Roman - eine verständnisvolle Figur.
20. Ein Verwandter, mit dem Sie versuchen, nicht über Familienangelegenheiten zu reden und zu diskutieren.
35. Die bewundernswerteste historische Figur, die Sie kennen.
45. Eine bewundernswerte politische Figur, die im Großen und Ganzen gute Arbeit leistet.

(nach Mancuso/Jaccard 1988, S. 20)

Von diesen Rollenbeschreibungen werden soviele vorgegeben, wie der ursprünglichen Festlegung der Elementzahl entspricht.

2. Erheben von Konstrukten: Verhalten in Interaktionen

Im nächsten Schritt wird erhoben, wie der Befragte sich den vorher erhobenen Personen gegenüber verhalten könnte. Vorgegeben wird dabei jeweils eine Person mit der Frage:

> "Denken Sie darüber nach, wie Sie reagieren könnten (verhalten, reagieren, sich selbst darstellen), wenn Sie mit X interagieren."

Das geschieht zunächst nacheinander mit den ersten x Personen. Dann werden diese Personen noch einmal mit der Aufforderung vorgelegt:

> "Sie haben ein Wort angegeben, um damit zu beschreiben, wie Sie sich zu den ersten x Personen verhalten, die Sie als Personen angegeben hatten, die eine Rolle in Ihrem Leben spielen. Sie sehen, daß dies Personen sind, mit denen Sie viel Kontakt gehabt haben und die Sie gut kennen. Es sollte Ihnen also leichtgefallen sein, ein Wort zur Beschreibung Ihres Verhaltens gegenüber diesen Personen zu nennen.
> Lassen Sie uns mit der ersten Person, die Sie angegeben haben, von vorn beginnen. Sie dürften keine Probleme damit haben, noch ein anderes Wort zur Be-

schreibung der Art anzugeben, wie Sie auf diese Personen reagieren (sich verhalten, sich zu ihnen in Beziehung setzen)."

3. Rating der Elemente

Anschließend wird dann nach der Intensität gefragt, in der sich der Befragte in der angegebenen Weise zu der jeweiligen Person verhalten würde, wie "höflich" also z.b. gegenüber der "Mutter".

Die vorgegebene Ratingskala ist zentriert und reicht von -9 über den Nullpunkt bis +9.

4. Fremdwahrnehmung des Verhaltens

Zugrundegelegt werden die Verhaltensweisen, die der Befragte bis dahin als möglich angegeben hat. Jetzt lautet aber die Frage, wie sehr er als jemand gesehen werden möchte, der sich in dieser Weise verhält:

> "Entscheiden Sie sich, wie sehr Sie wollen würden, daß andere Leute von Ihnen als jemandem denken, der durch X zu beschreiben wäre."

Die Skala hierfür reicht von 5 bis 95 und ist in Abständen mit "nie", "manchmal", "meistens" und "immer" bezeichnet.

5. Erleben in Interaktionen

Der letzte Schritt erhebt schließlich das Erleben von Interaktionen mit den ursprünglichen Personen. Gefragt wird:

> "In welchem Maße würden Sie sich wohl (gut, entspannt, usw.) fühlen, wenn Sie Person x treffen, über sie nachdenken, mit ihr umgehen, irgendetwas mit ihr zu tun haben?"

Benutzt wird für diese Einschätzung wieder eine Ratingskala von -9 bis +9.

Für die Auswertung steht dann eine ganze Reihe von Routinen zur Verfügung, die neben der Analyse von Einzelerhebungen auch den Vergleich mehrerer Erhebungen ermöglicht. Diese Auswertungen werden hier nicht weiter behandelt.

Das von Mancuso und Jaccard vorgestellte Verfahren bewegt sich theoretisch und methodisch in einer Reihe von Grenzbereichen und ist gerade deshalb recht typisch für viele Grid Anwendungen, die von Forschern mit sehr unterschiedlicher theoretischer Sozialisation und oft auch im Kontext anderer theoretischer Modelle (wie oben z.B. bei Ryle) durchgeführt werden. Nicht ganz ungewöhnlich sind allerdings auch die folgenden angesprochenen Schwächen des Verfahrens.

Zunächst empfiehlt es sich - wie in anderen Fällen auch -, erst einmal zu klären, ob es sich bei diesem Verfahren überhaupt um ein Repertory Grid Verfahren handelt. Das steht zunächst im Titel und wird im Text durch zahlreiche Verweise auf Traditionen und Diskussionskontexte der Personal Construct Psychology unterstützt. Danach haben wir es mit einem Repertory Grid Verfahren zu tun, das speziell die Konstrukte erhebt, mit denen Personen sich selbst in sozialen Interaktionen konstruieren. Synonym für "Konstrukt" werden aber auch die Begriffe "Kognition", "Beschreibung" und "Urteil" benutzt (vgl. S. 18ff), das Konstruktsystem erscheint als "Wissenssystem". Diese Begriffe lassen Bezüge zu anderen theoretischen Konzepten vermuten.

Legt man die Minimaldefinition der Grid-Methode von Bannister und Mair (1968, S. 136) zu Grunde, nach der ein Grid als "jede Form von Unterscheidungsaufgabe" definiert wird, "die es erlaubt, die Beziehung zwischen Konstrukten zu beurteilen und die diese primären Daten in Matrixform hervorbringt", ist zwar offensichtlich, daß Mancuso's Verfahren Daten in Matrixform hervorbringen kann. Ob diese Daten aber aus Unterscheidungen stammen, die im Sinne der Personal Construct Psychology als "persönliche Konstrukte" zu bezeichnen sind, ist weit weniger klar. Mancuso fordert die Befragten zu Verhaltensbeschreibungen bzw. Urteilen über Verhalten/Erleben auf. Ihnen werden aber weder Erfahrungsgegenstände zur Unterscheidung vorgegeben, noch werden die Urteile in Form einer Unterscheidung erhoben. Man kann zwar annehmen, daß auch die hier erhobenen Verhaltensbeschreibungen und Urteile auf (impliziten) Unterscheidungen aufbauen und jeweils als Pol eines Konstrukts verstanden werden können, dessen fehlender Gegenpol auf Nachfrage ergänzt werden könnte. Das Besondere der Grid-Methodik besteht aber gerade darin, Befragte diese Unterscheidungen treffen und formulieren zu lassen. Das geschieht bei Mancuso nicht. Er erhebt Urteile, aber keine "persönlichen Konstrukte" im Sinne der Personal Construct Psychology - auch keine unipolaren Konstrukte, wie es auf den ersten Blick scheinen könnte. Der Begriff "Konstrukt", wie ihn Mancuso hier benutzt, meint also etwas anderes als der Begriff "persönliches Konstrukt". Streng genommen könnte man dies Verfahren danach hier übergehen, weil es den Minimalanforderungen an ein Grid-Verfahren nicht entspricht. Derartige Grenzfälle und Mischformen sind allerdings bei Verfahren, die unter der Überschrift "Repertory Grid Technique" präsentiert werden, nicht eben selten. Weder diese Überschrift, noch klar in der Personal Construct Psychology ausgewiesene Autoren, wie Mancuso (oder oben ja auch Kelly selbst), garantieren, daß ein Bezug zur Personal Construct Psychology und der Grid-Methodik besteht. Es muß also in jedem Einzelfall geprüft werden, was das Verfahren leistet und wie weit sein theoretisch-methodologisches Fundament trägt.

Im vorliegenden Fall wäre es nun durchaus möglich, die Daten-Erhebung so zu modifizieren, daß auch die zweite Bedingung an ein Grid-Verfahren erfüllt wird, Unterscheidungsaufgaben vorgegeben und persönliche Konstrukte erhoben werden. Diese Korrektur würde im vorliegenden Fall allerdings noch nicht ausreichen. Das liegt an einem weiteren Mangel des Verfahrens, der durchaus typisch ist für viele, vor allem quantitative, Verfahren - keineswegs nur Grid-Methoden -, die primär an effizienten und eleganten Auswertungsroutinen interessiert sind und dabei der Datenerhebung und der Güte der erhobenen Daten erstaunlich wenig Beachtung schenken. Das Ergebnis dieser selektiven Sorgfalt sind häufig Verfahren, die mit großem Aufwand und hoher mathematischer Genauigkeit Daten verrechnen, die solchen Aufwand nicht rechtfertigen. Dies Problem wird im vorliegenden Fall besonders deutlich. Zunächst sind die Instruktionen (s.o.) für den Befragten vieldeutig, z.B.: "Denken Sie darüber nach, wie Sie reagieren könnten (verhalten, reagieren, sich selbst darstellen), wenn Sie mit X interagieren." Hier wird die Aufgabenstellung mehrfach umformuliert, so daß sich allein schon dadurch Unterschiede in den Antworten ergeben werden, in Abhängigkeit davon, nach welchem Impuls der Befragte sich richtet.

Die Vieldeutigkeit der so produzierten Daten wird durch die Heterogenität (s. Teil 3.2.5.) der Rollenbeschreibungen verstärkt. Wenn nämlich z.B. eine Bekannte, in die man gerade verliebt ist, mit einem lustigen

Self Role Repertory Grid

Entertainer und einer Figur der Mythologie in Beziehung gesetzt werden soll, sind Probleme absehbar. Es dürfte schwierig sein, die möglichen Verhaltensweisen in der Interaktion mit Sabine, Sammy Davis Jr. und Ikarus sinnvoll zu vergleichen - zumindest bleibt offen, was jeweils gemeint ist, wenn man sich Sabine, Sammy Davis Jr. und Ikarus gegenüber z.B. "rücksichtsvoll" verhalten will.

Die Vieldeutigkeit der so gewonnenen Äußerungen wird durch die Skalierung der Antworten noch weiter verstärkt, wie dies der Abfragebildschirm in Abbildung 25 verdeutlicht.

```
     Think of KL.
         You gave the name of KL when you were asked to name a
person who fit this description:
SOMEONE WHO YOU DISLIKE INTENSELY

     To what degree would would you react to KL in a way that
you would describe as WARM.
         -9 -8 -7 -6 -5 -4 -3 -2 -1  0  1  2  3  4  5  6  7  8  9
  NOT AT ALL     QUITE        WEAKLY      SLIGHTLY      QUITE        EXTREMELY
                 WEAKLY                   STRONGLY      STRONGLY     STRONGLY

NOW CHOOSE A NUMBER FROM THE SCALE ABOVE THAT CORRESPONDS TO HOW
STRONGLY YOU WOULD RESPOND TO KL IN A WARM WAY.

          PLEASE ENTER THAT NUMBER  > ::
  >> Type 'L' to return to LAST (previous) question and re-enter response.
  >> Type 'Q' to QUIT and to save the work you have already completed.
```

Abb. 25: SELFGRID Abfragebildschirm beim Erheben von Ratings

An der in Abbildung 25 angezeigten Skalierung ist bemerkenswert:

- Da es sich um uni-polare Einschätzungen handelt, läge eine unipolare Skala (vgl. Raeithel 1993, S. 60) näher als die hier gewählte bipolare.
- Eine 19-stufige Skala erscheint nach anderen Untersuchungen (z.B. Lohaus 1983) unangemessen und erweckt den Eindruck einer Genauigkeit, die die Erhebung nicht haben kann.

- Diese Genauigkeit steht vor allem in keinem rechten Verhältnis zu den vagen Instruktionen (s.o.) und der uneindeutigen Zuordnung der Bezeichnungen zu Skalenpunkten (es können jeweils unterschiedlich viele Skalenpunkte mit unterschiedlichen Abständen gemeint sein).

Insgesamt ist das absehbare Resultat eine trügerische Genauigkeit, die hier durch Verquickung vieldeutiger Daten mit präzisen und aufwendigen Verrechnungen entsteht. Daß auf jede Auswertung so gewonnener Daten verzichtet werden kann und sollte, dürfte auf der Hand liegen. Und das gilt - zur Vermeidung von Mißverständnissen - ähnlich und z.T. noch entschiedener auch für viele Untersuchungen, die nicht mit Grid-Verfahren arbeiten. Da schon (für sich genommen) minimale Nachlässigkeiten bei der Datenerhebung den Ertrag des gesamten Vorhabens in Frage stellen können, ist in jedem Fall nicht nur eine genaue Inspektion der Auswertungs-, sondern gerade auch der Datenerhebungsstrategien ratsam.

Das Ergebnis muß dann allerdings nicht unbedingt darin bestehen, ein Verfahren insgesamt abzulehnen - auch dafür ist Mancuso's Verfahren ein gutes Beispiel. Denn die oben dargestellten Mängel lassen sich mit sehr geringem Aufwand beheben - wenn Instruktionen, Skalenbezeichnungen usw. geändert werden. Und **nach diesen Änderungen** kann es dann durchaus sinnvoll sein, die vielfältigen Auswertungsprozeduren, die Mancuso anbietet, zum Einsatz zu bringen.

3.3.4. Besondere Erhebungsformen

Einige der zahlreichen Möglichkeiten, die Erhebung persönlicher Konstrukte methodisch zu variieren und damit spezifischen Untersuchungszwecken anzupassen, sind bereits angesprochen worden.

Die folgenden drei Erhebungsformen verändern die Erhebung in je besonderer Weise einschneidend. Sie tun dies aber übereinstimmend dadurch, daß sie die soziale Situation der Erhebung verändern und andere Ausdrucksmöglichkeiten bieten bzw. -notwendigkeiten einführen.

3.3.4.1. Sprachfreie Erhebung: Tacit Construing

Alle bisher vorgestellten Varianten zur Erhebung persönlicher Konstrukte arbeiten mit Sprache, sie erheben sprachliche Unterscheidungen von Erfahrungsgegenständen und bemühen sich mehr oder weniger intensiv darum, die genauere Bedeutung dieser Unterscheidungen zu präzisieren.

Bemerkenswert ist das insofern, als ein persönliches Konstrukt im Sinne Kelly's ja **jede** Unterscheidung ist, die eine Person zwischen Dingen ihrer Erfahrung treffen kann (s. Teil 2.3.), und die sind zum überwiegenden Teil nichtsprachlich und finden auch nie sprachlichen Ausdruck. Die Verbalisierung persönlicher Konstrukte ist der Ausnahmefall, und auf diesen Ausnahmefall konzentriert sich die Grid-Methodik. Sie erhebt begriffliche Unterscheidungen, von denen man annimmt/hofft, daß sie ein Verständnis von der Funktionsweise der persönlichen Konstrukte vermitteln, auf die diese begrifflichen Unterscheidungen verweisen.

Wenn bedacht wird, welche prinzipiellen Probleme bei dem Versuch auftreten, vorsprachliche Unterscheidungen adäquat sprachlich zu symbolisieren und dann vielleicht auch noch eine intersubjektive Verständigung über das Gemeinte zu erreichen, liegt die Frage nahe, ob diese schwierigen und störanfälligen Übersetzungsprozesse nicht vermieden werden können. Dies umso mehr, als für einige Einsatzzwecke der Grid-Methodik leicht erkennbar ist, daß die sprachliche Symbolisierung persönlicher Konstrukte entweder nicht möglich oder nicht nötig ist, etwa bei der Arbeit mit Taubstummen oder beim Einsatz der Grid-Methodik zu Selbsterfahrungszwecken (vgl. Neimeyer 1981; Fransella/Bannister 1977, S. 54ff).

Neimeyer's "Tacit Construing Technique (TCT)" soll die sprachliche Verengung herkömmlicher Grid-Methoden überwinden und den untersuchten Personen andere und vielfältigere Ausdrucksmöglichkeiten ihrer persönlichen Konstrukte bieten.

Das Vorgehen

1. Erheben von Elementen mit Rollenbeschreibungen
Der erste Schritt ist durchaus konventionell: Neimeyer benutzt 10 von Kelly's Rollenbeschreibungen (s. Teil 3.1.2.), um damit die Namen von 10 wichtigen sozialen Bezugspersonen der Befragten zu erheben.

2. Erheben und symbolisieren von Konstrukten
Jeweils zwei der relevanten Personen werden mit der Aufforderung vorgelegt, mit den bereitgestellten Materialien zu symbolisieren, in welcher wichtigen Weise diese beiden Personen gegensätzlich sind (ebd. S. 109). Den Befragten wird gesagt, daß sie die subjektive Bedeutung der gewählten Symbole nicht verbal erläutern müssen, es vielmehr ausreicht, wenn die Symbolisierung für sie subjektiv adäquat ist.

Die Materialien bestehen aus: Photos und Zeichnungen, die Personen einzeln und in Interaktionen zeigen, Karten mit verschiedenen geometrischen Figuren, Karten mit Farbmustern und Farbkompositionen, Karten mit unterschiedlicher Oberflächenstruktur (z.B. Sandpapier, Stoff), Ton zum Modellieren, Stifte und Zeichenpapier (ebd. S. 108).

3. Rating
Die Symbolisierungen für die Pole des erhobenen Konstrukts (z.B. zwei Photos) werden an die Enden einer 13stufigen Ratingskala gelegt, danach alle Elemente (hier: relevante Personen) einem Punkt der Ratingskala zugeordnet.

Die Schritte 2 und 3 werden fortgesetzt, bis insgesamt zehn Konstrukte erhoben und auf die Elemente angewandt worden sind.

Zur Beurteilung dieses Verfahrens ist zunächst zu beachten, daß die von Neimeyer gewählte Bezeichnung etwas irreführend ist: Das Konstruieren von Erfahrungen findet hier genauso sehr oder genauso wenig "stillschweigend" statt, wie bei herkömmlichen sprachgestützten Grid Verfahren. Was sich unterscheidet, ist die Art der gewählten Symbolisierung, die eben im einen Fall nicht-sprachliche und im anderen Fall sprachliche Symbole benutzt.

Das ist deshalb wichtig, weil auch hier den untersuchten Personen eine Übersetzungsleistung abverlangt wird, von der angenommen werden kann, daß sie - ähnlich wie die sprachliche Übersetzung - das Gemeinte grundsätzlich nicht ohne Rest zum Ausdruck bringen wird. Diese Übersetzung ist weder durchgängig einfacher für die Untersuchten, wird vielmehr abhängig von ihren Ausdrucksmöglichkeiten und den Ausdrucksgewohnheiten für bestimmte Erfahrungen unterschiedlich schwierig sein. Noch ist diese Symbolisierung prinzipiell genauer, 'näher an der Wahrheit' o.ä. - zumindest kann man das (s. Teil 2.) nicht wissen.

Ein Argument für derartige sprachfreie Verfahren ist also nicht, daß sie eine Alternative zur grundsätzlich problematischen Übertragung vorsprachlicher Unterscheidungen in ein Symbolsystem bieten könnten, sondern vielmehr, daß sie den Untersuchten andere Möglichkeiten der Symbolisierung zur Verfügung stellen. Das kann notwendig sein, wo die Untersuchten nicht über ausreichende sprachliche Ausdrucksmöglichkeiten verfügen, und es kann nützlich sein, um Untersuchten Ausdrucksmöglichkeiten zu eröffnen, die ihnen subjektiv adäquater als Sprache erscheinen.

Es sollte allerdings nicht übersehen werden, daß jede Individualisierung der Ausdrucksmöglichkeiten auf der anderen Seite zu einer Erschwerung der intersubjektiven Verständigung über das Gemeinte führt. Deshalb ist es empfehlenswert, die gemeinsame Basis einer vergleichsweise regelgeleiteten sprachlichen Verständigung nicht ohne Not zu verlassen.

3.3.4.2. Gruppenverfahren

Die ursprünglichen Grid Verfahren waren Einzelinterviews, daran hat sich bis heute kaum etwas geändert. Es gibt allerdings zumindest ein paar Vorschläge, wie die Erhebung persönlicher Konstrukte in Paaren oder in Gruppen durchgeführt werden kann.

Reptest Interaction Technique (RIT)

Die von Bonarius (1977) vorgestellte "Reptest Interaction Technique" orientiert sich sehr stark am Aufbau des Role Construct Repertory Test (s. Teil 3.1.2.) und wandelt dies Verfahren durch nur minimale Ergänzungen in ein Paar-Verfahren um. Es hat den Zweck, den Prozeß zu strukturieren, in dem zwei Personen ihre eigenen Konstrukte klären und ein wechselseitiges Verständnis der Konstrukte des anderen entwickeln.

Das Vorgehen

1. Erheben wichtiger Bezugspersonen

Als Vorgabe dienen hier wieder 14 Rollenbeschreibungen des Reptest. Jede der beiden befragten Personen wird aufgefordert, mindestens 9 Personen zu nennen, auf die diese Rollenbeschreibungen passen. Das Ergebnis sind zwei verschiedene Sammlungen von Namen, die sich allerdings z.T. überschneiden können, wenn die Befragten einen gemeinsamen Bekanntenkreis haben.

Wichtig ist bei dieser Arbeit gemäß der Intention des Autors, daß die Befragten über ihre Angaben sprechen, abwechselnd jeweils einen Namen nennen und dann etwas zu diesem Namen erzählen, so daß die Gesprächspartner am Ende dieser Erhebung jeweils etwas von der subjektiven Welt des anderen kennengelernt haben.

Neun der erhobenen Elemente werden in den RIT-Protokollbogen eingetragen (oben über den Spalten, s. Abb. 26).

2. Erheben persönlicher Konstrukte

Wiederum abwechselnd formulieren die Befragten ihre Unterscheidungen jeweils zu den Element-Triaden, die durch die dunklen Kreise gekennzeichnet sind.

Bonarius legt auch hier Wert darauf, daß die Befragten ermutigt werden, ihre Konstrukte zu erläutern bzw. solche Erläuterungen vom anderen anzufordern, damit sie so zunehmend ihre eigenen Konstrukte klären und die des anderen konstruieren lernen.

Diese Erhebung wird fortgesetzt, bis jeder 12 Konstrukte formuliert hat.

3. Anwendung der Konstrukte auf die übrigen Elemente

Die Konstrukte werden jetzt auf die übrigen Elemente, die nicht zur Erhebungstriade gehörten, angewandt. Mit dem Kreuz bzw. Haken wird angegeben, welche Seite des Konstrukts auf diese Personen anwendbar ist. Auch dies geschieht wieder abwechselnd und mit begleitenden Erläuterungen und Nachfragen.

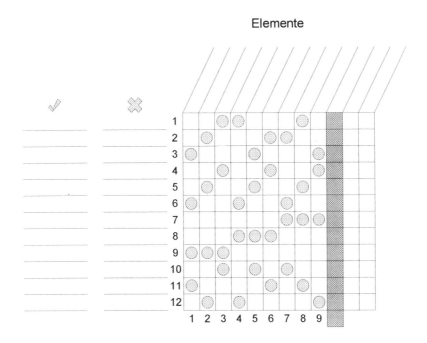

Abb. 26: Protokollbogen RIT-Grid (erweitert) (nach Bonarius 1977, S. 330)

4. Persönliche Anwendung der Konstrukte

In diesem letzten Schritt werden als zusätzliche Elemente die untersuchten Personen selbst nachgetragen. Wiederum abwechselnd wenden jetzt die Befragten ihre Konstrukte auf sich selbst bzw. Ihr Gegenüber an.

Ganz offensichtlich hängt bei diesem Verfahren - wie auch bei anderen Gruppenverfahren (s.u.) - der Ertrag wesentlich davon ab, wie die Teilnehmer des Gesprächs miteinander reden. Je nach Sensibilität, Takt, aber auch Gesprächsdisziplin der Beteiligten ist in weiten Grenzen offen, wie das Gespräch abläuft und wozu es führt. Möglich sind alle Extreme zwischen unstrukturierter Plauderei, wechselseitigen persönlichen Angriffen bis zu deutlich präzisierter Selbst- und Fremdwahrnehmung.

Bonarius versucht zwar durch entsprechende Vorinformationen über die Personal Construct Psychology den Teilnehmern deutlich zu machen, daß es im Gespräch nicht um Wahrheiten, sondern um individuelle Sichtweisen geht. Informationen dieser Art und Appelle, verständnisvoll miteinander umzugehen, dürften allerdings weder ausreichen, die Bereitschaft, noch die Fähigkeit zu einer hilfreichen Gesprächsführung (s. Teil 3.1.4.) zu entwickeln.

Ohne eine Absicherung, daß der andere das Mitgeteilte angemessen behandelt, können aber derartige Gespräche für die Beteiligten subjektiv sehr bedrohlich werden, weil Grid-Interviews häufig eine für die Befragten überraschende Sog-Wirkung entfalten, so daß eingeübte Kontroll- und Selbstschutzstrategien z.T. nicht oder zu spät greifen.

Eine Möglichkeit, das Gespräch für die Beteiligten subjektiv sicher zu gestalten, besteht darin, das Gespräch von einem professionellen Berater begleiten zu lassen, dessen Aufgabe es vor allem ist, für eine hilfreiche Gesprächsführung zu sorgen und diese als Modell darzustellen. Zudem ist es günstig, das Paargespräch durch Einzel-Interviews vorzubereiten. In Einzel-Interviews können die Befragten einerseits Erfahrungen mit sich selbst in einer derartigen ungewohnten Befragungssituation sammeln und andererseits im Gespräch mit dem Berater hilfreiches Gesprächsverhalten konkret erfahren.

Misunderstood

Auch "Misunderstood" in der Version von Keen (vgl. Pope/Keen 1981, S. 98ff) hat das Ziel, ein differenzierteres und vertieftes Verständnis der Konstrukte anderer Personen zu fördern. Im Unterschied zur RIT hat "Misunderstood" aber einen stärker spielerischen Charakter, der durch die benutzten Materialien gezielt unterstrichen wird (Spielkarten, Vergabe von Punkten). Misunderstood wird in Gruppen von 3 oder 4 Personen gespielt.

Das Vorgehen

1. Festlegen des Gesprächsthemas
Zunächst muß innerhalb der Gruppe eine Einigung darüber erzielt werden, worüber man sich unterhalten will. Gegebenenfalls, z.B. im Hinblick

auf bestimmte Trainingsziele, kann das Thema auch eingegrenzt oder vorgegeben werden.

2. Erheben von Elementen
Die Gruppe sucht nun nach 12 Aspekten, Konkretisierungen dieses Themas. Wichtig dabei ist, daß die letztlich gemeinsam vereinbarten Elemente für jeden Teilnehmer in einer sinnvollen Beziehung zum Thema stehen.
Die Elemente werden einzeln auf Karten übertragen und auf der Rückseite numeriert:
a) für die Gruppe auf einen farbig markierten Kartensatz
b) für jeden Mitspieler auf einen eigenen Kartensatz
Zusätzlich erhält jeder Mitspieler ein Blatt mit einer Anzahl von Zahlen-Triaden, die im folgenden für die Wahl der Elemente benutzt werden.

3. Erheben von Konstrukten
Jeder Mitspieler nimmt die drei Elemente aus seinem Element-Kartensatz, die auf seinem Blatt durch die erste Zahlen-Triade bezeichnet sind, und überlegt allein, in welcher wichtigen Weise zwei der Elemente ähnlich und gegensätzlich zum dritten sind. Ähnlichkeit und Gegensatz notiert jeder Mitspieler für sich auf einem Konstruktbogen.

4. Anwendung des Konstrukts auf die Elemente
Jeder Mitspieler ordnet die 12 Karten seines eigenen Elementsatzes den beiden Polen seines Konstrukts zu und legt die beiden Kartenstapel verdeckt vor sich hin.

5. "Senden und empfangen von Konstrukten"
Ein Spieler wird (per Münzwurf o.ä.) ausgewählt, sein Konstrukt vorzustellen.
a) Die Aufgabe dieses Mitspielers besteht nun darin, den anderen sein Konstrukt zu erläutern, allerdings ohne anzugeben, welche Elementkarten er bei dieser Unterscheidung benutzt hat. Die Mitspieler haben die Aufgabe, ihr Verständnis dieses Konstrukts durch Nachfragen zu prüfen und zu verbessern.
b) Vom Gruppenstapel wird jetzt eine Elementkarte nach der anderen abgehoben. Der vorstellende Mitspieler erklärt den anderen, warum die

jeweilige Karte dem einen oder anderen Konstruktpol zugeordnet werden sollte. Die übrigen Mitspieler äußern sich dazu auf der Basis ihres Verständnisses dieses Konstrukts. Die Zuordnung wird letztlich so vorgenommen, wie die Mehrheit der Mitspieler sie als treffend ansieht.

c) Wenn alle Elementkarten des Gruppenstapels auf diese Weise zugeordnet sind, stellt der Mitspieler die Zuordnung seiner eigenen Elementkarten vor.

d) Für Übereinstimmungen und Nichtübereinstimmungen werden Punkte vergeben: Für eine übereinstimmende Zuordnung von Individual- und Gruppenkarte erhält der vorstellende Mitspieler 5 Punkte, die anderen Mitspieler keinen, bei Nicht-Übereinstimmung erhalten die anderen Mitspieler jeweils 5 Punkte, der vorstellende Spieler dagegen keinen.

Die Schritte a) bis d) werden wiederholt, bis jeder Mitspieler sein Konstrukt vorgestellt hat. Im Anschluß daran wird ein zweites Konstrukt erhoben. Die Abfolge der Schritte ist wie oben beschrieben.

Zunächst: Die Punktevergabe ist erfahrungsgemäß nicht notwendig, um dies Spiel für die Beteiligten interessant zu machen - dafür sind andere Aspekte (s.u.) viel wichtiger. Die im Vorgriff auf diese Punktevergabe erzwungene Gruppenabstimmung über die Zuordnung der Elemente zu den Konstruktpolen (s.o. b) scheint mir ebenfalls im Hinblick auf die Zielsetzung des Spiels überflüssig, wenn nicht hinderlich.

Der Ertrag dieses Verfahrens hängt aber - neben diesen leicht veränderbaren Punkten - wiederum wesentlich davon ab, wie sensibel, aber auch wie diszipliniert die Beteiligten miteinander sprechen. Zwar ist in dieser Gruppenzusammensetzung die Gefahr deutlich geringer als bei der RIT, daß das Gespräch für die einzelnen Beteiligten zu intensiv und bedrohlich wird, dafür ist aber umso mehr damit zu rechnen, daß in der Gruppe die Struktur des Gesprächs verloren geht, wenn nicht entsprechende Strukturierungshilfen und -erinnerungen gegeben werden. Dabei kann eine Gesprächssituation, in der die Beteiligten tatsächlich ihr Verständnis der Konstrukte anderer entwickeln können, in gegensätzlichen Richtungen verfehlt werden, indem sie die gestellte Aufgabe zu leicht oder zu schwer nehmen. Im einen Fall entsteht ein Austausch von Gemeinplätzen, der bestenfalls Unterhaltungswert hat, im anderen ein besorgt-mühsames Abwägen um Wortbedeutungen, das nicht mehr Spiel, sondern Pflichterfüllung ist.

Pope und Keen geben als Minimum 3 Mitspieler an, um eine hinreichende Vielfalt an Konstrukten zu erhalten (ebd. S. 99), 4 als Obergrenze, um das Spiel in einer akzeptablen Zeit durchführen zu können. Diese Grenzen sollten beachtet werden, denn die von Pope und Keen angegebene Zeit von ca. 75 Minuten für einen Durchlauf mit vier Spielern und 2 Konstrukten ist ausgesprochen optimistisch und setzt sehr disziplinierte Mitspieler - oder eine straffe Spielleitung - voraus.

Wenn durch entsprechende Spielleitung für eine Balance zwischen spielerischem Tun und konzentrierter Arbeit gesorgt wird, können Spiele wie "Misunderstood" durchaus eine wertvolle Hilfe sein, eigene Konstrukte zu klären und die anderer besser verstehen zu lernen. Sie eignen sich ganz besonders für die direkte Intervention z.B. in Beratung oder Training. Allerdings können sie auch herkömmliche, strukturiertere Grid-Methoden sinnvoll ergänzen (vgl. Epting u.a. 1993, S. 94), indem sie entweder die Untersuchten an die mitunter zu ungewohnte und strenge Form der Grid-Interviews heranführen, oder aber als freiere Erhebungsform anschließend an herkömmliche Grid-Interviews alternative Ausdrucksmöglichkeiten bieten.

Vorschläge dieser Art sind allerdings in der Literatur sehr selten zu finden - dafür umso mehr gedankenlose Routineerhebungen. Daher soll abschließend noch kurz ein weiterer Vorschlag erwähnt werden.

Epting u.a. stellen ein Spiel vor, das sie "Let's just say" nennen. Ziel des Spiels ist es, die Mitspieler über wichtige Personen in ihrem Leben ins Gespräch zu bringen - um dann anschließend persönliche Konstrukte zu erheben. Das geschieht wiederum mit bekannten Zutaten: Situationsbeschreibungen und Rollenbeschreibungen, wie sie aus dem Original-Reptest bekannt sind. Die Rollenbeschreibungen sind hier allerdings auf einem Spielfeld eingetragen, wie es etwa beim Monopoly benutzt wird. Die Spieler bewegen sich durch Würfeln über das Spielfeld und ziehen jeweils eine Situationsbeschreibung, wenn sie auf einem Feld angekommen sind. Diese Situationsbeschreibungen lauten z.B.:

"Laß uns einmal annehmen, daß diese Person auf einer Insel gestrandet ist und zur Bekämpfung der Langeweile anfängt ein Buch zu schreiben. Was für eine

Art von Buch ist das? Eine Liebesgeschichte? Ein Geheimnis? Ein Thriller? Eine Kriegsgeschichte? Welche Charaktere kommen in dem Buch vor?
Laß uns einmal annehmen, ein enger Freund dieser Person berichtet, daß er an AIDS erkrankt ist. Wie verhält sich diese Person auf dem Spielfeld gegenüber ihrem Freund und was passiert in der Zukunft?" (ebd. S. 93)

Die Aufgabe der Spieler besteht dann darin, eine Geschichte zu erzählen, wie sich die Person, die durch die Rollenbeschreibung angegeben ist, in dieser Situation verhalten würde. Damit diese Geschichten subjektiv nicht zu bedrohlich werden, planen die Autoren die Möglichkeit ein, verschiedene Geschichten zu erzählen, solche, die man für wahrscheinlich hält, und solche, die man für höchst unwahrscheinlich hält.

Ob die Anlage des Spiels so schon optimal ist oder an welchen Stellen es für welche Zwecke verändert werden könnte, soll hier nicht weiter behandelt werden. Modifikationen z.B., die das Spiel auf spezielle Fragestellungen abstimmen können, sind erkennbar leicht durchzuführen. Hier reicht es aus, wenn Verfahren wie "Let's just say", "RIT" und "Misunderstood" in Erinnerung halten, welche bisher wenig genutzten Entwicklungsmöglichkeiten der Grid-Methodik es neben denen gibt, die in der Literatur dominieren.

3.3.4.3. Computererhebung

Im Gegensatz zu den eben besprochenen Gruppenverfahren, die die soziale Dyade Befragter-Forscher erweitern, löst die Computererhebung die soziale Beziehung ganz auf. Das Interview findet im Extrem vollständig Computergestützt statt, so daß der Befragte nur mit dem Computer interagiert.

Die Leistungsfähigkeit der zahlreichen verfügbaren Verfahren ist sehr unterschiedlich (vgl. z.B. Sewell u.a. 1992). Am einen Ende der Skala stehen Einfachprozeduren, die nicht viel mehr tun, als dem Klienten auf dem Bildschirm eine Frage nach der anderen zu stellen und seine per Tastatur eingegebenen Antworten zu speichern. Programme dieser Art arbeiten mit wenigen Unterschieden wie ein auf den Computer übertragener Fragebogen. Unterschiede zum Fragebogen bestehen vor allem darin, daß die Eingaben des Klienten in den Text von Folgefragen eingefügt und eindeutige Fehleingaben (z.B. Ratings außerhalb des zugelassenen Bereichs) registriert und angezeigt werden können. Außerdem liegen die Daten im Anschluß natürlich schon im Computer gespeichert vor. Zu diesen einfachen Verfahren gehört z.B. das Programm Dyad von Keen und Bell (1980), das als eine Option auch in den Programmpaketen GPack (Bell 1987) und Flexigrid (Tschudi 1993) enthalten ist. Zur Vermeidung unnötiger Frustrationen: Das bei Pope und Keen (1981, S. 164-167) abgedruckte Listing dieses Programms wurde verstümmelt für den Druck freigegeben und liefert kein lauffähiges Programm.

Am anderen Ende der Skala stehen Erhebungsstrategien, die zusätzlich zur schlichten Abfrage von Unterscheidungen diverse Kontrollprozeduren mit Prüf- und Nachfragen beinhalten, je nach Voreinstellung und Ablauf der Befragung die Erhebung unterschiedlich fortsetzen und je nach Voreinstellung zusätzliche Erhebungsteile (z.B. mit vorgegebenen Elementen) ergänzen. Zu diesen Programmen gehört z.B. Flexigrid (Tschudi 1993). Hier wird der Befragte z.B. nach den Ratings gefragt, ob er Ratings oder Polbezeichnungen verändern will (s. Abb. 9). Wenn das der Fall ist, folgen entsprechende Nachfragen zu den zu ändernden Eingaben. Im Rahmen der sog. Pegasus Erhebungsroutine erfolgen zusätzlich Hinweise auf (numerische) Übereinstimmungen von Elementen. Ähneln sich z.B. die Ratings für zwei Elemente stärker als dies ein einstellbarer Grenzwert vorsieht, wird der Befragte darauf hingewiesen, daß er bisher kaum zwischen diesen beiden Elementen unterschieden hat. Er wird dann gefragt, ob er ein Konstrukt angeben will, das zwischen diesen beiden Elementen diskriminiert. Eine ähnliche Nachfrage erfolgt bei starker Übereinstimmung von Konstrukten. Insgesamt werden die spezifischen Möglichkeiten des Computers hier wesentlich stärker als bei den einfacheren Erhebungsverfahren genutzt, um einen variablen und individualisierten Ablauf der Erhebung zu ermöglichen.

Maximal ist diese Variabilität wohl im Programmpaket RepGrid (Gaines/Shaw 1990) ausgeprägt. Hier ist der Klient weitestgehend frei, den Ablauf der Befragung selbst zu steuern - was bei der Vielfalt der Optionen dann allerdings eine nicht unbedeutende Kompetenz in der Handhabung des Programms voraussetzt.

Innerhalb des Spektrums vom Bildschirmfragebogen bis zum Entwicklungssystem für Expertensysteme (vgl. Boose 1985) gibt es eine kaum noch zu überschauende Zahl unterschiedlichster Erhebungsverfahren (vgl. Sewell u.a. 1992, S. 3). Dazu muß allerdings gesagt werden: Viele dieser

Verfahren sind vor allem für Entwickler interessant. Für den, der nur an der Anwendung des Verfahrens interessiert ist, nicht an einem ständig absturzgefährdeten Computer vor verstümmelten Bildschirmmeldungen sitzen will, reduziert sich dagegen die Auswahl auf 3 bis 4 Verfahren. Als vielseitige, hinreichend erprobte und dokumentierte Verfahren zur Erhebung von Repertory-Grids bleiben dann für Apple Macintosh Rechner das Programmpaket RepGrid (Gaines/Shaw 1990), für IBM-kompatible Rechner das Programmpaket Flexigrid (Tschudi 1993) und die Programme des Centre for the Study of Human Learning an der Brunel Universität (vgl. Thomas/Harri-Augstein 1985) übrig. Und für Einfachsterhebungen kommt vielleicht noch GPack (Bell 1987) in Frage.

So weit zur Frage, welche Verfahren es gibt. Aber warum sollte man solche Verfahren einsetzen? Typisch für die veröffentlichte Auseinandersetzung mit der Computererhebung von Repertory-Grid-Daten ist die Behandlung der Problematik in der Literaturübersicht von Sewell u.a. (1992): Dargestellt wird, welche Programme es gibt und welche Operationen sie ausführen. Warum es aber erst einmal sinnvoll sein kann, persönliche Konstrukte mit einem Computer erheben zu wollen, wird nicht diskutiert.

Das läßt sich ähnlich in anderen Veröffentlichungen feststellen: Die Entwicklung der Erhebungsprogramme erscheint vor allem als etwas, das gemacht wurde, weil es eben machbar war. Und wenn Argumente für bzw. gegen den Einsatz solcher Programme überhaupt diskutiert werden, geschieht dies kaum einmal im Hinblick auf die Personal Construct Theory.

Die Argumente bleiben dann vielmehr weitgehend in dem Rahmen, der von der umfassenderen Diskussion zum Einsatz von Computern zur Befragung und Testung etwa ab Mitte der 60er Jahre bekannt ist. Im wesentlichen sind dort zwei Hauptmotive für die Computerbefragung bzw. Computertestung zu erkennen:

1. Effektivierung und Präzisierung der Erhebung
   - Einsparung von Expertenarbeitszeit (vgl. Denner 1977; Elithorn u.a. 1982)
   - Standardisierung und Objektivierung der Erhebung (vgl. Messick/Rappoport 1964; Elithorn/Telford 1969)

- Reduktion sozial erwünschter Reaktionen: Der Computer als "confession machine" (Kleinmuntz/McLean 1968; vgl. a. Smith 1963; Evan/Miller 1969).
2. Eröffnung anderer Dimensionen der Erhebung
- Befragung/Testung von Personen, die mit herkömmlichen Verfahren nicht erreichbar sind (Wilson u.a. 1982; Carr u.a. 1982)
- Verzweigung und Individualisierung der Erhebung auf der Basis der begleitenden Verrechnung der Daten (Thompson/Wilson 1982; Weinman 1982; Calvert/Waterfall 1982)

Ähnlich ist in der Literatur zur Computererhebung von Repertory Grids davon die Rede, daß der Computer genauere, vollständigere und konsistentere Daten in kürzerer Zeit erheben könne (vgl. Boose 1985, S. 514), daß Befragte dem Computer gegenüber offener und weniger mißtrauisch seien und die Ergebnisse als authentischer erlebten (vgl. Gaines/Shaw 1980, S. 108; Boose 1985, S 515; Keen/Bell 1980, S. 25), und schließlich, daß eine begleitende Verrechnung der Daten Rückmeldungen und Verzweigungen ermögliche, die ohne Computer nicht möglich seien (Keen/Bell 1980, S. 25; Gaines/Shaw 1980, S. 108).

Ein erwähnenswertes zusätzliches Argument, das so in der Diskussion automatisierten Testens und Interviewens nicht vorkommt: Die Computererhebung ermögliche es, Klienten eine weitergehende Kontrolle über ihre persönlichen Veränderungsprozesse zu erhalten, sie unabhängiger von externen Experten zu machen (vgl. Shaw/McKnight 1981, S. 135). Das ließe sich zwar zum Persönlichkeitsmodell der Personal Construct Psychology, dem "Menschen als Forscher", und Kelly's erklärtem Bemühen, die Eigenaktivität und Eigenverantwortlichkeit seiner Klienten für ihre Lebensgestaltung zu respektieren und zu unterstützen, in Beziehung setzen, kommt hier aber als theoriefreie pragmatische Lebenshilfe daher.

Zur Beurteilung der Frage, ob bzw. wann es sinnvoll sein kann, Computer zur Erhebung persönlicher Konstrukte einzusetzen, ist es wiederum sinnvoll, zwei Aspekte zu unterscheiden, nämlich einmal die Artikulation persönlicher Konstrukte und zum anderen das Fremdverstehen dieser Konstrukte.

Zum ersten Aspekt: Offensichtlich können Computer Klienten zu Unterscheidungen zwischen Erfahrungsgegenständen und zur Bezeichnung

dieser Unterscheidungen auffordern. In diesem Sinne sind sie also dazu geeignet, persönliche Konstrukte bzw. deren begriffliche Bezeichnung zu erheben. Allerdings sind dabei gegenüber der face-to-face-Erhebung die folgenden Unterschiede zu beachten:
- Zumindest zur Zeit noch kann die face-to-face-Erhebung deutlich variabler gestaltet werden als die Computererhebung. Wechsel z.B. zwischen Triadenerhebung, Full Context Form, eher assoziativem Geschichtenerzählen usw. sind in der Computererhebung überhaupt nicht oder nur recht schematisch möglich.
- Vor allem aber sind solche und andere Wechsel nicht wie in der face-to-face-Erhebung durch die Inhalte des Gesprächs und die Befindlichkeit des Befragten bestimmt. Wo der Interviewer die Erhebungsform vielleicht wechselt, weil der Befragte unkonzentriert oder überfordert wirkt, um den Faden dann gegebenenfalls später wieder aufzunehmen, nimmt der Computer bei entsprechender Programmierung Wechsel vor, sobald bestimmte Grenzwerte über- oder unterschritten werden.
- Extrem variable Computerprogramme, die dem Befragten ständig eine Vielfalt von Optionen offenhalten, lassen diese Anpassung vom System her zwar zu, bringen aber den Befragten in eine ausgesprochen problematische Situation: Einerseits soll er sich ganz auf das behandelte Thema konzentrieren, Unterscheidungen treffen und begriffliche Übersetzungen ausprobieren, andererseits distanziert zurücktreten und quasi von der Metaebene des Systemadministrators aus den Verlauf der Erhebung beurteilen und Entscheidungen über ein sinnvolles weiteres Vorgehen treffen.
- Fehlende Empathie des Computers läßt sich anders auch als Neutralität fassen: Der Computer geht, anders als der menschliche Interviewer, mit banalen wie mit intimen Äußerungen um, mit flüssigen wie mit stockenden, mit dummen wie mit geistreichen usw. Er verliert nicht die Geduld und erwartet keine bestimmten Bekenntnisse.
- Nicht zuletzt ist der Computer im Unterschied zum menschlichen Interviewer dazu in der Lage, auch sehr komplexe Befragungs- und Prüfstrategien konsequent und systematisch durchzuführen - und das auch noch in Abhängigkeit von den Ergebnissen begleitender Verrechnungen.

Eine grundsätzliche Beurteilung dieser Unterschiede ohne Berücksichtigung konkreter Untersuchungszwecke ist nicht sinnvoll. In der Individualberatung mag z.b. gegenüber der vollständig reproduzierbaren und konsequenten Durchführung eine sensible Anpassung an die aktuelle Befindlichkeit des Klienten den Vorrang haben, während bei einer Vergleichsstudie eben diese standardisierte und reproduzierbare Erhebung wichtig wird.

Darüber hinaus fehlen bisher Untersuchungen dazu, wie weit objektiv gegebene Unterschiede zwischen Computererhebung und face-to-face-Erhebung auch subjektiv für die Befragten einen Unterschied machen, und - wenn ja - welchen. So ist etwa immer wieder - auch in der Diskussion zur Automatisierung von Tests und Interviews - angenommen worden, daß Befragte dem Computer gegenüber leichter über intime Dinge sprechen könnten. Das scheint auch in manchen Fällen so zu sein, in anderen verhält es sich aber genau umgekehrt, weil die Befragten es z.B. als unpassend empfinden, einem seelenlosen Apparat ihr Innerstes zu offenbaren. Ähnliches gilt für die Annahme, der Computer befreie die Befragten von dem Zeitdruck, den sie verspürten, wenn ihnen einen menschlicher Interviewer gegenübersitze. Auch das stimmt manchmal, hängt aber wiederum von den Befragten ab, die z.T. mit der Situation nicht umgehen können, vor einem Bildschirm, der einfach nur eine Frage anzeigt, Selbstgespräche zu führen. Um begründetere Entscheidungen für oder gegen den Einsatz von Computererhebungen treffen zu können, sind daher Untersuchungen (vgl. z.B. Tschudi 1993, S. 159ff) notwendig, die die bisher dominierenden eher anekdotischen Befunde und Vermutungen einer Prüfung unterziehen.

So weit es die Artikulation persönlicher Konstrukte betrifft, wird man also im Hinblick auf den jeweiligen Untersuchungszweck und die (erwartbare) subjektive Konstruktion der Erhebungssituation durch die Befragten entscheiden müssen, ob bzw. in welcher Form eine Computererhebung sinnvoll ist. Eine allgemeine Präferenz für oder gegen die Computererhebung läßt sich bis hierhin auf der Basis der Personal Construct Theory nicht formulieren.

Das ändert sich, wenn der zweite Aspekt, das Fremdverstehen der erhobenen persönlichen Konstrukte, betrachtet wird. Unter diesem Aspekt gilt ganz allgemein das, was oben (s. Teil. 2.3.; 3.1.) schon zu den Voraussetzungen des Fremdverstehens gesagt wurde: Von der Personal Construct Theory aus betrachtet sind isolierte Begriffspaare eine denkbar ungünstige Basis für das Fremdverstehen der persönlichen Konstrukte anderer Personen. Computererhebungen liefern genau solche Begriffspaare - und ihre numerischen Relationen. Entsprechend sind Computererhebungen, was das Fremdverstehen angeht, nicht anders zu beurteilen als z.B. Erhebungen per Formblatt oder face-to-face-Erhebungen, die nur schematisch und ohne weitere Verständigungsbemühungen eine Serie von Unterscheidungsaufgaben präsentieren.

Damit ergibt sich: Solange die Erhebung ausschließlich dem Zweck dient, einer Person ein differenziertes Selbstverständnis zu crmöglichen, kann eine Computererhebung hilfreich und sinnvoll sein. Wenn aber auch für andere verstehbar werden soll, wie diese Person ihre Erfahrungen konstruiert, ist dafür eine Computererhebung allein nicht ausreichend - jedenfalls nicht im theoretischen Bezugsrahmen der Personal Construct Theory.

Die Computererhebung wird auch in der Literatur zur Personal Construct Psychology nicht als vollwertiger Ersatz für Gespräche mit den Klienten über ihre persönlichen Konstrukte propagiert. Eine Ausnahme ist hier vielleicht Shaw, die in ihren Veröffentlichungen mitunter (vgl. z.B. 1986) schon den Eindruck vermittelt, der Computer könne inzwischen den menschlichen Berater nicht nur ersetzen, sondern zusätzlich auch noch den Ertrag der Erhebung verbessern. Die Praxis sieht dann aber wohl doch etwas anders aus: Shaw (pers. Mitteilung) setzt nicht einfach den Klienten vor den Computer, sondern arbeitet in der Triade Berater-Klient-Computer, so daß der Computer als technisches Hilfsmittel das Gespräch unterstützt bzw. das Gespräch Beraterin-Klient den Klient-Computer-Dialog ergänzt. Eine Kombination von Computererhebung und face-to-face-Erhebung befürwortet auch Boose (1985, S. 513f). Für die Entwicklung von Expertensystemen dient ihm die Computererhebung als Grundlage, die dann durch die Feinarbeit in der persönlichen Befragung ergänzt und präzisiert wird.

Je nach Untersuchungszweck und Untersuchungsbedingungen sind verschiedene sinnvolle Kombinationsmöglichkeiten einer Computererhebung mit face-to-face-Erhebungen denkbar: Wie bei Shaw kann der Computer mit seinen spezifischen Möglichkeiten das Gespräch des Beraters mit dem Klienten begleitend erweitern und vertiefen. Wie bei Boose kann z.B. in der Beratung der Computer vom Klienten genutzt werden, die Auseinandersetzung mit einem bestimmten Erfahrungsbereich vorzuklären, um dann mit dem Berater spezielle Aspekte genauer zu besprechen. Umgekehrt ist ebenso denkbar, zunächst in einer Vorstudie mit face-to-face-Erhebungen für eine Untersuchungsgruppe einen Satz typischer Elemente und/oder Konstrukte zu erstellen und diesen Satz dann im nächsten Schritt in einer standardisierten Computererhebung vorzugeben.

3.3.4.4. Konstrukte in Texten

Genau genommen gehören die folgenden Ausführungen nicht unter die Überschrift "Grid-Methodik", weil sie nicht die Erhebung persönlicher Konstrukte in Matrix-Form behandeln. Da aber eine strukturierte und umfassende Erhebung von Konstrukten in einer Befragung nicht immer durchgeführt werden kann, z.B. weil Personen für eine Befragung nicht (mehr) zur Verfügung stehen, ist es sinnvoll, nach anderen Wegen zu suchen, Aufschluß über persönliche Konstrukte zu erhalten. Und auch wenn eine Befragung durchgeführt wird, liefert das Grid-Interview ja immer nur eine (durch das Erhebungsformat) bestimmte Darstellung der persönlichen Konstrukte einer Person, die durch andere Äußerungen der Person ergänzt und konturiert werden kann.

Kelly schlägt als eine weitere Strategie zur Untersuchung persönlicher Konstrukte die Analyse von Texten vor, etwa die Analyse von Selbstcharakterisierungen, die der Klient verfaßt (1955/91a, S. 319ff/239ff). Wenn Texte als schriftliche Darstellung der persönlichen Konstrukte verstanden werden, die eine Person auf die Erfahrungsgegenstände anwendet, von denen der Text handelt, müssen allerdings die Besonderheiten dieser Ausdrucksform berücksichtigt werden. Zunächst kann überhaupt nur mit Einschränkungen davon gesprochen werden, Texte im Hinblick auf "persönliche Konstrukte" zu untersuchen, weil das Konstrukt hier ja als Unterscheidung definiert wurde, die eine Person trifft. Man kann zwar davon ausgehen, daß Textaussagen diese Unterscheidungsfunktion haben, erfährt aber üblicherweise nur bruchstückhaft, welche Erfahrungsgegenstände wie voneinander unterschieden werden. Wie für die Alltagskommunikation ist auch für Texte charakteristisch, daß überwiegend nur ein Pol solcher Unterscheidungen expliziert wird. Wenn in einem Text z.B. angesprochen wird, daß Gruppenräume "nach pädagogischen Gesichtspunkten" eingerichtet seien, darf man zwar annehmen, daß damit diese

Räume von anderen unterschieden werden sollen, die eben nicht nach pädagogischen Gesichtspunkten eingerichtet sind. Was aber der wesentliche Unterschied dieser anderen Räume zu den hier angesprochenen ist, wird nicht expliziert - von "gedankenlos" bis "nach psychologischen Gesichtspunkten" sind zahlreiche verschiedene Möglichkeiten denkbar. Wenn man also Texte als Dokumentation der Ordnung und Unterscheidung von Erfahrungen versteht, besteht die erste wichtige Einschränkung darin, daß es sich dabei vorrangig um unipolare und entsprechend vieldeutige Konstrukte handelt.

Die zweite wichtige Einschränkung für das Fremdverstehen derartiger unipolarer Konstrukte in Texten besteht darin, daß Erläuterungen des Gemeinten, wenn sie überhaupt gegeben werden, nur in Ausnahmefällen auf die Verständnisvoraussetzungen des tatsächlichen Rezipienten bezogen sind (vgl. Fromm 1987a, S. 220ff), sondern auf die irgendeines anderen Rezipienten, den sich der Verfasser vorstellt. Der Rezipient bekommt also mit einiger Wahrscheinlichkeit nicht die Verständnishilfen, die er benötigt. Entweder, weil zu vieles als selbstverständlich unterstellt und nicht erklärt wird - wie oben z.B., was man unter "pädagogischen Gesichtspunkten" zu verstehen hat - oder, weil die Erklärungen für ihn nicht brauchbar sind.

Die dritte wesentliche Einschränkung des Fremdverstehens im Vergleich mit den Daten, die Grid-Interviews liefern, besteht darin, daß die Daten eines Textes weniger vollständig und vor allem weniger klar strukturiert sind. Beim Grid-Interview kann die Heterogenität der unterschiedenen Elemente (s. Teil 3.2.5.) zumindest ein Stück weit so kontrolliert werden, daß sich möglichst alle Konstrukte auf diese Elemente anwenden lassen. Bei einem Text ist dagegen nicht gewährleistet, daß nur ein relativ homogener Erfahrungsbereich thematisiert wird. Es besteht vielmehr immer die Möglichkeit, daß die im Text identifizierbaren Konstrukte auf ein recht heterogenes Set von Elementen angewandt wird. Wie weit das der Fall ist, läßt sich aber allein auf der Basis des Textes nicht sagen, weil eben nur einzelne Bezüge zwischen Elementen und Konstrukten expliziert werden und offen bleibt, welche anderen Bezüge subjektiv ebenso bedeutungsvoll wären, wenn - wie in der Matrixform des Grid-Interviews - jedes Element mit jedem Konstrukt verknüpft würde.

Die Schwierigkeiten, die sich damit für das Fremdverstehen ergeben, sind natürlich abhängig vom Untersuchungszweck unterschiedlich zu beurteilen. Wenn die Textanalyse vor allem heuristische Funktion hat, also z.B. in der Beratungsarbeit Fragen und zusätzliche Gesichtspunkte zu Grid-Daten liefern soll, fallen sie weniger ins Gewicht als wenn allein auf der Basis der Textanalyse Aussagen über die persönlichen Konstrukte von Personen gemacht werden sollen - oder müssen, weil keine anderen Daten verfügbar sind.

Kelly selbst (s.o.) nutzt die Textanalyse vor allem in ihrer heuristischen Funktion - traut sich dann allerdings auch recht weitreichende Aussagen (und nicht nur Hypothesen) zum Konstruktsystem der Personen zu. Spätestens hier lassen seine Auswertungsbeispiele und -vorschläge nicht ausreichend erkennen, wie er zu diesen Aussagen gelangt - sie erscheinen eher als Ergebnis einer intuitiven Zusammenschau der Daten und nicht so sehr als Ergebnis einer regelgeleiteten Analyse des Textes. So bleibt z.B. unklar, wie erst einmal persönliche Konstrukte aus einem vorliegenden Text extrahiert werden können - bevor man sie dann weiter auswertet.

Das methodische Problem bei dieser Aufgabe besteht darin, daß in einem Text - einem Bericht, Tagebucheintrag o.ä. - die Konstrukte nicht sauber getrennt vorliegen. Zunächst ist nicht immer auf den ersten Blick erkennbar, was ein Konstrukt und was ein Element ist, denn diese Begriffe bezeichnen ja nur die Stellung innerhalb einer Beziehung. Die unterscheidende Charakterisierung, die im einen Kontext als Konstrukt auf einen Gegenstand angewandt wird, kann also in einem anderen Kontext selbst Gegenstand einer Unterscheidung - und damit Element - sein. Während die Unterscheidung zwischen Konstrukten und Elementen aber üblicherweise noch recht problemlos gelingt, wird es schon schwieriger abzugrenzen, was noch zu einem Konstrukt (oder Element) dazugehört. Denn Konstrukte, wie sie ein Grid-Interview erhebt, werden ja nicht immer durch einzelne Worte bezeichnet, sondern auch durch Satzfragmente oder ganze Sätze. Während in der Befragung der Klient die Aufgabe übernimmt, Konstrukte voneinander zu trennen, bleibt das bei einem Text dem Rezipienten überlassen. Wenn z.B. Beate als "ziemlich scheu und mißtrauisch" beschrieben wird, muß entschieden werden, ob es sich dabei um ein Konstrukt oder um zwei Konstrukte handelt. Hier sind dann explizite Regeln notwendig, die angeben, wie Konstrukte eingegrenzt werden sollen, und die zu unterscheiden erlauben, was z.B. nur Ergänzung/Wiederholung des Gemeinten ist und wo bereits etwas Neues bezeichnet wird. Weiter muß geklärt werden, was als Beziehung Konstrukt-Element verstanden werden soll. Denn anders als im Grid-Interview kann diese Beziehung im Text in recht komplexe grammatische und argumentative Strukturen eingebettet sein. Im Extrem kann ein Konstrukt am Ende eines Textes auf ein Element am Anfang dieses Textes angewandt werden. Schließlich sind Beziehungen zu bedenken, in denen Konstrukte und Elemente nicht in einer 1:1-Beziehung stehen, sondern entweder mehrere Konstrukte auf ein Element angewandt werden oder ein Konstrukt auf mehrere Elemente angewandt wird.

Wie klar und ausgearbeitet die Regeln sein sollten, an denen man sich bei der Bewältigung dieser Probleme orientiert, ist je nach Untersuchungsinteresse unterschiedlich wichtig. Am einfachsten sind die Extreme zu handhaben: Ein sehr freier heuristischer oder ein sehr selektiver Zugang - wenn die Analyse nur einfach Fragen oder nur Antworten auf sehr spezifische Fragen produzieren soll. Während der erste Zugang weitgehend auf reglementierende Vorgaben verzichtet, benötigt der zweite nur wenige. So kann z.B. relativ problemlos ein Text nur daraufhin untersucht werden, welche Konstrukte darin auf eine bestimmte Person oder Situation angewandt werden. Dagegen ist eine vollständige Erhebung aller Konstrukte und Element-Konstrukt-Beziehungen schon bei relativ kurzen Texten extrem aufwendig und auch mit differenzierten Regeln kaum mit befriedigender Urteilerreliabilität durchzuführen. In den meisten Fällen wird daher ein selektives Vorgehen sinnvoll und notwendig sein, indem man einschränkt, wonach man sucht, und/oder, wo man sucht. Im ersten Fall besteht die Beschränkung darin, entsprechend der jeweiligen Fragestellung nur gezielt nach bestimmten Konstrukten/Konstrukttypen/Konstrukt-Element-Beziehungen zu suchen. Etwa nach den Konstrukten, die auf Situationen bezogen werden, in denen eine Person allein/nicht allein ist, o.ä. Im zweiten Fall würden alle Konstrukte/Konstrukt-Element-Beziehungen erhoben, die in einer Stichprobe (z.B. jedem zehnten Satz) des Gesamttextes vorkommen.

Mit diesen Beispielen sind nur einige der Probleme angesprochen, die gelöst werden müssen, wenn Konstrukte in Texten identifiziert und analysiert werden sollen. Denn da in Texten Konstrukte und Elemente in mitunter höchst komplexen und nicht immer eindeutigen Beziehungen vorliegen, führt eine eher intuitive Identifizierung der relevanten Konstrukte - wie sie Kelly wohl vornimmt - mit einiger Wahrscheinlichkeit zu Einschätzungen, die von Urteiler zu Urteiler erheblich variieren werden.

Nach diesen Überlegungen bietet sich die Arbeit an Texten nicht so sehr als Alternative zur Durchführung von Grid-Interviews an, sondern eher als Ergänzung oder Methode der Wahl, wenn Interviews nicht möglich sind. Allerdings liefern Texte daneben auch Informationen, die Grid-Interviews so nicht bieten können, wie z.B. zum Aufbau des Textes, der Ausgestaltung einzelner Teile usw. (vgl. Kelly 1955/91a, S. 319ff/239ff), so daß bei entsprechender Fragestellung die Textanalyse sogar notwendig sein kann.

4. AUSWERTUNG

Jede Auswertung und Analyse selektiert und ordnet die Rohdaten im Rahmen des Konstruktsystems des Interpreten und verleiht ihnen so eine spezifische Bedeutung. Das gilt gleichermaßen für die "Selbstauslegung" (Schütz 1974) einer Person, wie für die Auswertung der Daten durch eine andere Person; der Unterschied besteht darin, daß im Fall der Selbstauslegung die Rohdaten demselben Konstruktsystem entstammen, das auch zur Auswertung herangezogen wird.

Jede Auswertung und Analyse entwirft also ein spezifisches Bild der Wirklichkeit. Zwischen diesen alternativen Ansichten ist - jedenfalls im Rahmen der Personal Construct Theory (s. Teil 2.) - nicht nach ihrer Übereinstimmung und Passung mit der Wirklichkeit zu entscheiden. Wie nahe also z.B. eine Inhaltsanalyse im Vergleich mit einer Clusteranalyse der Wirklichkeit kommt, ist danach unentscheidbar. Welches Bild 'richtig' ist, läßt sich daher nicht sagen, wohl aber, ob es nachvollziehbar, theoretisch und intern stimmig hergestellt und für den jeweiligen Untersuchungszweck brauchbar ist.

Bevor im folgenden verschiedene Auswertungs- und Analysemöglichkeiten diskutiert werden, bleibt allerdings zumindest kurz zu erwähnen, daß insbesondere in der Individualberatung und -therapie auf eine explizite Auswertung und Analyse oftmals verzichtet werden kann. Wird die Grid-Methodik in diesem Rahmen eingesetzt, um Klienten zu einem differenzierteren und strukturierteren Ausdruck ihrer persönlichen Konstrukte zu verhelfen, ergeben sich für die Klienten häufig schon während der Erhebung wichtige Einsichten z.B. zu typischen Konstellationen von situativen Bedingungen und Verarbeitungsmustern. In solchen Fällen kann bereits die weitgehend implizite Auswertung des Klienten während der Erhebung die Grundlage für Anschlußmaßnahmen liefern: Z.B. eine spezifischere Befragung, konkrete Übungen usw.

Macht der Untersuchungszweck eine explizite Auswertung und Analyse erforderlich, steht ein breites Spektrum an Verfahren zur Verfügung (vgl. Fransella/Bannister 1977; Raeithel 1993). Allerdings gilt auch hier, wie bei den Varianten der Erhebung von Konstrukten, daß nur von einem kleinen Bruchteil der publizierten Verfahren dann auch vermehrt Gebrauch gemacht wird. Soweit es manche obskuren Indizes oder inhaltsanalytischen Interpretationskunststücke betrifft, ist das kein großer Verlust. Problematisch sind dagegen die beiden folgenden Selbstbeschränkungen und Verengungen:

Ein Großteil der Anwender der Grid-Methodik legt sich auf ein bestimmtes Auswertungsverfahren fest. Häufig wohl auf das Verfahren, das man zufällig zuerst kennengelernt hat oder das von der jeweiligen professionellen Bezugsgruppe bevorzugt wird. Das Ergebnis sind u.a. regionale Festlegungen, die gegen Veränderungen relativ resistent sind. So dominiert z.b. gegenwärtig in Deutschland die Hauptkomponentenanalyse vor allem deshalb, weil erste deutsch-britische Kontakte im Rahmen der PCP über Slater zustande kamen, dessen Auswertungsprogramm INGRID (vgl. Willutzki/Raeithel 1993) dann in Deutschland übernommen wurde. Anders in Großbritannien, wo je nach (persönlicher) Nähe und Gemeindezugehörigkeit Hauptkomponentenanalysen im Anschluß an Slater oder Clusteranalysen im Anschluß an Thomas und seine Mitarbeiter im "Centre for the Study of Human Learning" gerechnet werden. Diese eher zufällige Fixierung auf einzelne Auswertungsstrategien wird (im Fall der Verrechnung der Daten) in der Praxis noch verstärkt durch eine Beschränkung auf ein bestimmtes Computerprogramm. Gerechnet wird dann z.B. nicht eine bestimmte Clusteranalyse, die gezielt aus einer Reihe von Möglichkeiten ausgewählt wird, sondern routinemäßig die Variante, wie sie das Programmpaket XY anbietet.

Die zweite wesentliche Selbstbeschränkung und Verengung besteht in der Bevorzugung der Verfahren, die mit minimalem Arbeitsaufwand ein Maximum an präsentablem Output produzieren. So sind zeitaufwendige inhaltsanalytische Auswertungen die Ausnahme, Routineverrechnungen die Regel. Leicht zugespitzt: Die Vielfalt der Auswertungs- und Analysemethoden reduziert sich in der Praxis weitgehend auf das, was sich mit dem Computerprogramm, das man - mehr oder weniger zufällig - gerade hat, rechnen läßt. Zur Vermeidung von Mißverständnissen: Derartige Selbstbeschränkungen und Verkürzungen sind kein besonderes Kennzeichen der Forschungspraxis auf der Basis der Personal Construct Psychology, die ließen sich vielmehr an anderen pädagogischen und psychologischen Forschungsrichtungen ähnlich und auch wesentlich drastischer verdeutlichen. Festgehalten werden soll aber immerhin, daß die Forschungspraxis der Personal Construct Psychology aus der Vielfalt des in der Literatur Diskutierten und konzeptuell Möglichen vor allem das sicher und schnell Machbare nutzt - und dadurch in der Praxis vielleicht der Psychologie, aus deren Kritik sie einmal entstanden ist, ähnlicher wird, als ihr gut tut.

4.1. Inhaltsanalyse

In der Literatur sind inhaltsanalytische Auswertungen von Grid-Daten kaum zu finden, ebenso methodologische Diskussionsbeiträge zu inhaltsanalytischen Auswertungsstrategien. Die Dominanz allein oder primär Computergestützter quantitativer Auswertungen in Publikationen entspricht allerdings möglicherweise nicht der Bedeutung solcher Verfahren in der Praxis. Zumindest muß berücksichtigt werden, daß inhaltsanalytische Auswertungen vermehrt in Arbeitsbereichen (z.B. Individualberatung) und für Arbeitsschritte (z.B. explorative Vorstudien) eingesetzt werden, die üblicherweise in der Literatur weniger präsent sind. Zudem ist die schriftliche Darstellung inhaltsanalytischer Auswertungen ungleich aufwendiger und schwieriger als die einschlägiger Verrechnungen. So läßt sich zwar vermuten, daß inhaltsanalytische Auswertungen in der Praxis eine größere Bedeutung haben als Publikationen dies zum Ausdruck bringen, eine öffentliche Diskussion findet aber eben kaum statt.

Inhaltsanalytische Verfahren können mit zwei grundsätzlich verschiedenen Zielen eingesetzt werden, einmal, um die subjektive Bedeutung der erhobenen persönlichen Konstrukte möglichst treffend zu fassen und darzustellen, zum anderen, um den Daten im Kontext eines von außen angelegten Konstruktsystems eine objektive Bedeutung zu verleihen. Wo es darum geht, möglichst genau zu verstehen, wie eine Person einen Erfahrungsbereich konstruiert, ist jede inhaltliche Einflußnahme des Interpreten problematisch und erhält die sorgfältige Prüfung, ob die Rekonstruktion des Interpreten das Gemeinte hinreichend trifft, große Bedeutung (vgl. z.B. Thomas/Harri-Augstein 1985, Fromm 1987a). Wenn die Frage dagegen darauf zielt, wie den Äußerungen des Befragten in einem anderen Konstruktrahmen Bedeutung verliehen werden kann - was insbesondere bei der Vorbereitung von Interventionen der Fall sein wird -, ist eher von Bedeutung, wie nützlich diese Alternativkonstruktionen sind, um neue Aspekte deutlich zu machen, Entwicklungsrichtungen aufzuzeigen usw. In konkreten Auswertungsbeispielen sind allerdings diese idealtypisch unterscheidbaren Zugänge nicht so sauber auseinanderzuhalten, es geht dann eher um verschiedene Schwerpunktsetzungen.

4.1.1. Die Perspektive des Befragten

In einem Grid-Interview werden in jedem Fall nicht isolierte Wissensbestände oder Urteile erfaßt, sondern immer schon Beziehungen zwischen Erfahrungsgegenständen. Die Grundoperation besteht ja darin, eine Unterscheidung vorzunehmen, also Erfahrungen zu ordnen. Damit bereiten die untersuchten Personen bereits während der Erhebung die Rohdaten ein Stück weit auf und übernehmen dabei Aufgaben, die bei anderen Verfahren Aufgabe der Interpreten sind. Das Ausmaß dieser Aufbereitung der Daten durch die untersuchten Personen ist je nach der gewählten Erhebungsstrategie sehr unterschiedlich: Von der einfachen dichotomen Zuordnung nach Art Kelly's bis zu differenzierten Urteilen auf mehrstufigen Ratingskalen, Leiter- und Pyramidenbildungen usw.

Von da ist es nur ein kleiner Schritt, den Untersuchten die Auswertung explizit zu übertragen, anders formuliert: Sie Konstrukte über ihre Konstrukte formulieren zu lassen. Die bereits erhobenen Konstrukte haben dann also den Status von Elementen, auf die neue Konstrukte angewendet werden können. In Anlehnung an das Verfahren der "Full Context Form" kann dies z.B. so geschehen, daß der Befragte nach der Erhebung seiner persönlichen Konstrukte dazu aufgefordert wird, alle erhobenen Konstrukte zu betrachten, zu Gruppen zusammenzufassen und dann die Gruppen zu charakterisieren - und damit Konstrukte über die Konstrukte zu formulieren (vgl. Fromm 1993).

Der Vorzug dieses Vorgehens besteht darin, daß die Auswertung weitestgehend frei von inhaltlicher Beeinflussung durch den Berater bleibt. Er bietet im wesentlichen methodische Hilfe bei der Selbstauslegung des Klienten. Die bleibt dann allerdings auch - und das sind die Grenzen dieses Vorgehens - im Rahmen dessen, was der Klient jetzt sehen und formulieren kann, und insofern privat, als es zu keiner wechselseitigen Verständigung zwischen Klient und Berater kommt, zu keiner (Re-)Konstruktion des Gemeinten im Konstruktsystem des anderen - in der Terminologie Kelly's baut der Berater keine Rollen-Beziehung zum Klienten auf.

Von dieser zwar behutsamen Vorgehensweise, die aber eine möglicherweise kaum weiterführende und für andere unverständliche Auswertung liefert, weicht die folgende ein Stück weit ab. Diese Vorgehensweise (vgl. dazu Fromm 1987a, S. 288ff) soll einerseits möglichst treffend das vom Klienten Gemeinte rekonstruieren, es aber andererseits auch verstehbar machen und Aspekte aufzeigen, die der Klient so nicht explizit formuliert.

Die Schritte:

1. **Welche** Konstrukte werden angewandt?
   - Zusammenstellen aller expliziten Äußerungen des Klienten, die sich erläuternd auf die erhobenen Konstrukte beziehen (auf der Grundlage von Tonbandaufzeichnung/Notizen).
   - Paraphrasieren der Konstrukte auf der Basis dieser Kontextinformationen.
   - Gruppieren der Konstrukte.
2. **Wie** werden die Konstrukte angewandt?
   - Zusammenstellen aller expliziten Äußerungen des Klienten, die sich auf die Art der Anwendung seiner Konstrukte beziehen.
   - Inspektion der Konstrukte hinsichtlich der Art der Konstruktion.
   - Detailanalyse z.B. auf der Grundlage des fokussierten Netzes.
3. **Welche Beziehungen** bestehen zwischen den Konstrukten?
   - Zusammenstellen aller expliziten Äußerungen des Klienten, die sich auf die Beziehungen der Konstrukte untereinander beziehen.
   - Sammeln zusätzlicher Anhaltspunkte, die auf mögliche Beziehungen hinweisen.
   - Skizzieren des Aufbaus des Konstruktsystems.

Die grundsätzliche Strategie besteht hier darin, jeweils zunächst alle einschlägigen expliziten Äußerungen des Klienten als Referenz und Auswertungsbasis zusammenzufügen, um dann zusätzliche Gesichtspunkte, die sich z.B. durch Verrechnung der Ergebnisse (s.u.) ergeben, auf diese Basis beziehen und auf ihre Bedeutung überprüfen zu können.

Das setzt natürlich erst einmal eine Erhebung voraus, die es dem Klienten erlaubt, seine Konstrukte ausführlich zu erläutern (s. Teil 3.1.4.). Auf explizite Äußerungen des Klienten kann sich die Analyse allerdings vor allem bei der Beantwortung der ersten Frage stützen. Zwar äußern sich Klienten auch explizit dazu, wie sie ihre Konstrukte anwenden und wie ihre Konstrukte untereinander in Beziehung stehen. Derartige Äußerungen sind aber - bei allerdings erheblichen individuellen Differenzen - recht selten. Um die Konstrukte des Befragten zu verstehen, ist es zunächst notwendig, daß der Interpret Erläuterungen, Anwendungsbeispiele und Gegenbeispiele des Befragten nutzt, um im Rahmen seines eigenen Konstruktsystems Konstrukte zu identifizieren, die ähnliche Funktionen bei der Unterscheidung von Erfahrungsgegenständen erfüllen, wie die Konstrukte des Befragten. Ein in der Funktion ähnliches Konstrukt kann dabei durchaus mit anderen Begriffen bezeichnet sein.

Die Funktion von Konstrukten wird im Gespräch aber immer nur an ausgewählten Beispielen verdeutlicht und zudem nur selten explizit formuliert. Sie kommt weitgehend nur in der Art zum Ausdruck, wie die Zuordnung von Elementen zu den Konstrukten mit der jeweiligen Skala vorgenommen wird. Die in dieser Form ausgedrückte Funktionsweise der Konstrukte ist für den Interpreten nicht unmittelbar im Gespräch und überwiegend auch nicht an den Rohdaten in ihrer Gesamtheit überschaubar. Vielmehr liefert schon ein mäßig umfangreiches und differenziertes Netz-Interview eine (zunächst ungeordnete) Informationsflut, die ohne Hilfsmittel nicht mehr zuverlässig verarbeitet werden kann. Entsprechend löst sich spätestens hier die Auswertung von der subjektiven Perspektive des Befragten, von dem, was er von seinen Konstrukten weiß und formulieren kann.

Die Ergebnisse einer z.B. Computer-gestützten Auswertung können dem Klienten zwar wieder zur Kontrolle vorgelegt werden, um zu prüfen, ob das, was rechnerisch bemerkenswert ist, auch einen persönlichen Sinn ergibt. Beachtet werden sollte aber, daß es sich dann um von außen angetragene Konstruktionen handelt - auch wenn der Klient sie als brauchbar akzeptieren kann. Wenn es darum geht, eine Auswertung der Daten vorzunehmen, die der Perspektive des Klienten möglichst nahe kommt, ist allerdings eine derartige Kontrolle der Auswertung durch den Klienten wichtig. Dies kann z.B. geschehen, indem die Ergebnisse der Auswertung schriftlich zusammengefaßt und dann durchgesprochen (vgl. Fromm 1987a, S. 297ff) oder die Ergebnisse in relativ leicht verständlichen grafischen Darstellungen (s.u. Fokussierung und Clusteranalyse) präsentiert und daran schrittweise besprochen werden (vgl. Thomas/Harri-Augstein 1985 S. 77ff).

Die Erträge einer derartigen Auswertung gehen über die, die der Befragte auf sich gestellt durchführt, insbesondere dort hinaus, wo allgemeinere Charakteristika des Konstruierens benannt werden. Wenn z.b. festgestellt wird, daß bestimmte Konstrukte nur dichotomisierend oder geschlechtsspezifisch benutzt werden, manche Elemente von anderen bemerkenswert abgegrenzt werden usw. Damit ergeben sich andere Betrachtungswinkel, die z.b. problematische Aspekte aktueller Konstruktionen klären und mögliche Veränderungsrichtungen aufzeigen können.

4.1.2. Die Perspektive des Interpreten

Die ersten Vorschläge zur Inhaltsanalyse von Repertory Grids stammen von Kelly (vgl. 1955/91a, S. 232ff/162ff, 452ff/335ff) selbst. Sie sind allerdings im Gegensatz zu seinem Vorschlag einer quantitativen (faktorenanalytischen) Auswertung kaum beachtet worden.

Kelly (1955/91a, S. 232ff/162ff) nennt die folgenden Analysegesichtspunkte:

1. **Anzahl der erhobenen Konstrukte**
2. **Überschneidung von Konstrukten**: Es geht darum, die funktionale Ähnlichkeit verschiedener Konstrukte zu überprüfen, wie weit begrifflich verschiedene Konstrukte in ähnlicher Weise angewandt werden.
3. **Durchlässige und undurchlässige Konstrukte**: Gemeint ist, in wie vielen Fällen ein Konstrukt zur Anwendung kommt; konkret: Wiederholungen im Netz-Interview.
4. **Felder der Durchlässigkeit von Konstrukten**: Es geht um die Anzahl der Wiederholungen von Konstrukten und darum, *wo* sie sich wiederholen.
5. **Kontrastierende Konstrukte**: Konstrukte, die wesentlich die Funktion erfüllen, irgendetwas oder irgendwen auszugrenzen.
6. **Kontrastpol eines Konstrukts, der nur bei einem Element wiederholt wird**: Der Kontrastpol "intelligent" wird z.B. wiederholt nur in der Weise benutzt, daß eine bestimmte Person (wenn sie in der Triade vorkommt) herausgefiltert wird.
7. **Einzigartige Elemente**: Elemente, auf die nur oder fast nur kontrastierende Pole von Konstrukten angewandt werden. Konkret z.B. Personen, denen in keiner Weise Gemeinsamkeiten mit anderen Personen zugesprochen werden.

8. **Konstruktverbindungen durch Kontraste**: Verschiedene Konstrukte können in einem Pol (hier dem kontrastierenden) übereinstimmen.
9. **Konstruktverbindungen durch Elemente**: Gemeint ist, daß mehrere Konstrukte dadurch miteinander verbunden sind, daß sie gemeinsam in ihrem kontrastierenden Pol auf eine Person bezogen werden.
10. **Identifikation von 'Figuren' (bei Personen als Elementen)**: Kelly benutzt hier Vergleiche mit der Bühne: Wie ist das Stück besetzt, in dem die Untersuchungsperson die Hauptrolle spielt? Welche Charaktere kommen vor, welche Erwartungen, Handlungsmöglichkeiten ergeben sich für die untersuchte Person?
11. **Situative Konstrukte**: z.b. "Wohnen beide in..."
12. **Ausschließendes Konstrukt**: 'Schubladenkonstrukte', die angeben, daß irgendetwas "nichts als..." ist. Es geht hier weniger um die konkrete Benennung des Konstrukts, sondern um die Form der Anwendung, nämlich in grob typisierender Weise.
13. **Oberflächliche Konstrukte**
14. **Vage Konstrukte**
15. **Abhängigkeitskonstrukte**: Geben an, in welchen Abhängigkeiten eine Person zu anderen steht (auch bei Dingen denkbar).
16. **(Konventionell) wertende Konstrukte**: Es geht um Konstrukte, die nach gängigen Konventionen zwischen gut und schlecht unterscheiden.
17. **Sprachniveau**
18. **Mehrdeutige Personen**: Elemente können auf verschiedenen Seiten eines Konstrukts (oder ähnlicher Konstrukte) auftauchen, wenn diese in verschiedenen Kontexten benutzt werden.
19. **Machtkonstrukte und -personen**: Anzahl der Konstrukte bzw. der konstruierten Personen, die deutlich als stark bzw. schwach zu identifizieren sind.
20. **Andere Kategorien der jeweiligen Kultur**: Kelly erwähnt z.B. Erfolg, Bildung, Beruf als mögliche Kategorien zur Ordnung der Konstrukte.
21. **Ablehnungen**: Bestimmte Triaden können abgelehnt werden.
22. **Beharrung**: Bei der sequenziellen Form kann auch nach Veränderung der Elemente das gewählte Konstrukt beibehalten werden.
23. **Selbst-Identifikationen**: Wenn die Selbst-Identifikations-Form eingesetzt wird, kann danach gefragt werden, wie oft die Person sich selbst dem kontrastierenden Konstruktpol zuordnet, wie weit sie sich bei stark wertenden Konstrukten der guten oder schlechten Seite zuordnet usw. (s. dazu die anderen Analysegesichtspunkte).
24. **Isolierungen**: Anzahl der Fälle, in denen bei der Personal Role Form z.B. die eigene Person von Aktivitäten ausgeschlossen wird.

Die von Kelly genannten Analysegesichtspunkte sind von sehr unterschiedlicher Art. Sie sind z.T. recht einfach und objektiv anwendbar, wie z.b. "Anzahl der erhobenen Konstrukte", dann recht voraussetzungsreich und interpretationsbedürftig, wie z.B. "Oberflächliche Konstrukte". Bei manchen Gesichtspunkten ist relativ plausibel, warum es sinnvoll sein kann, sie anzuwenden, bei anderen nicht. So ist z.b. die Frage nach "Bereichen der Anwendbarkeit" einzelner Konstrukte hilfreich, um zu sehen, in welchen Grenzen sich die Konstruktionen und möglicherweise auch das Handeln des Befragten aktuell bewegen. Die Frage nach der Anzahl der erhobenen Konstrukte ist zwar leicht zu beantworten, es ist aber ziemlich unklar, was die Antwort dann bedeutet. So weist zwar Kelly darauf hin, daß man die Anzahl der erhobenen Konstrukte wohl kaum als Indikator für die Intelligenz der Befragten nehmen könne, ob aber seine Vermutung, die Konstruktzahl könne eher etwas mit der Nutzung der Intelligenz zu tun haben, weiter führt, ist ebenfalls unklar. Auf jeden Fall dürfte es wenig sinnvoll sein, die Anzahl ohne Berücksichtigung der Art der erhobenen Konstrukte zu interpretieren, denn manche Klienten formulieren z.B. eine Vielzahl sehr konkreter Konstrukte (etwa: "groß-klein"), während andere sich auf wenige abstrakte beschränken (etwa: "gerecht-ungerecht"). Weniger problematisch ist der Analysegesichtspunkt der Anzahl der Konstrukte dann, wenn er genutzt wird, um für einen Klienten abzuschätzen, wie ausdifferenziert sein Konstruktsystem für unterschiedliche Erfahrungsgegenstände ist.

Wie in diesen Fällen wäre auch für die anderen Vorschläge Kelly's danach zu fragen, welchen Erkenntnisgewinn man für das jeweilige Untersuchungsvorhaben von der Beantwortung der jeweiligen Frage erwartet, dann aber auch, wie man z.B. konkret feststellen will, wie "konventionell" die Konstrukte sind, die eine Person anwendet.

Bekannter als Kelly's Vorschläge sind die von Landfield (1971), einem Schüler Kelly's, zur Kategorisierung von persönlichen Konstrukten. In seinem "Rep Test Scoring Manual" (ebd. S. 165) gibt er detaillierte Anweisungen, wie 22 verschiedene Kategorien von "Soziale Interaktion" bis "Humor" anzuwenden sind. Diese Anweisungen sind zwar bis zu alphabetischen Begriffslisten mit der jeweiligen Kategorisierung ausgeführt, was dann auch eine computergestützte Auswertung ermöglicht. Aber auch wenn es dazu inzwischen eine (erweiterte) deutsche Begriffsliste gibt (vgl. Egle/Habrich 1993), ändert sich nichts daran, daß die Kategorien Landfield's beliebig sind und in keinem erkennbaren Zusammenhang zur Personal Construct Psychology stehen. Auf der Basis der Personal Construct Theory ist es vielmehr sogar ausgesprochen problematisch, in der Art Landfield's isolierten Begriffen eine eindeutige Bedeutung geben zu wollen (s. Teil 2.). Das schließt nicht aus, daß die von Landfield vorgeschlagenen Kategorien und seine Begriffslisten in einem anderen theoretischen Kontext sinnvoll und für manchen Anwendungskontext nützlich sind. Mit Personal Construct Psychology haben sie aber theoretisch und methodisch nichts zu tun - auch wenn sie von einem Schüler Kelly's stammen.

4.2. Handauswertung

Über die Auszählung der Häufigkeit von Konstrukten (s.o.) hinaus sind auch ohne Computerunterstützung recht komplexe Auswertungen von Repertory-Grid-Daten möglich. Ihre Gemeinsamkeit mit aufwendigeren Computerauswertungen ist im Unterschied zu inhaltsanalytischen Auswertungen, daß sie überhaupt nicht mit den Konstruktbezeichnungen arbeiten, sondern nur mit den skalierten Urteilen, mit denen die Konstrukte auf die jeweiligen Elemente angewandt werden. Im Extrem ist es deshalb sogar möglich, daß Thomas und Harri-Augstein (1985) Repertory-Grids auswerten, ohne die Sprache der Befragten zu beherrschen. Ob derartige Auswertungen sinnvoll sind, hängt - für Handauswertungen wie für Computerauswertungen - davon ab, ob die quantitativ feststellbaren Beziehungen zwischen den Daten in nachvollziehbarer Weise auf Konstruktbezeichnungen bezogen und in adäquate Begriffe transformiert werden können (vgl. Fromm 1987a, S. 122ff).

Ein Unterschied zwischen der Hand- und Computerauswertung besteht allerdings darin, daß sich die Handauswertung weniger weit von den Rohdaten entfernt und damit die Übersetzung zwischen numerischem und empirischem Relativ eher möglich bleibt.

4.2.1. Folienauswertung

Die einfachste Auswertungsmethode, die Folienauswertung, ist speziell für den Vergleich von zwei Repertory-Grid-Erhebungen geeignet (vgl. z.B. Pope/Keen 1981, S. 71; Shaw/McKnight 1981, S. 84ff; Stewart/Stewart 1981, S. 186ff). Dazu müssen zwei Erhebungen mit übereinstimmenden Elementen und Konstrukten vorliegen; die Zuordnung der

Elemente zu den Konstrukten sollte dichotom sein. Die zwei Erhebungen können von einer Person stammen, wenn z.b. in der Beratung Veränderungen untersucht werden sollen, aber auch von zwei Personen, die sich z.b. im Rahmen einer Paarberatung über ihre Konstrukte zu gemeinsamen Erfahrungsgegenständen verständigen wollen.

Voraussetzung für diese Auswertung ist, daß die Zuordnungen der Konstrukte zu den Elementen auf besondere Weise, eben auf Folien, festgehalten werden. Um die Zuordnung eines Elements zu einer Seite des Konstrukts anzugeben, wird das jeweilige Dreieck (s. Abb. 27) ausgefüllt.

Wenn dann zwei Folien übereinandergelegt werden, ist auf den ersten Blick erkennbar, wo die Zuordnungen übereinstimmen und wo nicht, weil in diesem Fall die Antwortfelder ganz ausgefüllt sind und kein Dreieck, sondern ein Rechteck zu sehen ist. Im vorliegenden Beispiel hat sich zwischen der 1. und 2. Erhebung bei drei Personen die Einschätzung verändert (1, 3 und 5), am stärksten bei Person 3, und zwar zur negativen Seite hin, während bei den beiden anderen Personen die Einschätzung positiver ist. Ebenso läßt sich für die Konstrukte feststellen, daß sich die deutlichsten Veränderungen beim Konstrukt "hat eigene Ideen - Nachahmer" ergeben.

Natürlich ist hier nicht nur die Skalierung, sondern auch die Auswertung ausgesprochen grob. Als wenig arbeits- und zeitaufwendige Methode liefert das Verfahren aber erste Anhaltspunkte für Veränderungen/ unterschiedliche Zugänge von Personen und vor allem Ansatzpunkte für Nachfragen. Es ist zwar vorgeschlagen worden, die Dichotomien dieser Erhebungen durch 5-stufige Ratingskalen zu ersetzen, indem für die verschiedenen Skalenwerte verschiedene Farben benutzt werden (vgl. Raeithel 1993, S. 48). Eigene Versuche führten aber zu Problemen bei der Erhebung **und** bei der Auswertung:
- Bei der Erhebung treten Probleme auf, wenn den befragten Personen verschiedenfarbige Folienstifte zur Verfügung gestellt werden. Es kommt dann häufiger zu Fehleintragungen.
- Ein weiteres Problem bei der Erhebung und dann auch bei der Auswertung besteht darin, Farbabstufungen zu finden, die für die Befragten subjektiv ein Kontinuum mit gleichen Abständen darstellt.

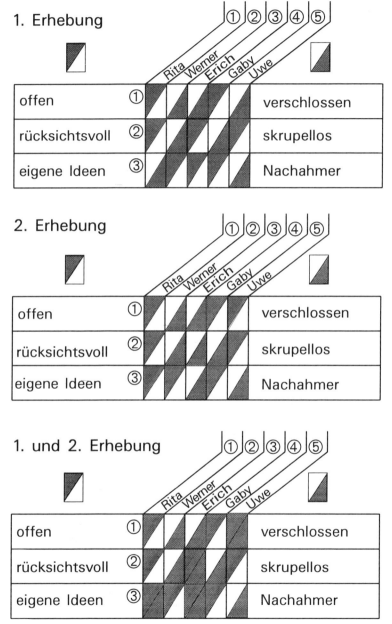

Abb. 27: Folienauswertung

Nachträglich (bzw. mit entsprechenden technischen Hilfsmitteln) ist zwar die Visualisierung der Stufen einer Ratingskala z.b. durch verschiedene Grauwerte möglich (vgl. Raeithel 1993 S. 48). Damit geht dann aber die einfache und unmittelbare Rückmeldung und damit ein wesentlicher Vorzug dieses Verfahrens z.b. für die Beratungsarbeit verloren.

4.2.2. Fokussierung

Bei der Fokussierung von Repertory-Grid-Daten geht es darum, durch Neuordnung der Rohdaten Ähnlichkeiten der Konstrukte und der Elemente untereinander deutlicher hervortreten zu lassen (Thomas/Harri-Augstein 1985, S. 57ff). Das ist notwendig, weil die Anordnung der Elemente bei der Erhebung und die Reihenfolge, in der die Konstrukte erhoben werden, sich ja nicht nach der Ähnlichkeit der Elemente oder Konstrukte untereinander richten. Also stehen ähnliche Elemente und Konstrukte bestenfalls zufällig nebeneinander/untereinander und sind ansonsten über die Erhebung verstreut. Entsprechend unübersichtlich ist dann am Ende der Protokollbogen. Bei der Fokussierung wird im wesentlichen der Aufbau der Datenmatrix von den Zufälligkeiten der Erhebungsabfolge befreit, indem Reihen und Spalten der Datenmatrix entsprechend ihrer Ähnlichkeit untereinander neu angeordnet werden.

Das Vorgehen (s. Abb. 28)

1. Die Ergebnismatrix wird spaltenweise so in Streifen geschnitten, daß auf jedem Streifen oben die Bezeichnung für das Element und darunter alle dichotomen Zuordnungen oder Ratings stehen.

2. Jedes Element wird mit jedem anderen verglichen. So wird erst Element 1 mit Element 2 verglichen, dann Element 1 mit Element 3 usw. Zur Erleichterung kann dabei der Streifen von Element 1 jeweils neben das Vergleichselement gehalten werden. Wenn Element 1 mit allen weiteren verglichen worden ist, wird als nächstes Element 2 mit allen noch übrigen (der Vergleich mit 1 hat ja bereits stattgefunden) verglichen (also mit 3, 4 usw.). Das wird solange fortgesetzt, bis jedes Element mit jedem anderen verglichen worden ist.

Im Fall dichotomer Zuordnungen (wie in Abb. 28) wird die Summe der unterschiedlichen Zuordnungen zu den Konstruktpolen berechnet - wenn also z.B. Element 1 dem linken Pol und Element 2 dem rechten Pol des Konstrukts zugeordnet wurde.

Wurde eine Ratingskala benutzt, wird die Summe aus den Differenzen der Ratings für die einzelnen Konstrukte berechnet. Hat z.B. Element 1 auf dem ersten Konstrukt ein Rating von 2 erhalten, Element 2 dagegen ein Rating von 4, wird als Differenz 2 festgehalten und mit den übrigen Differenzen für diesen Elementvergleich (Element1/Element2) aufsummiert.

3. Die Differenzwerte werden in eine Differenzmatrix eingetragen.

4. Die Elementstreifen werden nach der Höhe der Differenzen neu nebeneinander gelegt, so daß Elemente mit geringer Differenz nahe beieinander liegen, Elemente mit hoher Differenz weiter auseinander. Für diese Neuanordnung gibt es immer mehrere Möglichkeiten. Wenn zunächst die beiden Elemente zusammengelegt werden, die untereinander die geringste Differenz aufweisen, ergibt sich schon bei der Anordnung des nächsten Elements das Problem, wie die (z.T. erheblich unterschiedlichen) Differenzen dieses Elements zu den beiden ersten Elementen adäquat wiedergegeben werden können. Mit jedem zusätzlichen Element nimmt dies Problem zu, weil durch die Anordnung nicht alle unterschiedlichen Abstände zu den bis dahin angeordneten Elementen ausgedrückt werden können. Insofern ist das Ergebnis der Neuanordnung immer nur *eine mögliche Lesart* der Daten. Wie mit diesem Problem umgegangen wird - ob z.B. für die Bildung der Cluster die kleinste, größte oder mittlere Differenz herangezogen wird - trägt dann übrigens auch dazu bei, daß verschiedenartige Clusteranalysen (s.u.) zu unterschiedlichen Ergebnissen führen.

5. Die Elementstreifen werden in der neuen Ordnung aufgeklebt oder die Ergebnismatrix wird nach der neuen Ordnung noch einmal sauber aufgeschrieben.

Für die **Neuordnung der Konstrukte** werden die obengenannten Schritte noch einmal durchgeführt, diesmal reihenweise. Es werden jetzt also horizontal Streifen geschnitten, auf denen jeweils ein Konstrukt mit den zugehörigen dichotomen Zuordnungen oder Ratings für alle Elemente steht. usw.

Am Ende entsteht dann ein fokussiertes Datenblatt. Zusätzlich veranschaulichen lassen sich die Beziehungen der Elemente und Konstrukte untereinander durch die grafische Darstellung in Baumstrukturen (s. Abb. 30).

Abbildung 29 veranschaulicht zunächst, wie unübersichtlich das Datenblatt leicht schon bei einer sehr kleinen Erhebung wird - obwohl hier die Beispieldaten extrem eindeutig gewählt sind. Die Elementmatrix macht dann deutlich, daß wir es mit zwei klar unterscheidbaren Elementgruppen zu tun haben: E1+E3 und E2+E4. Zwischen den Mitgliedern dieser Paare ist jeweils die Differenz 4, die geringste Differenz zwischen Mitgliedern der verschiedenen Paare ist dagegen 9 (zwischen E3 und E4). Unter Berücksichtigung der übrigen Werte ergibt sich eine Anordnung mit zwei Paaren, bei denen E1 und E2 die Extrempositionen einnehmen. Die Neuordnung der Elemente nach Ähnlichkeit ergibt danach als neue Folge: E2, E4, E3, E1 (s. Abb. 29 unten).

In der Konstruktmatrix sind oben rechts die Differenzen aller Konstrukte untereinander eingetragen. Die Werte unten links sind dagegen noch erklärungsbedürftig. Sie ergeben sich, wenn die Konstrukte umgepolt werden, d.h., wenn die Konstruktpole vertauscht und auch die Ratings entsprechend geändert werden (1 zu 5, 2 zu 4 und umgekehrt). Der Grund für dies Vorgehen liegt wieder in den Zufälligkeiten der Erhebung: Der Befragte ist ja frei, welchem Pol seines Konstrukts er Rating 1 oder 5 zuordnet. Das kann dazu führen, daß die Ähnlichkeit in der Anwendung mancher Konstrukte auf den ersten Blick deshalb nicht deutlich wird, weil sie gegenläufig gepolt sind. Konstrukt 1 und 5 haben z.B. identische Ratings, wenn eines der beiden Konstrukte umgepolt wird (s. Abb. 29 unten). Im Rohnetz oben ist das dagegen weit weniger deutlich. Da sich die Notwendigkeit zur Umpolung nicht einfach durch bloßes Hinsehen erkennen läßt - nicht alle Konstrukte legen dies allein schon durch die Begriffe und dazu noch wertende Formulierungen so nah, wie die hier verwendeten -, ist es sinnvoll zu berechnen, wie sich die Differenzen verändern, wenn jeweils ein Konstrukt umgepolt wird.

Fokussierung

Differenzen zwischen Elementen

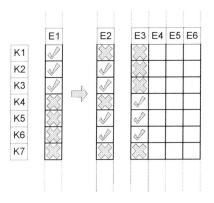

Differenzen zwischen Konstrukten

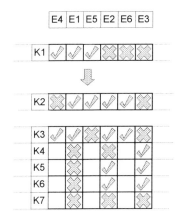

Abb. 28: Schritte der Fokussierung

Rohnetz

		E1	E2	E3	E4	
		O T T O	P I A	K A R L	L I S A	
	1					5
K1	gutmütig	5	1	4	2	hart
K2	geschickt	2	4	2	4	ungeschickt
K3	impulsiv	4	3	2	1	ruhig
K4	nicht harmonisch	4	2	4	2	harmonisch
K5	unfreundlich	1	5	2	4	freundlich

Differenzen zwischen Konstrukten und Elementen

Elementmatrix

	E1	E2	E3	E4
E1		13	4	13
E2			11	4
E3				9
E4				

Konstruktmatrix

	K1	K2	K3	K4	K5
K1		10	6	2	12
K2	2		6	8	2
K3	8	4		4	8
K4	10	0	6		10
K5	0	10	6	2	

↑
Differenzen bei Umpolung

Konstruktmatrix nach Umpolung von K2 und K5

	K1	K2	K3	K4	K5
K1		2	6	2	0
K2			4	0	2
K3				4	6
K4					2
K5					

Fokussiertes Netz

		E2	E4	E3	E1	
		P I A	L I S A	K A R L	O T T O	
	1					5
K5	freundlich	1	2	4	5	unfreundlich
K1	gutmütig	1	2	4	5	hart
K2	ungeschickt	2	2	4	4	geschickt
K4	nicht harmonisch	2	2	4	4	harmonisch
K3	impulsiv	3	1	2	4	ruhig

Abb. 29: Fokussierung am Beispiel

In der Spalte unter K1 stehen dann die Differenzen zwischen dem umgepolten Konstrukt 1 und allen anderen Konstrukten, in der Spalte unter K2 die Differenzen zwischen dem umgepolten Konstrukt 2 und allen anderen Konstrukten usw. Im vorliegenden Beispiel ergibt diese Berechnung, daß in zwei Fällen eine Differenz von 0 entsteht, wenn nämlich die Konstrukte K2 und K5 umgepolt werden. Die korrigierte Konstruktmatrix rechts gibt dann die neuen Differenzen an - die zwischen K2 und K5 bleibt natürlich erhalten, weil beide Konstrukte umgepolt werden.

Das fokussierte Netz zeigt dann deutlich die Übereinstimmungen zwischen den Konstrukten K5 und K1 und den Konstrukten K2 und K4, außerdem die geschlechtsspezifisch typisierende Anwendung der Konstrukte und schließlich die Einheitlichkeit der Ratings für die einzelnen Personen über alle Konstrukte.

An dieser Vorstufe zu komplexeren Verrechnungen läßt sich zweierlei noch recht deutlich zeigen: Einmal sind diese Verrechnungen nicht nur hilfreich, sondern spätestens dann auch notwendig, wenn ein differenzierteres Bild von den Beziehungen der Konstrukte untereinander gewonnen werden soll. Zum anderen ist aber auch unübersehbar, wie diese Verrechnungen (zunehmend) eine Präzision der Analyse suggerieren, die doch definitiv nur die reine Rechengenauigkeit betrifft, aber eben nicht die Relevanz und Bedeutung des Gerechneten. Da das Bewußtsein von der 'Schmuddeligkeit' der Vorgänge vor der numerischen Transformation der Daten häufig bereits mit der ersten Matrix abnimmt und spätestens dann verlorengeht, wenn die ersten Berechnungen mit einer Genauigkeit von zwei Stellen hinter dem Komma vorliegen, ist die Erinnerung daran keineswegs überflüssig, daß die Grundlage für solche Verrechnungen Ratings sind, die z.B. auch so zustande kommen: "Ich glaub' ich leg' das jetzt mal da hin, oder so."

Natürlich ist das nicht der Normalfall, normal ist aber schon, daß Befragte sich unsicher sind, nur bedingt mit ihren Zuordnungen und Formulierungen zufrieden, daß sie ihre Zuordnungen eher als vorläufig ansehen usw. Und das sollte dann auch beim Umgang mit den Ergebnissen quantitativer Auswertungen von Grid-Daten präsent bleiben. Entsprechend ist im Zweifelsfall entscheidend, welche berechnete Relation auf der Basis der Äußerungen des Befragten plausibel ist und einen Sinn ergibt und nicht, welche numerisch relevant ist. In dieser Hinsicht ist die Fokussierung von Grid-Daten in der Handauswertung eine ausgesprochen nützliche Übung, weil sie die zahlreichen in diesem Zusammenhang notwendigen Entscheidungen erfahrbar macht (vgl. a. Tschudi 1993, S. 70). So ist es z.b. manchmal schwierig, eine plausible Neuanordnung für Elemente und Konstrukte zu finden, weil ja nicht alle Beziehungen der Elemente/Konstrukte untereinander durch diese eine Anordnung ausgedrückt werden können. Jede Anordnung unterstreicht also einzelne Beziehungen und nimmt dafür in Kauf, daß andere nicht adäquat ausgedrückt werden. Für diese Entscheidung sind Berechnungen allein erkennbar unzureichend. Vielmehr sind häufiger inhaltlich sinnvolle Auswertungen nur dann möglich, wenn auch Beziehungen berücksichtigt werden, die rein quantitativ betrachtet nicht in die engere Wahl kämen.

Unterstützung für eine derartige Handauswertung bieten inzwischen sogar Computerprogramme, wie GridStack für den Apple Macintosh von Raeithel (vgl. Willutzki/Raeithel 1993, S. 76f). Damit kann man dann die Neuordnung der Datenmatrix per Mausklick bewerkstelligen und die Arbeit mit Schere und Kleber sparen.

4.3. Computergestützte Auswertung

Für die Computerauswertung von Repertory-Grid-Daten kann man natürlich auf gängige Statistik-Software zurückgreifen, praktischer und effektiver wird aber im Normalfall der Einsatz spezialisierter Software sein. Wie oben bereits kurz erwähnt, sind inzwischen die speziell für die Auswertung von Grids verfügbaren Programme kaum noch zu überschauen (vgl. Sewell u.a. 1992). Entsprechend variantenreich ist das Angebot an Auswertungsoptionen, die von einfachen Verteilungsmaßen über zahlreiche mehr oder weniger nützliche Indizes bis zu verschiedenen Varianten der Cluster- und Hauptkomponentenanalyse reichen. Die Beschränkung auf eine Auswertungsmethode (z.B. Riemann 1991, dort: Hauptkomponentenanalyse) ist dabei die Ausnahme - und im Hinblick auf die Interpretation der Ergebnisse (s.u.) auch nicht unproblematisch. Die bekannteren und leistungsfähigeren Programme bieten dagegen Cluster- und Hauptkomponentenanalysen und dazu jeweils unterschiedliche zusätzliche Auswertungen (vgl. Willutzki/Raeithel 1993).

4.3.1. Clusteranalyse

Die grundlegenden Arbeiten für den Einsatz von clusteranalytischen Verfahren zur Auswertung von Repertory-Grid-Daten stammen von Thomas und seinen Mitarbeiterinnen und Mitarbeitern im "Centre for the Study of Human Learning" (vgl. z.B. Thomas/Harri-Augstein 1985).

Das Grundprinzip der clusteranalytischen Auswertung von Grid-Daten ist oben als fokussierende Handauswertung bereits dargestellt worden. Es geht darum, die Ähnlichkeit von Elementen und Konstrukten zu berechnen, um auf dieser Basis Gruppen (Cluster) von Elementen und Konstrukten zu identifizieren, die untereinander hohe Ähnlichkeit aufweisen und sich von Elementen/Konstrukten anderer Gruppen unterscheiden - in dem einfachen Beispiel oben zur Handauswertung wären bei den Elementen etwa Männer und Frauen recht klar von einander unterschieden. Im Vergleich mit den einfachen Handauswertungen von Differenzen bietet die Computerauswertung neben der Arbeitserleichterung vor allem zusätzliche Prüfwerte, die Anhaltspunkte liefern sollen, wie klar sich die einzelnen Cluster unterscheiden lassen und wie verläßlich entsprechend die ermittelte Lösung ist. Neben der Berechnung aller Werte und Prüfwerte liefern einige Programme zusätzlich eine grafische Darstellung der Ergebnisse, in der die Cluster als Baumstruktur wiedergegeben sind.

Die numerisch ähnlichen Elemente und Konstrukte sind in dieser grafischen Darstellung jeweils benachbart angeordnet. Zusätzlich wird die Ähnlichkeit durch die Lage der Schnittpunkte der Linien, die von den Elementen/Konstrukten ausgehen, ausgedrückt. Entsprechend der prozentualen Übereinstimmung der Elemente/Konstrukte liegt der Schnittpunkt nahe beim Ausgangspunkt (hohe Übereinstimmung) oder weiter entfernt (niedrige Übereinstimmung). In Abbildung 30 sind also die Elemente Schreiner, Altmann und Lingen am ähnlichsten, was sich auch in den zugehörigen Spalten der Rohdatenmatrix unten nachvollziehen läßt, bei den Konstrukten die Konstrukte 1 und 2.

Solche Clusterbäume drücken Beziehungen recht anschaulich aus und können z.B. auch zusammen mit Klienten durchgesprochen werden (vgl. Thomas/Harri-Augstein 1985, S. 77ff). Diese Anschaulichkeit in Verbindung mit den üblicherweise begleitenden Ausdrucken von Element- und Konstruktmatrix und verschiedenen Prüfwerten sollte allerdings nicht dazu verführen, die Aussagekraft der Auswertung zu überschätzen.

194 Auswertung: Computergestützte Auswertung

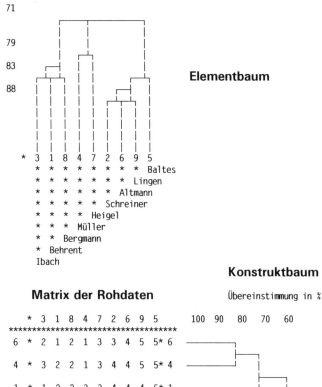

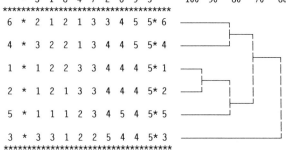

KONSTRUKTE - Reihenfolge wie oben

uninteress. Unterricht	6 ---	interessanter Unterricht
altmodischer Unterr.	4 ---	normaler Unterricht
streng(unmenschlich)	1 ---	menschlicher
ungerecht	2 ---	gerecht
unsympathisch	5 ---	sympathisch
kümmert s. n. um einzelne	3 ---	kümmert s. um einzelne

Abb. 30: Clusterbaum

Zunächst ist zu beachten, daß die Anordnung der Elemente und Konstrukte innerhalb des Clusterbaums jeweils nur eine unter vielen Möglichkeiten darstellt (s.o.): Von der Vielzahl der Beziehungen der Elemente und Konstrukte untereinander zeigt der jeweilige Baum eine Auswahl. Und diese Auswahl ist nicht inhaltlich, sondern numerisch begründet - und daher möglicherweise (inhaltlich) sinnlos. Eine andere Darstellung ist grundsätzlich immer möglich und zulässig, indem die einzelnen Elemente und Konstrukte wie an einem Mobile hängend bewegt werden (vgl. z.B. Raeithel 1993, S. 57). Die Zahl der Alternativen zur Auswertung und Darstellung desselben Datensatzes erhöht sich zusätzlich durch verschiedene konkurrierende Verfahren zur Berechnung der Ähnlichkeit der Cluster, die dann auch zu unterschiedlichen Lösungen führen (vgl. z.B. Bell 1987). Die vom Computer vorgegebene Lösung kann also nur als eine Möglichkeit verstanden werden, die evtl. unter inhaltlichen Gesichtspunkten noch deutlich korrigiert werden muß.

Schließlich kann auch die Anzahl der Cluster nicht von einer inhaltlichen Inspektion und Rückübersetzung der Ergebnisse ausgenommen werden. Wenn der Computer in jedem Fall N-1 Cluster berechnet (in Abb. 30 bei 6 Konstrukten also 5 Cluster), ist absehbar, daß darunter auch solche sein werden, die nicht durch große interne Ähnlichkeit der Elemente/Konstrukte und deutliche Unterschiede zu anderen Clustern gekennzeichnet sind (vgl. Tschudi 1993, S. 74f). Die Frage ist dann, wie ähnlich Elemente/Konstrukte sein müssen bzw. wie stark von anderen unterschieden, damit man noch von einem Cluster sprechen kann. Dafür gibt es keine klaren Grenzwerte, nur Hilfsberechnungen, die aber eine inhaltliche Beurteilung nicht ersetzen können.

Diese Einschränkungen bedeuten nun allerdings nicht, daß eine Auswertung von Repertory-Grid-Daten besser auf Hilfsmittel wie die Clusteranalyse verzichten sollte. Gerade wenn es darum geht, von den Begriffen abzusehen, mit denen Konstrukte mehr oder weniger treffend bezeichnet werden, und die Funktionsweise von Konstrukten zu verstehen, sind Berechnungen dieser Art ausgesprochen hilfreich, um mögliche Funktionen von Konstrukten zu ermitteln. Wichtig ist eben nur, nicht aus den Augen zu verlieren, daß diese rechnerischen Möglichkeiten erst noch auf inhaltliche Bedeutung und Relevanz zu prüfen sind (vgl. Tschudi 1993; Raeithel 1993).

4.3.2. Hauptkomponentenanalyse

Auch die Hauptkomponentenanalyse berechnet die Ähnlichkeiten und Unterschiede der Elemente und Konstrukte untereinander. Sie geht insofern aber weiter als die Clusteranalyse, als sie die Informationsmenge der (korrelativen) Beziehungen der Elemente und Konstrukte weiter reduziert und sparsamer durch die Hauptachsen ausdrückt, mit der eine Person den "psychologischen Raum" (Kelly) strukturiert, in dem sie subjektiv lebt.

Rechnerisch geht es darum, die vorhandene Korrelationsmatrix durch eine kleinere Matrix darzustellen. Inhaltlich ist die Frage, wieweit die festgestellten Korrelationen auf eine gemeinsame zugrundeliegende Variable zurückgeführt werden können. Geometrisch anschaulich lassen sich schließlich die Konstrukte einer Person als Variable in ein Koordinatensystem eintragen, das den psychologischen Raum repräsentiert, in dem sich die Person subjektiv bewegt. Die Beziehungen der einzelnen Konstrukte und Elemente zueinander lassen sich dann als Beziehungen im Raum und zu den Achsen des Koordinatenkreuzes darstellen (vgl. Kriz 1973, S. 252ff).

Dazu werden nicht nur die (korrelativen) Beziehungen zwischen Elementen und Konstrukten untereinander berechnet, sondern auch ihre Beziehungen zu solchen Achsen. Diese Achsen dienen zunächst nur als mathematische Orientierungshilfe, wie etwa auch bei der Vermessung eines Geländes Referenzpunkte benutzt werden, auf die Messungen von verschiedenen Orten im Gelände aus bezogen werden können. Für sich betrachtet haben diese Achsen demnach keine inhaltliche Bedeutung, sie bekommen sie erst durch die Art, wie Daten mit Bedeutung (Elemente/ Konstrukte) auf sie bezogen werden können. Darüber, ob man es dabei belassen sollte, derartige Achsen als mathematische Hilfslinien zu benutzen, oder ob man ihnen durch Zusammenschau der auf sie bezogenen bedeutungshaltigen Daten mit einer Bezeichnung eine Bedeutung zuordnen sollte, gehen die Meinungen auseinander. Zumindest zeigt der Umgang mit derartigen "Faktornamen" in der Praxis, wie groß die Gefahr ist, daß ihre Entstehung und die dabei investierte Phantasie des Forschers sehr schnell in Vergessenheit geraten und Faktornamen beginnen, ein Eigenleben zu führen (vgl. Kerlinger 1969, S. 683).

Neben einer Darstellung der Beziehungen der Konstrukte und Elemente untereinander und zu den Achsen des Koordinatenkreuzes in Tabellen-

und Matrixform liefern Hauptkomponentenanalysen auch eine grafische Darstellung dieser Beziehungen in Form sogenannter Biplots. Das sind Koordinatenkreuze, in denen Elemente und Konstrukte (als Punkte) gemeinsam dargestellt werden (vgl. Raeithel 1993, S. 53ff).

In Abbildung 31 sind noch einmal die Daten dargestellt, die auch der Clusteranalyse in Abbildung 30 zugrundeliegen. Die Elemente sind hier durch Buchstaben, die Konstrukte durch Zahlen bezeichnet. Wenn man darauf verzichtet, den Achsen eine Bezeichnung zu geben, informiert die Grafik - ähnlich wie die Clusterbäume - über die Ähnlichkeit von Elementen und Konstrukten untereinander. Die Elemente, auf die die Konstrukte ähnlich angewandt wurden, erscheinen hier benachbart als Punktwolke, ebenso Konstrukte, die ähnlich benutzt wurden. Wie in der Clusteranalyse erscheinen Schreiner (B) und Altmann (F) als relativ ähnlich und in gewisser Weise als Gegensätze zu Behrent (A) und Bergmann (H). Übereinstimmend mit der Darstellung im Clusterbaum stellen sich auch hier die Konstrukte 1 und 2 (und 5) (unten rechts) als sehr ähnlich dar. Zusätzlich läßt sich aus der Nähe von Konstrukten und Elementen ablesen, durch welche Konstrukte die jeweiligen Elemente vor allem gekennzeichnet sind. Schreiner (B), Altmann (F) und Baltes (E) (unten rechts) erscheinen danach besonders charakterisiert durch die Konstrukte 1, 2 und 5.

Neben den Übereinstimmungen mit der Clusterdarstellung sind allerdings auch Unterschiede erkennbar: So erscheint z.B. Ibach (C) im Quadranten unten links deutlicher von den übrigen unterschieden als im Clusterbaum. Wie weit diese Unterschiede nur durch die verschiedenen Darstellungsmöglichkeiten von Clusterbäumen und Biplots zustande kommen oder welche zusätzlichen Hinweise auf mögliche Lesarten der Befunde sich daraus ergeben, kann dann erst die genauere Inspektion ergeben, die dann zusätzliche Aspekte (Winkel zueinander, Entfernung vom Ursprung usw.), die Ergebnisse der Berechnungen und auch andere Darstellungs- und Berechnungsvarianten (rotierte, unrotierte Plots, verschiedene Anzahl von Komponenten usw.) mit einbezieht (vgl. z.B. Tschudi 1993, S. 49ff, 103ff).

Das ist dann allerdings keine ganz leichte Aufgabe mehr, vor allem lassen sich die Interpretationsstrategien nicht auf das Befolgen von ein paar klaren und lehrbaren Regeln reduzieren.

198 Auswertung: Computergestützte Auswertung

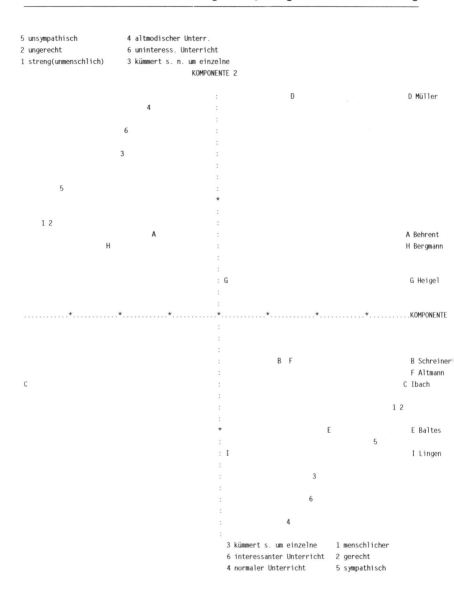

Abb. 31: Biplot

Raeithel (1993, S. 50) vergleicht vielmehr die Interpretation solcher Ergebnisse mit dem Analysieren von Röntgen-Aufnahmen durch Ärzte. Zutreffend an dem Vergleich ist sicherlich, daß solche Ergebnisse für unerfahrene Anwender zunächst vor allem verwirrend sind, weil für sie in den verfügbaren Informationen keine bedeutungsvollen Muster erkennbar sind. Und ähnlich ist wohl auch, daß das schwer explizierbare Know how, wie man hinsehen muß, um bedeutsame Muster zu identifizieren, vor allem in der Anleitung durch erfahrene Praktiker und durch ausgiebige Übung erworben wird.

Ein Nebeneffekt solcher Meisterlehre besteht allerdings auch in der Bildung von Schulen, die Sicherheit in der Fixierung auf ihre jeweilige Patentstrategie finden. Für die Personal Construct Psychology ist zumindest festzustellen, daß es Gruppen gibt, die fast ausschließlich Clusteranalysen **oder** Hauptkomponentenanalysen anwenden und dem jeweils anderen Verfahren skeptisch oder mit Ablehnung begegnen. Differenzierte Vergleiche der Leistungsmöglichkeiten liegen aber praktisch nicht vor (vgl. z.B. Beail 1985; Tschudi 1993; Raeithel 1993).

Ein paar nützliche Vergleichsgesichtspunkte liefern allerdings Stewart und Stewart (1981, S. S. 65). Auszugsweise (und übersetzt):

Clusteranalyse	Hauptkomponentenanalyse
1. Verschenkt in der anschaulichen Präsentation der Daten kein Detail der Beziehung zwischen Elementen/Konstrukten.	Verschenkt in der anschaulichen Präsentation der Daten Details der Beziehung zwischen Elementen/Konstrukten.
2. Setzt eine gründliche Inspektion der Daten voraus, bevor die Beziehung zwischen Elementen/Konstrukten voll erfaßt werden kann.	Beziehungen zwischen Elementen und Konstrukten, die in die Präsentation eingehen, sind leicht zu erfassen.

4. Arbeitet mit parameterfreien Verfahren, d.h. behandelt 4 als mehr als 2 und weniger als 5, aber macht keine Annahmen über die Größe des Unterschieds.	Arbeitet mit parametrischen Verfahren, d.h. mit der Voraussetzung, daß der Unterschied zwischen 4 und 2 dem zwischen 5 und 3 entspricht und ein Wert von 4 auf einem Konstrukt doppelt so viel angibt, wie einer von 2.
6. Relativ einfach zu zeigen, wie der Rechner vom Grid zum Datenausdruck gelangt.	Eher schwierig zu zeigen, wie der Rechner vom Grid zum Datenausdruck gelangt.

Zunächst eine Korrektur zu Punkt 1: Die anschauliche Darstellung der Clusterbäume gibt natürlich nur eine Auswahl der Beziehungen wieder (s.o.), keineswegs alle Details.

Unterschiedlich ist aber, wie in beiden Fällen Beziehungen ausgedrückt und veranschaulicht werden. Punkt 1 und 2 sind dabei in gewisser Weise verbunden zu sehen: So geht z.B. die Verbindung von Elementen und Konstrukten aus dem Biplot klarer hervor als aus den Clusterbäumen. Wenn ich also wissen will, durch welche Konstrukte eine Person vor allem charakterisiert ist, erfahre ich das schneller aus dem Biplot. Wenn ich dann aber wissen will, wie so eine Charakterisierung genauer aussieht - **wie** also bestimmte Konstrukte auf eine Person oder mehrere Personen angewandt werden - erlaubt die Clusteranalyse einen Rückgriff bis auf die Rohdaten, während er bei der Hauptkomponentenanalyse bei Korrelationen der Elemente und Konstrukte endet.

Punkt 6 ist insofern wichtig, als bei der Clusteranalyse durch den nachvollziehbaren Bezug der Clusterbäume zu den Rohdaten dem Klienten eher deutlich gemacht werden kann, wie es zum Ergebnis der Auswertung kommt. Es bleibt auch immer möglich, Resultate wieder in Rohdaten und konkrete Aussagen des Klienten zu übersetzen. Im Fall der Hauptkomponentenanalyse ist der Prozeß nicht durchschaubar und auch nicht zurückzuverfolgen.

Schließlich ist nicht nur erwähnenswert, daß beide Verfahren (s. 4.) unterschiedliche Anforderungen an das Skalenniveau der verarbeiteten Daten haben. Präziser muß man wohl sagen, daß die Clusteranalyse nur eine Datenqualität voraussetzt, die auch als gegeben unterstellt werden kann, während im Fall der Hauptkomponentenanalyse immerhin zweifelhaft ist, ob die Anforderungen an die Datenqualität erfüllt sind und wie schwerwiegend eine Fehleinschätzung des Skalenniveaus ist (vgl. Raeithel 1993, S. 56; vgl. a. Kriz 1981).

4.3.3. Andere Berechnungen, Maße, Indizes

Die meisten Computerprogramme zur Auswertung von Repertory Grids führen neben Standardberechnungen - wie etwa den Korrelationen zwischen Elementen und Konstrukten - andere Berechnungen durch, die die jeweiligen Programmautoren für wichtig oder vielleicht auch nur für interessant halten. Nützlich sind z.b. einige Programme, die auch Vergleiche zwischen mehreren Erhebungen erlauben (vgl. Gaines/Shaw 1990; Thomas/Harri-Augstein 1985, S. 353ff; Tschudi 1992; Willutzki/Raeithel 1993). Hilfreich für die Interpretation sind z.B. zusätzliche grafische Präsentationen von Auswertungsergebnissen, wie in "Target" (vgl. Tschudi 1993), oder sogar dreidimensionale Darstellungen von Biplots, wie mit GridStack/MacSpin (vgl. Willutzki/Raeithel 1993, S. 76f).

Unter den zahlreichen zusätzlich angebotenen Berechnungen sind dann allerdings auch einige, deren Aussagekraft zumindest fraglich ist (vgl. z.B. Tschudi 1993, S. 76ff). Das gilt insbesondere für die zahlreichen Maße, Indizes, Koeffizienten, die in immer neuen Varianten berechnet werden (vgl. a. Fransella/Bannister 1977) und von denen dann häufig nicht mehr bekannt ist, als daß sie manchmal zu ähnlichen Ergebnissen führen wie irgendeine andere Berechnung, bei der aber ebenfalls nur andeutungsweise klar ist, was sie mißt.

Dennoch vermitteln derartige Maße und Indizes - ebenso wie aufwendige Berechnungen der Clusteranalyse und vor allem die Hauptkomponentenanalyse - leicht eine problematische Sicherheit, indem sie immer wieder neu eine Genauigkeit von mehreren Stellen hinter dem Komma suggerieren. Daß Rechengenauigkeit nichts mit inhaltlicher Bedeutung und Relevanz der Ergebnisse zu tun hat, gerät da mitunter etwas in Vergessenheit. Das geschieht vor allem, wenn die Interpretation sich ganz von den Rohdaten löst und nur noch in der Wirklichkeit der Indizes, Faktorenladungen und Biplots stattfindet. Insofern ist von Bedeutung, daß die Tragfähigkeit der Auswertung nicht allein an Art und Komplexität der quantitativen Verarbeitung der Daten gemessen wird, sondern letztlich und vor allem daran, ob sie zu Lesarten führt, die auf der Basis der Rohdaten einen Sinn ergeben.

5. GÜTEKRITERIEN

"Just as there are vast numbers of ways of constructing grids so there are vast numbers of ways of constructing grids badly." (Fransella/Bannister 1977, S. 94)

Wie man unter den vielen möglichen Verfahrensweisen der Repertory Grid Methodik die besseren begründet auswählen kann, war durchgängiges Thema dieser Arbeit. Den Qualitätsmaßstab lieferten dabei vor allem die Persönlichkeits- und Erkenntnistheorie der Personal Construct Psychology.

Abweichend davon werden traditionelle Gütekriterien - wie Validität, Reliabilität und Objektivität - unabhängig vom jeweiligen theoretischen Kontext einer Untersuchung als allgemeingültige Maßstäbe benutzt, um die Qualität eines Verfahrens zu beurteilen. Von solchen Kriterien ist bisher nur am Rande die Rede gewesen. Das hat mehrere Gründe.

Der erste ist der, daß diese Kriterien, anders als z.b. bei psychometrischen Testverfahren (vgl. z.B. Lohaus 1993), auf ein strukturiertes Interview nur begrenzt anwendbar sind.

So ergeben herkömmliche Prüfungen der Validität im Falle von Grid-Interviews kaum einen Sinn. Ob z.B. ein Grid-Interview tatsächlich die relevanten Unterscheidungen erfaßt, die eine Person auf einen bestimmten Erfahrungsbereich anwendet, läßt sich im Sinne der Inhaltsvalidierung bestenfalls von der befragten Person selbst beurteilen. Da das Verfahren keine bestimmten Merkmale (wie z.B. "Angst" oder "Intelligenz") erfassen soll, ist eine Validierung an einem Außenkriterium nicht sinnvoll - weil gänzlich offen ist, welches Kriterium das sein könnte. Und eine Konstruktvalidierung kann sich nicht mit der Frage, ob das, was da erhoben wurde, entsprechend der Theorie als persönliches Konstrukt akzeptiert werden kann, auf die Ergebnisse der Erhebung beziehen, sondern bestenfalls auf das grundsätzliche Vorgehen der Erhebung. Wenn nach der Theorie Konstrukte als Unterscheidungen verstanden werden, die häufig präverbal bleiben und im Falle der Verbalisierung oft nur mit Schwierigkeiten begrifflich gefaßt werden können, besteht z.B. Anlaß, der hastigen Abarbeitung von Unterscheidungsaufgaben zu mißtrauen, weil die möglicherweise nur erfaßt, was leicht formulierbar ist. Umgekehrt erhöht natürlich ein Vorgehen, das den Klienten Zeit zum Nachdenken und zur Formulierung einräumt, die Wahrscheinlichkeit, daß das Verfahren nicht nur bereits vorhandene Konstrukte erhebt, sondern auch solche, die der Klient erst während der Befragung entwickelt (vgl. z.B. Bonarius u.a. 1984). Auf der Basis der Personal Construct Theory wäre allerdings dies Vorgehen dem erstgenannten als valider vorzuziehen.

Für die Reliabilität ergeben sich ebenfalls Probleme. Reliabilität im Sinne innerer Homogenität (split-half) ist ohnehin nicht zu erwarten, aber auch die Frage nach der Reproduzierbarkeit (re-test) der Ergebnisse führt erst einmal zu der Gegenfrage: "Reproduzierbarkeit *welcher* Ergebnisse?" Geht es um Anzahl, Formulierung, Rating oder Relationen zwischen Konstrukten, Elementen (usw.)? Es ließe sich also gleich eine ganze Reihe von Reliabilitätskoeffizienten berechnen, die dann natürlich immer nur für die jeweilige Erhebungsvariante gelten und nicht für *die* Grid-Methode. Da allerdings die Theorie (s. Teil 2.) weder von einer Stabilität persönlicher Konstrukte ausgeht, noch davon, daß sie immer in der gleichen Weise ausgedrückt werden, sind hohe Werte nur in bestimmten Fällen zu erwarten, z.B. wenn es um zentrale Konstrukte oder Strukturen des Konstruktsystems geht (vgl. z.B. Bannister/Mair 1968; Fransella/Bannister 1977; Lohaus 1993).

Vergleichsweise einfach ist die Objektivität sowohl der Durchführung, als auch der Auswertung von Grid-Erhebungen zu gewährleisten - jedenfalls dann, wenn es um eine quantitative Auswertung geht. In diesem Fall kann sogar durch Computererhebungen ein Höchstmaß an Objektivität garantiert werden.

An dieser Stelle ist nun aber spätestens der zweite Grund anzusprechen, warum von diesen Gütekriterien bisher nur am Rande die Rede gewesen ist: Man *kann* diese und andere Gütekriterien an die Repertory Grid Methodik anlegen. Und man kann die Repertory Grid Methodik auch durchaus in einer Weise anwenden, die z.B. weitgehende Objektivität und Reproduzierbarkeit der Ergebnisse gewährleistet und respektable Reliabilitätskoeffizienten aufweist (vgl. z.B. Fransella/Bannister 1977, S. 82ff; Bell 1990; Lohaus 1983, S. 88ff; 1993). Das ist auch oft genug geschehen. Im Überblick dürften sogar die Anwendungen der Grid-Methodik, die sich in Untersuchungsdesign und konkreten Verfahrensweisen an gängigen forschungsmethodischen Standards und Gütekriterien orientieren, überwiegen. Die Grid-Methodik wird dann wie irgendein anderes standardisiertes Befragungsinstrument eingesetzt.

Das Problem besteht aber darin, daß die Daten, die man auf diese Weise objektiv und reproduzierbar gewinnt, auf der Basis der Personal Construct Theory in vielen Fällen wertlos sind.

Zur Verdeutlichung des Dilemmas: Wenn Klienten eine Unterscheidung, also ein persönliches Konstrukt, benennen, dann gibt es aus der Sicht der Personal Construct Psychology zwei wesentliche Probleme. Erstens bringt die sprachliche Bezeichnung das Gemeinte nicht ohne Rest zum Ausdruck. Zweitens ist die Bezeichnung individuell und bedarf daher evtl. der Übersetzung in die Terminologie des Interpreten. Mit jedem Versuch, Funktion und Bedeutung der Konstrukte des Klienten verstehbar zu machen, nimmt nun aber - gemessen an herkömmlichen Gütemaßstäben - die Qualität des Verfahrens ab. Je mehr z.B. Berater und Klient über das Gemeinte sprechen, in Beispielen und Gegenbeispielen Übersetzungsversuche machen, um die Funktion der bezeichneten Konstrukte herauszuarbeiten, desto mehr nimmt die (auch inhaltliche) Einflußnahme des Beraters zu. Die Ergebnisse sind (zunehmend) Gemeinschaftsprodukt von Klient und Berater, und es bleibt grundsätzlich offen, was genau davon Anteil des Klienten ist. Zudem wird immer wahrscheinlicher, daß der Klient nicht nur bereits vorhandene Konstrukte formuliert. Außerdem nimmt natürlich mit jeder Intervention des Beraters die Vergleichbarkeit des Interviews mit anderen ab.

Da es zu diesen Versuchen, die Bedeutung der persönlichen Konstrukte zu klären und verstehbar zu machen, keine überzeugende Alternative gibt - die Computerauswertung kann sie, wie oben erläutert, unterstützen, aber nicht ersetzen - scheint sich die Alternative anzubahnen: Entweder man erhebt bedeutungsvolle und relevante Daten, betreibt dann aber nach herkömmlichen Kriterien schlechte Forschung, oder man produziert unter Beachtung aller methodischen Regeln Unsinn.

Diese Positionen sind auch durchaus in der Literatur vertreten: Auf der einen Seite wird in der Literatur zur Grid-Methodik häufiger die Ablehnung herkömmlicher Standards quasi zur Tugend stilisiert, auf der anderen gibt es aber ebenso die unreflektierte Orientierung an gängigen Standards (vgl. z.B. Riemann 1991), die vorschnell gerade die Möglichkeiten der Grid-Methodik zur Disposition stellt, die sie anderen Verfahren voraus hat, und die sie vor allem interessant machen.

Ob und wie weit die beispielhaft angesprochenen oder andere Gütekriterien aber sinnvoll sind, sollte vom jeweiligen Untersuchungszweck und den verwendeten Varianten der Grid-Methodik abhängig gemacht werden. Wenn es z.B. darum geht, möglichst genau die subjektive Welt einer Person oder mehrerer Personen kennenzulernen, dürfte die primäre Orientierung an der Objektivität oder Reproduzierbarkeit der Erhebung wenig angemessen sein (s.o.). Wenn dagegen untersucht werden soll, wie bestimmte Personengruppen mit öffentlichen (z.b. fachwissenschaftlichen) Unterscheidungen umgehen, ist es durchaus sinnvoll und auch ohne Probleme möglich, sich an diesen Kriterien zu orientieren.

Wann welche Gütekriterien beachtet werden sollten, ist also im Einzelfall zu entscheiden. Wie es z.B. bei der Untersuchung 'typischer' Konstrukte und bei Vergleichen sinnvoll sein kann, herkömmliche Standards ernst zu nehmen, wird es in anderen Fällen notwendig sein, herkömmliche Standards entschieden zu ignorieren, weil sonst nämlich von den Möglichkeiten der Grid-Methodik nur die genutzt werden, die (gemäß der Theorie der persönlichen Konstrukte) ebenso sinnlose und irrelevante Daten produzieren wie andere Verfahren auch.

6. LITERATUR

Bannister, D.: The Rational and Clinical Relevance of Repertory Grid Technique. In: Brit. J. Psychiat. 111 (1965), S. 977-982.

Bannister, D./Fransella, F.: Der Mensch als Forscher (Inquiring Man) - Einführung in die Theorie der persönlichen Konstrukte. Münster (Aschendorff) 1981.

Bannister, D./Mair, J. M. M.: The Evaluation of Personal Constructs. London/New York (Academic Press) 1968.

Beail, N./Beail, S.: Evaluating Dependency. In: Beail, N. (Hrsg.): Repertory Grid Technique and Personal Constructs. London/Sidney (Croom Helm) 1985, S. 207-217.

Beail, N. (Hrsg.): Repertory Grid Technique and Personal Constructs. London (Croom Helm) 1985.

Bell, R. C.: G-Pack Version 3.0. A Computer Program for the Elicitation and Analysis of Repertory Grids. Wollongong (University of Wollongong) 1987.

Bell, R. C.: Theory-Appropriate Analysis of Repertory Grid Data. In: International Journal of Personal Construct Psychology (1988), S. 101-118.

Bell, R. C.: Repertory Grids as Mental Tests: Implications of Test Theories for Grids. In: International Journal of Personal Construct Psychology (1990), S. 91-103.

Berger, P. L./Luckmann, T.: Die gesellschaftliche Konstruktion der Wirklichkeit. Eine Theorie der Wissenssoziologie. Frankfurt a.M. (Fischer) 1980.

Bonarius, H.: The Interaction Model of Communication: Through Experimental Research Towards Existential Relevance. In: Landfield, A. W. (Hrsg.): Nebraska Symposium on Motivation 1976. Lincoln/London (University of Nebraska Press) 1977, S. 291-343.

Bonarius, H./Angleitner, A./John, O.: Die Psychologie der persönlichen Konstrukte: Eine kritische Bestandsaufnahme einer Persönlichkeitstheorie. In: Amelang, M./Ahrens, H.-J. (Hrsg.): Brennpunkte der Persönlichkeitsforschung Bd. 1. Göttingen (Hogrefe) 1984, S. 109-138.

Boose, J. H.: A Knowledge Acquisition Program for Expert Systems Based on Personal Construct Psychology. In: International Journal of Man-Machine Studies 23 (1985), S. 495-525.

Bungard, W. (Hrsg.): Die 'gute' Versuchsperson denkt nicht. Artefakte in der Sozialpsychologie. München/Wien/Baltimore (Urban & Schwarzenberg) 1980.

Calvert, E. J./Waterfall, R. C.: A Comparison of Conventional and Automated Administration of Raven's Standard Progressive Matrices. In: International Journal of Man-Machine Studies 17 (1982), H.3, S. 305-310.

Carr, A. C./Wilson, S. L./Ghosh, A./Ancill, R. J./Woods, R. T.: Automated Testing of Geriatric Patients Using a Microcomputer-based System. In: International Journal of Man-Machine Studies 17 (1982), S. 297-300.

Davis, B. D.: Dependency Grids: An Illustration of Their Use in an Educational Setting. In: Beail, N. (Hrsg.): Repertory Grid Technique and Personal Constructs. London/Sidney (Croom Helm) 1985, S. 319-332.

Denner, S. J.: Automated Psychological Testing: A Review. In: British Journal of Social and Clinical Psychology 16 (1977), S. 175-179.

Egle, U. T./Habrich, G.: Inhaltsanalyse von Konstrukten. In: Scheer, J. W./Catina, A. (Hrsg.): Einführung in die Repertory Grid-Technik Band 2: Klinische Forschung und Praxis. Bern u.a. (Huber) 1993, S. 23-29.

Eland, F. A./Epting, F. R./Bonarius, H.: Self-Disclosure and the Reptest Interaction Technique. In: Stringer, P./Bannister, D. (Hrsg.): Constructs of Sociality and Individuality. London u.a. (Academic Press) 1979, S. 177-191.

Elithorn, A./Mornington, S./Stavrou, A.: Automated Psychological Testing: Some Principles and Practice. In: International Journal of Man-Machine Studies 17 (1982), H.3, S. 247-263.

Elithorn, A./Telford, A.: Computer Analysis of Intellectual Skills. In: International Journal of Man-Machine Studies 1 (1969), S. 189-209.

Epting, F. R./Probert, J. S./Pittman, S. D.: Alternative Strategies for Construct Elicitation: Experimenting with Experience. In: International Journal of Personal Construct Psychology 6 (1993), H.1, S. 79-98.

Epting, F. R./Suchman, D. I./Nickeson, C. J.: An Evaluation of Elicitation Procedures for Personal Constructs. In: British Journal of Psychology 62 (1971), S. 513-517.

Evan, W. M./Miller, J. R. I.: Differential Effects on Response Bias of Computer vs. Conventional Administration of a Social Science Questionnaire: An Exploratory Methodological Experiment. In: Behavioral Science 14 (1969), H.3, S. 216-227.

Fischer, W.: Kritische Gedanken zur Theorie der funktionalen Erziehung. In: Heitger, M./Fischer, W. (Hrsg.): Beiträge zur Bildung der Person. Freiburg i.Br. (Lambertus) o.J. S. 101-114.

Foerster, H. v.: Das Konstruieren einer Wirklichkeit. In: Watzlawick, P. (Hrsg.): Die erfundene Wirklichkeit. München/Zürich (Piper) 1985 (Neuausgabe), S. 39-60.

Fransella, F.: Personal Change and Reconstruction - Research on the Treatment of Stuttering. London (Academic Press) 1972.

Fransella, F./Bannister, D.: A Manual for Repertory Grid Technique. London (Academic Press) 1977.

Fransella, F./Dalton, P.: Personal Construct Counselling in Action. London (Sage) 1990.

Fromm, M.: Die Sicht der Schüler in der Pädagogik - Untersuchungen zur Behandlung der Sicht von Schülern in der pädagogischen Theoriebildung und in der quantitativen und qualitativen empirischen Forschung. Weinheim (Deutscher Studien Verlag) 1987a.

Fromm, M.: Selbsttäuschung und Täuschung als Methodenprobleme pädagogischer Forschung. In: Bildung und Erziehung 40 (1987b), S. 227-238.

Fromm, M.: What Students Really Learn: Students' Personal Constructions of Learning Items. In: International Journal of Personal Construct Psychology (1993), S. 195-208.

Fromm, M.: Difficulties of Asking People what their Constructs are. In: Thomson, A./Cummins, P. (Hrsg.): European Perspectives in Personal Construct Psychology (Selected Papers from the Inaugural Conference of the EPCA. York, England, 1992). Lincoln 1994, S. 115-120.

Fromm, M.: Substituting: A Preparatory Step for the Use of Grid-Technique in Counseling. In: Journal of Constructivist Psychology 8 (1995), H.2, S. 149-162.

Gaines, B. R./Shaw, M. L. G.: RepGrid 2 Manual. Calgary (Centre for Person Computer Studies) 1990.

Gaines, B. R./Shaw, M. L. G.: New Directions in the Analysis and Interactive Elicitation of Personal Construct Systems. In: International Journal of Man-Machine Studies 13 (1980), H.1, S. 81-116.

Garz, D.: Rekonstruktive Methoden in der Sozialisationsforschung. In: Garz, D./Kraimer, K. (Hrsg.): Brauchen wir andere Forschungsmethoden? - Beiträge zur Diskussion interpretativer Verfahren. Frankfurt a.M. (Scriptor) 1983, S. 176-188.

Glasersfeld, E. v.: Einführung in den radikalen Konstruktivismus. In: Watzlawick, P. (Hrsg.): Die erfundene Wirklichkeit. München/Zürich (Piper) 1985 (Neuausgabe), S. 16-38.

Groeben, N./Scheele, B.: Argumente für eine Psychologie des reflexiven Subjekts. Darmstadt (Steinkopff) 1977.

Habermas, J.: Wahrheitstheorien. In: Wirklichkeit und Reflexion. Walter Schulz zum 60. Geburtstag (hrsg. v. H. Fahrenbach). Pfullingen (Neske) 1973, S. 211-265.

Hargreaves, C. P.: Social Networks and Interpersonal Constructs. In: Stringer, P./Bannister, D. (Hrsg.): Constructs of Sociality and Individuality. London 1979, S. 153-175.

Hinkle, D. N.: The Change of Personal Constructs From the Viewpoint of a Theory of Construct Implications (Diss.). Ohio State University 1965.

Hinkle, D. N.: The Game of Personal Constructs. In: Bannister, D. (Hrsg.): Perspectives in Personal Construct Theory. London/New York (Academic Press) 1970, S. 91-110.

Holzkamp, K.: Kritische Psychologie (vorbereitende Arbeiten). Frankfurt a.M. (Fischer) 1972.

Hurrelmann, K. (Arbeitsgruppe Sozialforschung): Erfassung von Alltagstheorien bei Lehrern und Schülern. In: Lenzen, D. (Hrsg.): Pädagogik und Alltag. Stuttgart (Klett-Cotta) 1980, S. 45-60.

Jouhy, E.: Schülerexistenz zwischen rezeptivem Konformismus und rebellierender Produktivität. In: Seidelmann, K. (Hrsg.): Schüler, Lehrer, Eltern. Hannover (Schroedel) 1970, S. 39-52.

Keen, T. R./Bell, R. C.: One Thing Leads to Another: A New Approach to Elicitation in the Repertory Grid Technique. In: International Journal of Man-Machine Studies 13 (1980), S. 25-38.

Kelly, G. A.: The Psychology of Personal Constructs (2 Bde.). New York (Norton) 1955.

Kelly, G. A.: A Theory of Personality - The Psychology of Personal Constructs. London (Norton) 1963.

Kelly, G. A.: A Brief Introduction to Personal Construct Theory. In: Perspectives in Personal Construct Theory (hrsg. v. Don Bannister). London/New York 1970, S. 1-29.

Kelly, G. A.: Die Psychologie der persönlichen Konstrukte. Paderborn (Junfermann) 1986.

Kelly, G. A.: The Psychology of Personal Constructs. Volume One - A Theory of Personality (Reprint). London/New York (Routledge) 1991a.

Kelly, G. A.: The Psychology of Personal Constructs. Volume Two - Clinical Diagnosis and Psychotherapy (Reprint). London/New York (Routledge) 1991b.

Kerlinger, F. N.: Foundations of Behavioral Research. New York 1969.

Kleinmuntz, B./McLean, R. S.: Diagnostic Interviewing by Digital Computers. In: Behavioral Science 13 (1968), H.1, S. 75-80.

Kriz, J.: Statistik in den Sozialwissenschaften. Reinbek (Rowohlt) 1973.

Kriz, J.: Methodenkritik empirischer Sozialforschung. Eine Problemanalyse sozialwissenschaftlicher Forschungspraxis. Stuttgart 1981.

Landfield, A. W.: Personal Construct Systems in Psychotherapy. Chicago (Rand McNally & Company) 1971.

Laucken, U.: Naive Verhaltenstheorie. Stuttgart (Klett) 1974.

Lechler, P.: Kommunikative Validierung. In: Huber, G. L./Mandl, H. (Hrsg.): Verbale Daten. Weinheim/Basel (Beltz) 1982, S. 243-258.

Lienert, G. A.: Testaufbau und Testanalyse (durch einen Anhang über Faktorenalyse ergänzte Auflage). Weinheim/Berlin/Basel (Beltz) 3. Aufl. 1969.

Lohaus, A.: Möglichkeiten individuumzentrierter Datenerhebung. Münster (Aschendorff) 1983.

Lohaus, A.: Testtheoretische Aspekte der Repertory Grid-Technik. In: Scheer, J. W./Catina, A. (Hrsg.): Einführung in die Repertory Grid-Technik Band 1: Grundlagen und Methoden. Bern u.a. (Huber) 1993, S. 80-91.

Mancuso, J. C./Jaccard, J.: Parent Role and Self Role Analyses: A Manual Describing Programs for the Collection and Analysis of matrix-form Data. Albany (N.Y.) (Department of Psychology, University at Albany) 1988.

Maturana, H. R./Varela, F. J.: Der Baum der Erkenntnis. Die biologischen Wurzeln des menschlichen Erkennens. Bern/München (Goldmann) 4. Aufl. 1987.

Messick, D. M./Rappoport, A.: Computer Controlled Experiments in Psychology. In: Behavioral Science 9 (1964), H.4, S. 378-382.

Neimeyer, R. A.: The Structure and Meaningfulness of Tacit Construing. In: Bonarius, H./Holland, R./Rosenberg, S. (Hrsg.): Personal Construct Psychology. Recent Advances in Theory and Practice. New York (St. Martin's Press) 1981, S. 105-113.

Pope, M. L./Keen, T. R.: Personal Construct Psychology and Education. London (Academic Press) 1981.

Raeithel, A.: Auswertungsmethoden für Repertory Grids. In: Scheer, J. W./Catina, A. (Hrsg.): Einführung in die Repertory Grid-Technik Band 1: Grundlagen und Methoden. Bern u.a. (Huber) 1993, S. 41-67.

Riemann, R.: Struktur und Organisation persönlicher Konstrukte. Regensburg (Roderer) 1987.

Riemann, R.: The Bipolarity of Personal Constructs. In: International Journal of Personal Construct Psychology (1990), S. 149-165.

Riemann, R.: Repertory Grid Technique. Göttingen (Hogrefe) 1991.

Rogers, C. R.: Die nicht-direktive Beratung. München (Kindler) 1972.

Rogers, C. R.: Die klient-bezogene Gesprächstherapie. München (Kindler) 1973.

Russell, B.: Probleme der Philosophie. Frankfurt a.M. (Suhrkamp) 1967.

Ryle, A.: Frames and Cages: The Repertory Grid Approach to Human Understanding. London (University of Sussex Press) 1975.

Ryle, A.: The Dyad Grid and Psychotherapy Research. In: Beail, N. (Hrsg.): Repertory Grid Technique and Personal Constructs. London/Sidney (Croom Helm) 1985, S. 190-206.

Ryle, A./Breen, D.: Change in the Course of Social Work Training: A Repertory Grid Study. In: British Journal of Medical Psychology 47 (1974), S. 139-147.

Ryle, A./Lipshitz, S.: Recording Change in Marital Therapy with the Reconstruction Grid. In: British Journal of Medical Psychology 48 (1975), S. 39-48.

Ryle, A./Lunghi, M. E.: The Measurement of Relevant Change after Psychotherapy: Use of Repertory Grid Testing. In: British Journal of Psychiatry 115 (1969), S. 1297-1304.

Ryle, A./Lunghi, M. E.: The Dyad Grid: A Modification of Repertory Grid Technique. In: British Journal of Psychiatry 117 (1970), S. 323-327.

Schütz, A.: Der sinnhafte Aufbau der sozialen Welt. Eine Einleitung in die verstehende Soziologie. Frankfurt a.M. (Suhrkamp) 1974.

Sewell, K. W./Adams-Webber, J./Mitterer, J./Cromwell, R. L.: Computerized Repertory Grid Technique: Review of the Literature. In: International Journal of Personal Construct Psychology 5 (1992), H.1, S. 1-23.

Shaw, M. L. G.: PCS: A Knowledge-based Interactive System for Group Problemsolving. In: IEEE: International Conference on Systems, Man and Cybernetics. Atlanta 1986.

Shaw, M. L. G./McKnight, C.: Think Again. Personal Decision Making and Problem-Solving. Englewood Cliffs,NJ (Prentice-Hall) 1981.

Slater, P. (Hrsg.): The Measurement of Intrapersonal Space by Grid Technique. Vol 1: Explorations of Intrapersonal Space. London (Wiley) 1976.

Slater, P. (Hrsg.): The Measurement of Intrapersonal Space by Grid Technique. Vol. 2: Dimensions of Interpersonal Space. London (Wiley) 1977.

Smith, R. E.: Examination by Computer. In: Behavioral Science 8 (1963), H.1, S. 76-79.

Stewart, V./Stewart, A.: Business Applications of Repertory Grid. London (McGraw-Hill) 1981.

Thomas, L. F./Harri-Augstein, E. S.: Self-organized Learning - Foundations of a Conversational Science for Psychology. London (Routledge & Kegan Paul) 1985.

Thompson, J. A./Wilson, S. L.: Automated Psychological Testing. In: International Journal of Man-Machine Studies 17 (1982), H.3, S. 279-289.

Tschudi, F.: Loaded and Honest Questions: A Construct Theory View of Symptoms and Therapy. In: Bannister, D. (Hrsg.): New Perspectives in Personal Construct Theory. London/New York/San Francisco (Academic Press) 1977, S. 321-350.

Tschudi, F.: Multigrid v. 2.2. Oslo 1992.

Tschudi, F.: Flexigrid 5.21. Oslo 1993.

Vernon, P. E.: Personality Assessment - A Critical Survey. Frome/London (Methuen) [4]1973.

Watzlawick, P./Beavin, J. H./Jackson, D. D.: Menschliche Kommunikation. Formen, Störungen, Paradoxien. Bern/Stuttgart/Wien (Huber) 1969.

Watzlawick, P. (Hrsg.): Die erfundene Wirklichkeit. Beiträge zum Konstruktivismus (Neuausgabe). München (Piper) 1985.

Weinman, J. A.: Detailed Computer Analysis of Performance on a Single Psychological Test. In: International Journal of Man-Machine Studies 17 (1982), H.3, S. 321-330.

Willutzki, U./Raeithel, A.: Software für Repertory Grids. In: Scheer, J. W./Catina, A. (Hrsg.): Einführung in die Repertory Grid-Technik Band 1: Grundlagen und Methoden. Bern u.a. (Huber) 1993, S. 68-79.

Wilson, S./Thompson, J. A./Wylie, G.: Automated Psychological Testing for the Severely Physically Handicapped. In: International Journal of Man-Machine Studies 17 (1982), H.3, S. 291-296.

Eckard König / Peter Zedler (Hrsg.)

Bilanz qualitativer Forschung

Band I: *Grundlagen qualitativer Forschung.*
1995. 405 S. Geb.
DM 68,- / öS 503,- / sFr 66,60
(3 89271 546 7)
Band II: *Methoden.*
1995. 641 S. Geb.
DM 84,- / öS 622,- / sFr 81,50
(3 892781 547 5)
Gesamtwerk:
DM 136,- / öS 1006,- / sFr 131,-
(3 89271 548 3)

Mit Beiträgen von H. Ackermann, H. Apel, R. Arnold, S. Aufenanger, A.-R. Barth, M. Behrens, A. Bentler, M. Berghaus, F. Breuer, A. Brown, E.J. Brunner, U. Christmann, H.-D. Dann, T. Diegritz, A. Diezinger, F. Dittmann-Kohli, S. Engler, B. Friebertshäuser, M. Fromm, B. Fuhs, D. Garz, N. Groeben, R. Hoeppel, K. Hurrelmann, H.J. Kaiser, J. Klüver, E. König, K. Kraimer, H.-H. Krüger, C. Lüders, W. Marotzki, J. Reichertz, H.S. Rosenbusch, R. Rustemeyer, M.v. Saldern, B. Scheele, R. Uhle, E. Terhart, W. Tschacher, G. Volmer, H. Weishaupt, H.J.v. Wensierski, W. Wolf, P. Zedler, J. Zinnecker.

Qualitative Forschung hat sich mittlerweile zu einem eigenständigen Forschungsansatz mit eigenen theoretischen Grundlagen, einem weiten Methodenspektrum und einem umfangreichen Anwendungsgebiet entwickelt.
Die »Bilanz qualitativer Forschung« bietet einen umfassenden Überblick über Grundlagen, Vorgehen und Ergebnisse qualitativer Forschung im Bereich der Erziehungswissenschaft und benachbarter Disziplinen.
In Beiträgen führender Fachvertreter zu den einzelnen Gebieten werden die theoretischen Grundlagen, konkrete Forschungsmethoden und die erzielten Ergebnisse ausführlich dargestellt. Die »Bilanz qualitativer Forschung« bietet sich damit zum einen als umfassende Einführung in die qualitative Forschung an, sie bietet zugleich Anleitung zu konkretem forschungsmethodischem Vorgehen und stellt nicht zuletzt ein umfassendes Nachschlagewerk zu speziellen Fragen im Bereich qualitativer Forschung dar.

DEUTSCHER STUDIEN VERLAG

Postfach 100154
69441 Weinheim

Ralf Nüse

Über die Erfindung/en des Radikalen Konstruktivismus

Kritische Gegenargumente aus psychologischer Sicht.
Unter Mitarbeit von Norbert Groeben, Burkhard Freitag und Margit Schreier.
2., überarb u. erw. Aufl. 1995.
XII, 371 S. Br
DM 44,- / öS 343,- / sFr 43,60
(3 89271 555 6)

Der Radikale Konstruktivismus wird von seinen Vertretern als ein »neues Paradigma« mit weitreichenden Konsequenzen auch und gerade für die Sozial- und Kulturwissenschaften propagiert. Das kommt unter anderem in Forderungen nach einer theoretischen, methodologischen und erkenntnistheoretischen Neuorientierung der Forschung auf radikalkonstruktivistischer Basis zum Ausdruck. Im vorliegenden Band wird eine umfassende kritische Prüfung dieser radikalkonstruktivistischen Ansprüche unternommen. In Anlehnung an die radikale Formulierung, daß »die Welt eine Erfindung von uns ist« (H.v. Foerster), zeigen die Autor/innen auf, in welchem Ausmaß es sich bei den radikal-konstruktivistischen Thesen selbst um »Erfindungen« handelt, die als konzeptuell inkohärent bzw. als nicht hinreichend begründet gelten müssen. Ausgangspunkt der »Gegenargumentation aus psychologischer Sicht« ist dabei die behauptete Fundierung des Radikalen Konstruktivismus durch wahrnehmungspsychologische und -physiologische Befunde, die sich als nicht haltbar erweist. Hinsichtlich der Übertragung empirischer Ergebnisse auf die meta- und erkenntnistheoretische Ebene wird vor allem die radikal-konstruktivistische Vermengung von Objekt- und Metatheorie (z.B. unter den Aspekten der Selbstanwendung/Selbstwiderlegung) kritisiert.

Postfach 100154
69441 Weinheim